驾驭周期
自上而下的投资逻辑
PROFITING IN BULL OR BEAR MARKETS

[美] 乔治·达格尼诺（George Dagnino）著　史雷 译

机械工业出版社
China Machine Press

图书在版编目（CIP）数据

驾驭周期：自上而下的投资逻辑 /（美）乔治·达格尼诺（George Dagnino）著；史雷译. —北京：机械工业出版社，2019.5（2025.1重印）

（华章经典·金融投资）

书名原文：Profiting in Bull or Bear Markets

ISBN 978-7-111-62573-5

I. 驾⋯ II. ①乔⋯ ②史⋯ III. 投资-基本知识 IV. F830.59

中国版本图书馆CIP数据核字（2019）第079376号

北京市版权局著作权合同登记　图字：01-2018-3812号。

George Dagnino. Profiting in Bull or Bear Markets.
ISBN：0-07-136706-3
Copyright © 2001 by McGraw-Hill Education.
All Rights reserved. No part of this publication may be reproduced or transmitted in any form or by any means, electronic or mechanical, including without limitation photocopying, recording, taping, or any database, information or retrieval system, without the prior written permission of the publisher.

This authorized Chinese translation edition is jointly published by McGraw-Hill Education and China Machine Press. This edition is authorized for sale in the Chinese mainland (excluding Hong Kong SAR, Macao SAR and Taiwan).

Copyright © 2019 by McGraw-Hill Education and China Machine Press.

版权所有。未经出版人事先书面许可，对本出版物的任何部分不得以任何方式或途径复制或传播，包括但不限于复印、录制、录音，或通过任何数据库、信息或可检索的系统。

本授权中文简体字翻译版由麦格劳-希尔教育出版公司和机械工业出版社合作出版。此版本经授权仅限在中国大陆地区（不包括香港、澳门特别行政区及台湾地区）销售。

版权 © 2019 由麦格劳-希尔教育出版公司与机械工业出版社所有。

本书封面贴有McGraw-Hill Education公司防伪标签，无标签者不得销售。

驾驭周期：自上而下的投资逻辑

出版发行：机械工业出版社（北京市西城区百万庄大街22号　邮政编码：100037）
责任编辑：黄姗姗
责任校对：李秋荣
印　　刷：三河市宏达印刷有限公司
版　　次：2025年1月第1版第14次印刷
开　　本：147mm×210mm　1/32
印　　张：11
书　　号：ISBN 978-7-111-62573-5
定　　价：80.00元

客服电话：（010）88361066　68326294

版权所有·侵权必究
封底无防伪标均为盗版

| 推荐序 |

这部著作终于大功告成了——对，就是现在！进入新世纪以来，任何人都可以获得即时的金融信息，并且根据这些信息采取行动。对于我们来说，最主要的任务就是解读那些从金融网络和晚间商业新闻中获取的大多数闪烁其词且无法解释的信息。经济和金融周期中的"密码"解读长期以来一直是人们难以突破的瓶颈。本书的目的旨在为那些仍然坚守于此的金融精英解开这个密码。

长期以来，**经济学家**一直试图通过解释经济指标和经济周期之间的关系来预测未来；**投资者**还在为市盈率和公司的成长动态而津津乐道；**期货交易者**沉迷于技术分析和系统战略回溯测试；**政治家**则在鼓吹货币和财政干预的重要性。由于每个人只是在寻找符合自己需要的关注点，因此个人的努力并不总是能产生很好的效果，例如，已经被投资界奉为"圣经"的"买入并持有"策略和投资成本平均法。直到现在也没有一个追随者能够将不同的交易法则和观点总结成一个清晰、有逻辑以及实用的理论来说清楚市场究竟是如何运行的。然而，乔治·达格尼诺博士最终实现了这个目标。

"跟随市场，顺势而为"是金融投资和交易领域中永远不变的真理。乔治·达格尼诺博士凭借他对经济和金融周期20多年的研究，以及利用经过实践检验的跟踪记录作为市场盈利的信号，带领读者循序渐进地分析市场的动态力量。很多人试图控制这些市场力量，但是真正懂得其中奥妙的人却少之又少。乔治·达格尼诺博士向我们阐述了到底哪些才是重要的经济指标及原因。此外，他还阐述了这些指标如何决定经济周期的不同阶段，以及个人投资者或交易者应当针对经济周期的不同阶段采取哪些行动才能获得战略上的优势。简而言之，达格尼诺博士向我们讲述了怎样才能成为经济周期各个阶段的受益者而不是受害者。

本书是一本取得重要突破的著作。对于专业的金融精英和个人投资者来讲，本书极具参考价值。虽然此前曾经有人对经济和金融周期进行过解释，但是从来没有人能够像达格尼诺博士这样以独特的视角从实践的角度出发来阐述这个问题。他通过对市场的洞察，将复杂的市场因素以通俗易懂的形式展现在世人的面前。

作为投资者或者消费者的你，需要有意识地观察经济和金融周期对自己的影响，并且知道在我们的知识框架内采取哪些行动才能够让自己的生活变得越来越好。你要时刻提醒自己在支出、储蓄以及投资上的行为是否与经济和金融周期的发展相一致。只有真正理解了经济和金融周期各个阶段之间的内在联系，你才能够在可控的风险范围内做出可以盈利的金融决策。正是在这样的背景下，本书将为你提供必要的投资工具，从而帮助你增加盈利的概率。市场是分阶段运行的，而达格尼诺博士将为你揭示其中的奥妙。

罗纳德·M. 布兰特（Ronald M. Brandt）

个人投资者和交易者

| 前言 |

长期以来,我都在研究经济和金融周期的运行方式及其对投资管理的影响,有 20 多年的时间了。本书正是这些研究成果的呈现。我在书中的观点来源于我在俄亥俄州克利夫兰 Case-Western Reserve 大学获得博士学位和工作期间。

Case-Western Reserve 大学在管理科学、信息系统和人工智能领域具有非常强大的科研能力。在毕业之后的很多年里,我曾经反复思考自己所学知识的真正意义。最终,我意识到这是一个有关"思维工程"的整体计划,是一个关于逻辑、结构性思维过程的学科,并且主要应用于人工智能领域。

人工智能这一计算机科学分支的主要假设是人类的思想是可以复制的。任何由大脑吸收并形成思想的过程都是一系列逻辑步骤的完整体现。

当我将目光聚焦于那些作用于金融市场和资产价格的力量时,发现其中有些因素之间的关系是可以影响到其他因素的,特别是那些与转折点和趋势有关的信息。基准的使用（如指标 A 超过数值 50 就进行卖出操作）对于我的结论和策略的可信度并没有太大的提升。然而，趋势之间的联系（如，利率上涨会对股票市场产生消极的影响）则具有重要的战略价值。

本书的主要思想是为读者提供一种循序渐进的方法。与此同时，我还试图将各种信息进行有效的整合。每当我有了新的想法，我都要将之用于证明之前提到的逻辑模型，并使之更加通俗易懂。我的任务就是寻找并确认可靠且有利可图的投资模式。此后，我会将这些想法进行某种程度的综合，进而为每一种形态组合找到唯一的合理解释。为此，我有时会得出与常识不符的结论，例如，利率是由市场而不是由美联储决定的，利率上涨是由于市场迫使货币的价格走高造成的。市场影响着粗麻布、铝和其他大部分大宗商品的价格，美联储则影响着利率的走势，不过其中的过程并不像评论员常常吹嘘的那样直接。

同理，我们也可以说原油的价格是受到市场推动的。石油输出国组织（OPEC）与美联储一样，都是卡特尔。只不过一个影响着原油的价格，一个影响着货币的价格。卡特尔只会加大市场的波动幅度，而不会形成上涨或者下跌的趋势。市场的作用也是如此。

我现在意识到自己的这些结论是与传统的观点相左的。但是，我相信策略师和投资者是能够接受新思想的。如果想要预测利率的走势，我相信投资者一定能够找到导致其周期性运行的原因。我们发现，这些问题都来源于美联储自身，而不是来源于传统的预测利率和股票市场趋势的智慧。同理，原油和其他资产的价格也可以用这个观点来解释。

本书基于经济和金融变量数据形态的相互关系，为读者提供了基本的逻辑框架。这个框架是我凝聚一生的时间，通过对金融市场的调查研究以及无数次成功和失败的预测才建立起来的。

这不是一本纯理论著作。它的创作灵感来自于我在广受推崇的 *The Peter Dag Portfolio Strategy and Management* 投资评论部 20 多年的编辑工作。

我在固特异轮胎和橡胶公司担任高管的工作经历让我形成了策略的概念。我的工作就是建议公司的财务总监或财务主管将公司的债务控制在最优比率上，比如，将 30 亿美元用于利率衍生产品，10 亿美元用于规避汇率的风险。

我的求学和工作经历让我有机会检验自己的想法，并且能够从制定市场投资策略的挑战中汲取经验。每天面对市场和管理客户资金的经历为我提供了持续学习的机会。

| 致谢 |

感谢位于俄亥俄州克利夫兰的鲍德温·华莱士学院（以文科为主）为我创造了宽松的教学条件。幸运的是，考虑到我在企业中的实际管理经验以及很少的学术背景，学院安排我讲授关于经济和金融市场管理的课程。我向学生提出大量的问题，要求他们独立思考，进而帮助他们弄清楚所接触的这些信息的含义。

学生们喜欢我注重实用性的教学方法。实际上，有时在课程结束几个月之后，我的学生还会回来告诉我这些课程对他们来说是非常有意义的。即使我的测试方法很复杂，学生们也会对我表示感谢。面对这些，我还能说些什么呢？感谢他们对我的研究课题的理解与重视，同时也感谢他们和我在思想上的交流。

我非常感激鲍德温·华莱士学院给予我自由阐述思想的机会。本书中的内容来自于我在该学院多年的教学经验。

在肯特州立大学和阿仕兰大学的教学工作进一步坚定了我表达并改进这些思想的决心。我还与很多来自美国和欧洲的读者分享了我的这些思想。让我倍感欣慰的是，我的著作在我所到之处都受到了极大的欢迎。

我要感谢 Jack Klingel、Jack Higgins 和 Jim Boyazis 三位导师在我学习过程中给予的帮助。每当我向他们征求意见时，他们都会耐心地解答我的疑问。此外，我还要再次感谢三位导师以及所有愿意倾听并与我分享宝贵时间的人们。

由衷地感谢 Jan Shillingburg 在打印手稿的同时对内容进行的大量修订，以及对我的工作的支持，从而让我意识到了这样做的重要性。

特别感谢 Susan Baun 在本书的写作过程中给我提供的帮助。她在我阐述本书的基本思路及其实际应用方面提供了重要的反馈意见。

最后，我要向我的妻子 Kathi 表示深深的谢意，感谢她对我的支持与宽容。另外，我还要感谢我的孩子 Simone 和 Barbara，感谢你们为我带来的灵感。

| 导论 |

本书的写作目的不是为你提供一种能够一夜暴富的方法，也不是让你拿着资金去贸然投资，而是向你阐述投资者应该掌握的关于资金管理的知识。每个人都希望为自己的退休生活制定一个既有保障又安全的规划。无论你所面对的是牛市还是熊市，本书都将帮助你实现这个目标。你的任务是通过学习本书，知道如何在这场策略的博弈中提高获胜的概率，并降低不可控的风险。

达格尼诺博士拥有20多年的资金管理经验——管理资金的规模从最初的几千美元到现在的40亿美元，投资领域遍及利率和货币衍生产品，同时他自1997年起就担任广受推崇的 *The Peter Dag Portfolio Strategy and Management* 杂志的投资评论部的主编。

作者拥有很多成功的经验，当然，也有过失败的教训。但是，达格尼诺博士不断地从成功及失败中吸取经验教训。实现成功的资金管理的关键在于你能控制好投资组合收益率的波动幅度。要想实现资金管理的目标,投资者必须遵循资金管理的游戏规则。一旦你掌握了能够应用于其中的各种方法,同时能够准确判断可能获得的收益,就可以制定最佳的行动策略来实现你的目标——也就是说,制定属于你的策略。当然,这是一项非常艰巨的任务,它需要你严格遵守交易规则。

投资者选择经济和金融策略的主要目的是要维持一定水平的财务表现。理解这些策略背后的原因是你成功的关键。本书将与你一起分享作者的经验、遵循的方法以及在获取稳定投资收益的同时降低波动幅度的理论框架。美国个人投机者协会、《福布斯》《纽约时报》和《华盛顿邮报》都曾经报道过作者的成功经验。

阅读本书,你能在获取新知的同时选择使你的收益率更可预测的方法。为了达到这个目的,作者将经济和金融波动的概念做了具体化处理,投资者必须顺势而为。除此之外,你还要理解不可抗拒的经济力量对于制定合适的投资策略的重要性。在高通货膨胀时期,投资房地产、黄金和大宗商品是明智的选择。然而,如果你在非通货膨胀时期投资这些商品,就无法获得理想的收益率。

只有认清当前所处的经济和金融周期以及通货膨胀压力,才能够判断当前的趋势能否持续。为此,了解经济和金融周期如何对股票、债券、大宗商品、货币、房地产和贵金属等大多数资产的价格产生影响是至关重要的。

根据本书勾勒出的蓝图,投资者可以在将损失控制在最小的同时获得更具预测性的投资收益。接下来的内容将有助于你辨识各种风险的来源、可能出现在经济和金融周期的哪个阶段以及它们对投资的影响。既然经济和金融周期中的诸多要素迟早都要出现，为什么不好好利用这些资源呢？

为了将制定投资策略必需的要素汇集在一起，投资者必须首先了解投资领域中的各种经济和金融周期。此外，投资者还要了解经济、固定收益证券或者债券以及股票市场。他们还要了解一个国家的央行是如何运转的、大宗商品市场的价格趋势是怎样形成的以及影响货币走势的因素等。简而言之，经济和金融周期是主导所有这些市场的动力。

本书就像一幅马赛克图画。我们需要先处理市场中的每一个方面，再将其组合起来。投资者可以把书中的知识运用到适合自己的投资标的上。为了实现这个目标，本书共分为15章。

第1章主要考察投资风险，其中的关键在于告知投资者投资策略的重要性以及制定投资策略的规范流程。我们的内容包括预测风险和制定策略的过程——我们能够从一个成功的扑克牌玩家身上获得哪些经验呢？我们如何随着风险的变化做出正确的选择？此外，我们还将考察降低持有股票平均价格和买入并持有策略——其实，这两种策略的盈利能力并不像人们想象的那样强。

在第2章中，我们将考察在经济增长的不同阶段，造成经济快速增长、放缓、再次缓慢增长以及加速增长的原因。当经济处于这些阶段时，金融市场又会发生什么呢？为此，我们将分析重要的经济指标的来源，并且讨论如何解读这些指标。

第3章将阐述这些经济指标和数据之间的关系。快速上涨的零售额表明消费者的信心非常强。消费者信心的高涨很有可能是高就业率作用的结果。如果就业增长强劲，经济扩张的速度也较快。本章的目的就是把这些联系汇集在一起，然后解释如何利用这些联系制定投资策略。

领先、同步和落后指标的概念是第 4 章的重点。这些指标有助于简化对各种周期要素的分析，从而让投资者更加了解经济究竟发生了什么。

第 5 章考察的是经济周期及增长潜力。经济周期的每个增长阶段会对金融市场产生哪些影响？由于问题和机会是同时存在的，因此，不同的经济阶段会产生不同的问题和机会。这章的内容将有助于我们判断经济增长对整体市场的影响。

第 6 章将介绍各种不同的经济阶段以及当时都发生了哪些事情。例如，为什么通货膨胀在 1982 年以后开始下降并维持在很低的水平，而在 20 世纪 70 年代却居高不下？为什么经济在 20 世纪五六十年代的表现看上去与 20 世纪八九十年代非常相似？这些问题的答案对于制定和执行投资策略来说是非常重要的。了解经济走势的转变，从 20 世纪五六十年代到 70 年代，再从 70 年代转变到八九十年代的原因，能够让投资者进一步识别经济和金融气候中的变动因素。为了实现这个目标，我们提供了精确的数据和指导原则以供投资者追踪。

美联储，即美国的中央银行，是本书讲述的重要内容之一。美联储对于美国经济和金融周期政策的制定和执行有着重要且根本的影响。在股票和债券投资风险转换的过程中，短期利率和货币供给发挥着重要的作用。第 7 章主要考察中央银行如何根据经济活动的变化影响短期利率的走势，通货膨胀如何影响债券和股票的价格，以及通货膨胀与硬资产投资收益率之间的关系。

与主流观点相反的是，作者认为美联储并不是利率的操纵者。确切地说，不是美联储有序地控制利率的涨跌，而是市场直接决定了利率的走势。实际上，美联储只是在向金融体系注入流动性方面发挥着作用。这一主题贯穿全书。特别是，我们将要重点分析流动性的变化可能对金融周期产生的重要影响，及其对经济和整个市场行为的影响。这部分内容在增强投资者管理投资组合风险的能力的同时，还有助于投资者制定成功的投资策略。

第 8 章主要考察通货膨胀产生的过程及其对经济和金融周期以及货币的影响。我们之所以关注货币的走势，是因为美元相对于其他国家货币的价值和走势直接关系到我们能否在投资海外市场时取得成功。

第 9 章主要分析债券与经济和金融周期之间的关系。对债券的讨论基于以下两个主要原因：首先，债券在金融周期的特定时期是极具吸引力的投资工具；其次，与短期利率一样，债券影响着股票市场的运行趋势。本章介绍的经济指标可以用来确定债券的风险。

我们在第 10 章的开始要重新考察股票市场的运行趋势及其在金融周期里的具体表现。此外，我们还要考察经济周期对股票市场的影响。本章提及的经济指标将有助于我们评估股票市场的风险，并预见金融机会。投资者可以根据这些指标决定对某项资产的投资规模。最后，我们还要介绍动态资产配置的概念。

本书着重考察的另外一个重要概念是，股票市场是经济和金融体系不可或缺的一部分。随着经济增长从慢速增长到快速增长，随后再次回归慢速增长，金融市场就会因为经济增长释放的各种力量而改变自身的运行趋势。换句话说，股票市场对这些因素是没有免疫力的。有的思想学派认为，市场可以提供有关自身的全部信息，通过对这些信息的分析，投资者可以发现股票市场中的盈利机会。这些因素是技术分析流派重点关注的。关于广大投资者熟知的指标的讨论将是第 11 章的重点内容。

第 12 章主要分析通过股票进行投资组合管理，并且以此制定股票投资组合以及运用策略管理其中的风险。在本章中，我们将学习如何管理波动、选择股票以及应该买卖哪些股票。

有经验表明，通过分析经济和金融周期对企业的影响，可以提高股东的持股价值以及管理层的决策力。在第 13 章中，我们将考察如何让投资者的决策过程与企业管理层相似。此外，我们还将看到企业的各个核心部门在面对"投资组合管理"和"风险管理挑战"时是如何做的。本章通过提出改进流程的方法，从而在使用本书提到的各种技术、分析和工具的基础上，帮助股东提高其持股价值。

投资者怎样才能利用书中提到的内容制定成功的投资策略呢？在第 14 章中，我们将会把这些信息进行整合，并考察其实际的应用效果。此外，我们要意识到前面章节中所讨论的信息的背后逻辑。另外，本章还要告诉大家如何整合不同类型的信息、如何制定策略——从分析数据到确定不同的投资标的。我们还将了解如何利用动态的投资博弈及其自身的重要性。

第 15 章将书中提到的重要的经济因素以通俗易懂的方式进行了总结，并且提出了如何运用这种方法实施投资。本章的内容以一问一答的形式出现。我们可以通过问题循序渐进地应用书中曾经讨论过的内容。

  第 15 章是投资者进行实践的开始。本章旨在讨论并确定投资者开始投资时需要使用的图表类型。它们全部来自于书中曾经使用过的图表。此外，这些图表都是作者经过实践检验的，它们在预测金融市场和制定投资策略方面是非常有效的。我们通过对这些图表持续的分析和更新，以达到发现新的模式、判断金融市场和金融周期之间关系的目的。这是一个循序渐进的过程。经济、金融和市场周期之间的关系可以通过使用人工智能领域中被称为"模式识别"的技术得到进一步增强。

| 目录 |

推荐序

前言

致谢

导论

第 1 章　与经济的博弈　/ 1

　　　　　　博弈与策略　/ 1
　　　　　　借助风险评估管理资金　/ 3
　　　　　　风险管理的动态分析　/ 11
　　　　　　买入并持有策略与股票定投策略的误区　/ 16

第 2 章　经济指标的来源及解读　/ 20

　　　　　　经济指标　/ 21
　　　　　　广泛的经济衡量标准　/ 21
　　　　　　消费者指标　/ 23

制造业和投资指标 / 28

建筑业指标 / 35

通货膨胀指标 / 37

生产率和利润指标 / 46

获取数据的途径 / 48

结语 / 49

第 3 章　经济指标之间的联系　/ 53

消费周期 / 54

制造业和投资周期 / 57

房地产周期 / 59

通货膨胀周期 / 62

生产和利润周期 / 66

结语 / 70

第 4 章　领先、同步及落后指标　/ 72

领先指标 / 74

同步指标 / 79

落后指标 / 80

实验、同步和领先指标 / 85

结语 / 88

第 5 章　经济周期：经济指标的实际运用　/ 89

经济周期的四个阶段 / 93

经济周期的各个阶段都发生了什么 / 97

投资影响 / 106

第 6 章　经济与投资的长期趋势　/ 113

以史为鉴　/ 114
实际短期利率　/ 117
长期投资趋势中的评估变化　/ 124
运用利率评估国外投资的风险　/ 131
评估风险　/ 134
投资影响　/ 135

第 7 章　中央银行与投资　/ 138

联邦储备体系　/ 140
是什么在引导货币政策　/ 145
货币政策工具　/ 148
金融周期　/ 151
货币政策的评估　/ 155
投资影响　/ 158

第 8 章　通货膨胀与投资　/ 167

通货膨胀和经济周期　/ 169
大宗商品与经济周期　/ 175
工资与通货膨胀　/ 177
货币、通货膨胀和国外投资　/ 180
投资影响　/ 183

第 9 章　债券与经济周期　/ 187

债券的特征　/ 188
债券收益率与经济周期　/ 192
影响债券价格波动的因素　/ 196
收益率曲线　/ 199

XXI

　　　　　信贷周期 / 203
　　　　　债券收益率的预测 / 205
　　　　　投资影响 / 209

第 10 章　股票市场与经济周期　/ 212
　　　　　股票的长期收益和投资策略 / 215
　　　　　股票价格和经济周期 / 217
　　　　　评估股票市场的风险 / 220
　　　　　技术因素 / 231
　　　　　投资影响 / 235

第 11 章　股市趋势技术分析　/ 238
　　　　　"市场"是什么 / 239
　　　　　移动平均值 / 241
　　　　　移动平均线交叉点 / 244
　　　　　使用移动平均线的趋势指标 / 244
　　　　　市场宽度指标 / 246
　　　　　用市场指数的变动率作为趋势指标 / 248
　　　　　技术图形 / 249
　　　　　成交量 / 250
　　　　　情绪指标 / 253
　　　　　移动平均线通道和布林线 / 255
　　　　　周期性 / 256
　　　　　道氏理论 / 257
　　　　　投资影响 / 259

第 12 章　股票投资组合风险管理　/ 261
　　　　　思想框架、投资风格和风险管理 / 262

选择股票：你的投资组合有哪些偏好 / 267
择机卖出 / 270
投资组合管理策略和股市周期 / 271
投资要点 / 274

第 13 章　提高股东持股价值 / 277

决策的制定 / 280
运用管理层战略决策提高股东的持股价值 / 282
并购和资产剥离 / 284
首席经济学家的职责 / 290
结语 / 291

第 14 章　结语：指标排列组合的综合运用 / 293

投资的思维 / 294
制定稳健的投资策略 / 296
股票投资 / 303
投资股票以外的资产 / 305
管理风险 / 306

第 15 章　如何运用周期理论 / 308

如何收集数据 / 309
如何分析数据 / 315
准备预测 / 320
制定投资策略 / 324
采取行动 / 327
衡量投资组合的绩效 / 328

第1章

与经济的博弈

博弈与策略

企业战略与财务策略的主要目标是让财务状况保持在期望的水平值上。然而,要想在收益率保持最小波动的同时以一成不变的方式达到这个目标确实是个不小的挑战。只有在预知竞争对手和金融市场的一举一动的前提下,我们才能实现策略的一致性。与此同时,企业战略环境与金融形势的变化又让我们必须时刻保持收益和风险之间的平衡。我们应该做些什么呢?推动企业战略和财务策略制定的主要因素有哪些呢?对于策略分析师来讲,有没有一种普遍适用的理论框架呢?你的直觉是否灵敏呢?

没有人会告诉你,你的企业或者证券投资组合会在哪一天寿终正寝。当你花费心思试图找到某个简单的公式时会发现,这种事情实际上是不存在的。如果真有这样的事儿,那么每个人都会把自己的企业经营得非常成功，变得非常富有。随着时间的推移，有些人势必会宣称自己的方法才是最成功有效的。

目前，在制定企业战略与财务策略的过程中被广泛使用的一种理论就是博弈论。该理论认为，每个人都要把其他的个人或者市场作为自己的对手。一个策略可以被看作为了赢得与竞争者和市场的博弈而实施的一系列举措。

博弈论兴起于20世纪40年代，旨在帮助军队制定并成功实施某项战略。众所周知，战争的目的是实现收益的最大化——也就是说，在不清楚敌人实际力量的前提下，以最小的代价获得战争的胜利，反之亦然。这一过程对于一个成功的企业决策制定者或者金融战略家来说是十分相似的。了解对手的优势、弱点和当下处境，然后再确定对方下一步行动的可能性。只有做到知己知彼，才能选择最佳的行动方案，获得最终的胜利。

一旦清楚自己的备选方案，以及可能由此产生的后果，我们就要决定最佳的行动顺序以保证最终的胜利。在我们开始行动之后，敌人的信息就会不断地反馈回来，从而为我们制定下一步的战略奠定基础。然而，企业战略与财务策略会遇到相似的问题：①没有人准确地知道市场——也就是我们的对手接下来会做什么；②成功的概率和收益率的规模只停留在猜测阶段；③策略的制定只能根据期望的收益率、认知风险以及个人对风险水平的承受程度而定。

本书的内容是一套完整的博弈论法则。然而，其他的市场参与者，比如投资者，也许会对这套法则的运行原理有不同的理解。因此，他们将以另外一种方式参与到市场的博弈中来。但是有一件事是肯定的——投资者对这套法则掌握得越多，他们获得成功的概率也就越大。

借助风险评估管理资金

我们之所以要讨论风险,是因为人们所谓的预测是不值得信赖的。你自己或者其他人对股票市场、利率和经济将会发生什么的预测往往都会被证明是不可能发生的事情。如果人们的预测是值得信赖的,如果这些预测都是确定的事实,如果我们真正知道接下来将会发生什么的话,那么策略这个词就不会再是人们关注的焦点,这是因为最好的策略就是将赌注压在那些预测上面。然而,在不能确定这些预测能否成为现实的时候,我们就不能把自己的全部身家当作赌注的筹码,因为我们有可能输掉一切,所以,我们需要考虑策略。

某种预测之所以不能够做到完全精确,是因为预测是通过很多步骤完成的,而且每一步骤又会出现某些新的不确定因素。**预测者所做的假设是整个预测过程的第 1 个步骤,也是最重要的组成部分**。这些假设是基于预测者的信仰以及他在相似环境下的亲身经历而做出的。例如,预测者假设:根据美国政府的给定政策,即税收和实际利率水平,得出美国的通货膨胀不会高于当前水平的判断。该假设的重要性在于,如果通货膨胀保持稳定,那么发生重大金融动荡的可能性就会很低。也就是说,美国的经济将保持稳定,就业比较充分。稳定或者较低的通货膨胀意味着利率不会上升,股票市场也将保持上涨的趋势。我们将在后面的章节中详细探讨通货膨胀的概念。正如我们所看到的那样,假设是预测过程中非常重要的一个环节。

预测的第 2 个步骤是从历史的角度理解不同经济变量之间的联系。当短期利率上升的时候,动荡和选择性的股票市场就会出现,股票的价格也会受到影响。这些经济变量之间的关系正是做出预测的人即将经历的事情，而且他还会在将来的某个时间点再次使用这些数据。由此可见，了解历史可以让我们发现存在于各种经济变量之间的逻辑关系。

预测的第3个步骤是要清楚现在发生了什么。例如，预测者要确认当前的利率是处于下跌当中还是维持稳定，并且据此警惕随时可能出现的经济疲软迹象，所以我们要清楚地知道现在的经济状况。有时候正如你所知道的，即使你对电视和广播中的评论表示赞同，也并不意味着所有的经济学家都认同当前的经济形势，更不要说接下来将要发生什么了。货币供给是否增长得过快？耐用品的订单是增加了还是减少了？可以说，对当前经济形势的评估是我们做出精确预测的重要组成部分。

在第4个步骤中，预测者要将之前的假设、所有经济因素之间的历史联系以及对当前经济形势的理解等几个步骤进行汇总。这些信息将有助于预测者做出对当前经济环境的判断。然而，有一点需要注意的是，每一个步骤都存在着这样或者那样的不确定性。因此，误差也会随着预测的进行显现出来。由此产生的风险将会导致预测结果的不准确。所以，投资者在意识到这些不确定因素的同时还要避免自己受到预测偏差造成的影响。此外，预测的全部内容务必做到易于理解。综上所述，假设的设定、经济变量之间的历史联系、当下的经济环境如何以及预测的逐步深入都是投资者需要重点关注的。

每一个步骤进行得越顺利，你做出的预测也就越精确。然而，无论你自己在预测的过程中多么小心谨慎，都要把可能随时出现的不确定性放在第一位。降低不确定性的最佳途径就是随时对从政府机构、美联储和市场上获得的新信息进行整合。而我们的预测也将随着信息量的增加而重新展开。当你对整个经济环境的认识程度不断上升的时候，预测中的风险因素也会随之降低。

从投资的角度来看，另外一个重要的问题是对市场趋势的把握。有这样一种说法：挣钱要顺势而为，光靠预测是赚不到钱的。美国的经济是以 2% 还是 6% 的速度增长呢？当前的经济形势是刚刚出现疲软，还是持续下行呢？利率是继续上升还是缓慢上涨呢？我们假设利率将上涨到 6% 的水平，或者说美国经济将会以 5% 的速度增长。然而，这两组信息并不能给投资者带来实质性的帮助。只有当投资者看到基本清晰的趋势之后，才能从中获取可观的利润。也就是说，一旦这些趋势得到确认，它们就有可能持续数月，甚至数年的时间。本书的目的旨在教给大家抓住趋势并且从中盈利的方法。

下面这个简单的式子表示了趋势对你所有的资产投资组合造成的金融影响：

$$15\% + 15\% + 15\% - 15\% \rightarrow 6\%$$

如果你的投资组合在连续 3 年的时间里保持每年 15% 的增长，但是在第 4 年亏损 15% 的话，那么你在一个为期 4 年的投资期间里所获得的总收益率将会略高于每年 6% 的水平。这个简单的例子告诉我们保证自己的投资组合不亏损是多么重要。

市场从一个极端到另一个极端行情的大幅波动往往会使你的投资和利润持续经历风险和波动的洗礼。为了抵御这样的风险，你必须从市场策略的博弈中寻找蛛丝马迹。在进入博弈之前了解相关的游戏规则会增加你获胜的概率。例如，在你准备玩纸牌 21 点这个游戏之前，你需要花费时间了解相关的游戏规则，并且知道不同纸牌顺序之间或者掷骰子所代表的含义，因为这些因素很有可能影响你获胜的概率。所以，你要意识到赢得最后的胜利是多么的重要。

然而，更重要的一点在于任何游戏都是在动态之中进行的，而你最终胜出的概率也在随时变动。例如，一支球队在比赛中获胜的概率取决于整个队伍的士气、伤病情况以及对方队员在比赛中的临场发挥能力。实际上，无论从事哪项运动，都要把可能出现的意外考虑进来。我们对于比赛规则的深度解读其实就是明确风险。这部分内容的中心思想就是根据既定的策略确定获胜的可能性。

因此，新的策略需要进一步的实施来证明获得比赛胜利的概率。鉴于比赛是在动态之中进行的，策略分析师需要不断地对比赛过程进行评估。相对于每个月甚至每个季度才进行一次策略分析的人而言，那些每天或者每周对现行策略进行分析的金融战略家显然会取得更大的成功。可以说，金融决策的制定丝毫不亚于比赛策略的制定。当一家公司在经济衰退的末期以极低的价格出售的时候，通过收购的方式运作就可以获得非常可观的收益。同理，当我们在一只股票经历了长期的持续下跌之后选择买入时，赚钱的概率就会明显增加。然而，当投资者发现了这一趋势并决定买入的时候，他们会发现股票市场已经进入了上升通道，而且股票的价格也变得不再那么吸引人，因为此时的股票已经涨到了相对比较高的价格。从另外一个角度来说，当市场开始上涨的时候，投资者亏损的概率之所以会增加，是因为持续上涨的市场正在接近被严重高估的水平，而风险也会随着市场的波动而不断变化。

1995年，美国经济不仅增速放缓而且利率达到了历史峰值。出于对经济下行的担忧，美联储开始向其经济体系注入流动性。随着短期利率的下跌以及股票市场自1994年开始的下跌行情，投资者意识到股票已经处于被严重低估的状态，于是纷纷进场买入股票。结果，股票市场在短期利率下跌和流动性快速增加的双重刺激下开始上涨。

一旦这些趋势变得显而易见，那么当下最重要的事情就是买入股票——投资者在开始的时候之所以只投入少量的资金，是因为当时的市场存在很大的不确定性，几乎没有人敢确定这就是他们一直在等待的市场底部。然而，只要上涨趋势得到确认，投资者就会继续加大投资，并且建立自己的头寸。

我们将话题转向4年之后的1999年。美国当时的经济表现得非常强劲，其经济体系中的流动性呈缓慢增长的态势，利率水平也在逐渐上涨。这时的市场显然要比4年之前更加火热。在这样的市场环境下，投资者出现亏损的概率开始急剧增加。正如本书所指出的那样，投资者最好在这个时候适当减持手中持有的股票，并且等待更好的时机。投资者在这期间可以选择参与货币市场工具（货币市场基金），而不是让你的投资组合失去价值。我们之所以在这里重点分析这个案例，是因为1995年的股票市场并不具有太大的风险，投资者正好可以利用这个时期加大股票的买入力度。1999年，股票市场的高风险特征已经显现，投资者应当在操作上更加谨慎。

专业人士会在之前每分钟、每星期和每个月的基础上继续评估这一动态过程。特别是在企业和金融管理领域，你更应当按照正确的比例进行投资。因此，在正确投资的可能性非常低这个关键点上，投资者应当将投资规模控制在很小的规模。当正确投资可能性开始增加的时候，投资者应该充分利用这个赚钱的机会增加自己的股票头寸。

我们以1995年为例，当利率开始下跌且货币供给开始加速时，投资者就应当意识到股票的价格已经非常接近底部了。当然，判断市场是否见底确实是件非常困难的事情。在这个关键点做出错误判断的概率也非常高。正因为如此，在1995年将利率的下跌看作市场趋势发生重要变化的前兆应该是最恰当的投资策略。根据当时的投资策略，投资者所能采取的最合理的方式就是投入少量资金买入股票。假设你的判断出现了失误，股票市场进入了下跌通道，你也会因为投入的资金量很小而避免遭受更大的损失。

另一方面，如果当时的利率继续下跌，而股票市场持续上扬的话，那么你就应该向市场投入更多的资金和资本。这个时候你需要再观望大约1个月的时间。如果你观察到利率继续下跌且市场的流动性增加，那么可以肯定地说这是上涨趋势所具备的重要基础，而你的投资力度也应该随之增加，原因是你经过评估判断出当前市场环境向好的概率非常大。接下来，你就可以利用这些判断制定自己的投资策略了。

在大多数情况下，当投资者必须做出或买入或卖出的决策时，他们对于买卖的惯性思维往往会让事情变得越来越复杂。然而，投资者真的可以轻而易举地做出投资某只股票或者资产的资金规模，或者在哪个价位将其卖出的决定吗？随着正确判断可能性的增加以及赚钱概率的确认，投资者在某一头寸上的投资规模应当越来越多。如果根据当前的事件分析得出市场有可能见顶的判断，也就意味着：市场风险正在增加。投资者此时需要根据其对市场还有多少上涨幅度的判断开始出售手中的股票。**投资者可以分批建立头寸，然后再逐步卖出**。由于我们很难知晓市场将会发生什么情况，因此对于我们来说，考虑分批买入或者逐步卖出离场的方法也许是最好的选择。

对于制定策略的人来说，要想认识到市场正在发生什么是极其困难的，因为这里面包含着人类自身无法抗拒的情感因素。虽然市场数据可以告诉你现在发生了什么，但是在通常情况下，投资者并不认为这些数据值得信赖。1999年就是非常典型的例子：短期利率的上涨、强劲的经济表现以及流动性的缓慢增加为投资者呈现出了一个完美的股票市场。此外，强劲的经济表现会导致利率上涨，因此这两个因素的完美组合将会持续一段时间。在情绪的作用下，投资者不愿相信他们所看到的一切，他们通常希望自己看到的是错误的。人性中贪婪的因素也发挥着重要的作用，它们会让投资者对当前的经济形势视而不见。

然而，一旦构成熊市的因素形成，你就要逐渐减少在股票上面的投资规模，然后做到有选择性地面对市场。小范围的操作对于我们来说再适合不过了。假设你现在要执行防御性的股票操作策略，那么将你持有的股票数量卖出10%应该是最好的选择。1999年，当大多数的股票都处于持续下跌的行情时，你应当已经将另外10%的股票抛售才对。当股票市场行情持续恶化且各种指标不断释放预警信号时，投资者在市场中赚钱的概率就大大地降低了。伴随着亏损的可能性的增加，继续之前分批抛售股票的做法才是比较稳妥的。

由于能够发出最佳盈利机会的关键点是很少出现的，因此我们做出预测的难度非常大。正是因为绝佳买入机会的转瞬即逝，市场上涨的概率才会非常小。这又意味着什么呢？我们以扑克牌玩家的逻辑为例，对于他们来说，如果这一局获胜的可能性非常小，那么你在本局所下的赌注也将非常小。同理，当投资者发现市场的风险下降且出现了买入的机会时，他们会这样表达自己的操作策略：我打算先投入25%的资本试试运气。如果市场按照预想的那样继续攀升，这些投资者会将余下的75%的资本也投入市场。因此，我们有非常充裕的时间从这意料之中的趋势中获得收益。如果市场没有按照投资者所预想的那样继续上涨，而是进入下跌通道的话，那么投资者也会因为其试探性地进入股票市场而免于遭受更大的损失。这既是我们利用正确的概率理念进行投资的优势，也是这一理念全部的精华所在。

这一理念在投资者做出卖出决定的时候也同样有效。无论买入还是卖出，我们都要遵循渐进式的操作策略。如果风险水平的上升导致市场下行的可能性增加——也就是说，市场的赚钱效应正在减弱时，我们仍然可以采用扑克牌玩家的策略，即减少自己的赌注规模。投资者必须要做到获利了结。例如，不论投资者能够承受多大的风险，他都要将其投资组合的15%或者20%及时获利了结。如果投资者的判断是正确的，那么他剩下的80%或者85%的投资仍然可以享受市场上涨所带来的收益。然而，如果市场正如投资者预测的那样开始下跌的话，那么熊市的概率就会加大。因此，投资者要继续将投资组合中20%～30%的股票卖出。根据市场的趋势进行调整，投资者会在很大程度上降低其证券投资组合的风险水平。

由此引出的一个问题是：我到底应该买入还是卖出呢？但是，**我们应该关注的不是买入还是卖出的问题，而是市场环境是否为我们提供了操作的空间**。为了让投资者的证券投资组合更好地反映市场风险，他应当动用多少资金进行买卖操作呢？

正如我们之前所讨论过的那样，风险的概念为我们的行为提供了很好的指引。正确面对风险可以让我们实现收益的最大化和风险的最小化。

这次，扑克牌玩家再次成为我们的榜样。这些玩家每一次下注的规模都不相同。他们之所以会在开始的时候投注很少的资金，是因为他们不知道牌局会朝哪个方向发展。他们只有在自己手中的牌有获胜的机会时才会加大投注的比例。此外，这些玩家还会根据其他对手的表现，在自己获胜的概率增加的情况下继续加大投注。如果实际情况与他们所期望的结果背道而驰的话，那么这些玩家输钱的概率就会增加，他们必须选择放弃。同理，你在投资的过程中也会遇到类似的困难。不论我们是否对其感兴趣，我们都将成为投资游戏中的一员。你的对手也就变成了市场和各种经济金融势力。而每个市场里面的"庄家"会不断地改变这个市场的风险 – 收益状况。至于你自己，需要随时改变自己的投资策略，也就是说，调整你的投注规模。通过对风险的调整，你才能够保证自己的投资不会受到市场波动的冲击。

风险管理的动态分析

在面对资金管理和投资组合的风险这个问题上，定期对你的投资组合与操作策略进行检查分析是至关重要的。专业人士会根据出现在屏幕上的数据随时评估他们的投资策略。激进的投资者可能每天或者每个星期评估一次自己的投资策略。而其他的投资者则更倾向于每个月评估一次。不管你采用哪种方法，定期分析自己的投资策略并且重新评估风险才是最重要的事情。你越关注投资组合的表现，获得成功的概率就越大。如果你没有时间做这些事情的话，那么你就不得不同时面对如此多的投资、股票、债券和其他资产。你要尝试加大对一部分资产、股票的关注力度。如果时间紧张的话，你可以将自己的资金交由专业的基金经理，或者能够每周对你的投资进行汇总的资产管理人打理。可以肯定的是，如果没有对投资组合的业绩表现进行密切关注的话，投资者将很难获得成功。

投资者要根据自身条件和投资风格决定交易时间。有些投资者之所以喜欢成为当日交易者^㊀，是因为他们认为自己的身体条件在早上处于最佳状态，经过几个小时甚至只需几秒钟就可以将手中的头寸卖出。这些投资者认为正是他们自己的身体指标和投资方法论让他们找到了适合自己的交易方式。这类投资者往往会在投入一笔资金之后以分钟为单位对他们刚刚做出的决策进行分析判断。他们会根据在此基础上的分析，决定是否继续持有手中的头寸。可以说，交易时间对于这类投资者而言是非常短暂的。这种做法符合这类投资者的个性，特别符合他们判断股票是如何以及为什么会出现波动的投资模型。所以，投资者更倾向于利用自己熟悉的模型做出重要的投资决策。

　　另外一些投资者发现股票市场中存在一定的周期性，并且可以判断出一只股票在未来 1～2 周的时间里上涨的幅度。例如，当股票市场处于超卖的状态时，伴随着成交量放大和市场宽度的增加，大量的股票开始上涨。这类投资者此时就会发现这里面存在着交易的机会。他们认为如果现在进入市场，那么在未来 7～10 天的时间里获得超额利润的概率会很大。然而，与当日交易者不同的是，这类投资者会每天或者每隔几个小时对其手中的头寸进行分析，从而确定当前的市场趋势是否能够为他们带来盈利。相对于当日交易者而言，这种投资方式虽然算不上激进，但也不失为一种积极的投资方式。

　　此外，还有一些投资者对长期投资情有独钟，因为他们认为当前的市场趋势能够持续几个月的时间。他们会根据每个星期的相关信息对市场趋势进行确认，然后再根据其他的市场因素做出

㊀ 即短线交易者。——译者注

在某一个适当的位置买入或者卖出股票的决定。

在每年的 10 月底到第 2 年的 4 月底之间买入股票,也成为一部分投资者的交易法则。这些投资者坚信股票市场中存在着很强的周期性因素。根据他们的投资模型,每年的 5～10 月是最不适宜交易的时间段。

个人投资者具有独特的个性,他们在投资的时候往往都有各自的心理需求。投资在很大程度上取决于投资者在做出决策时所依赖的交易法则。**不论你具备什么样的个性和情感特征,做好以下几点非常重要**:①确定你的投资周期;②投资计划的成功执行取决于你对投资组合业绩的仔细分析;③检查导致你做出买卖决策的原因;④如果事实证明你的策略是正确的,请务必灵活运用你的操作策略。此外,当你需要保持良好的投资心态时,请采取相关措施避免出现重大的错误。

你是如何控制风险的呢?**控制风险的步骤**又有哪些呢?**收集信息是第 1 步**。在接下来的章节里,你将了解到评估不同市场风险时需要掌握的重要数据。与此同时,你还将学习用通俗易懂的方式整合各种信息的方法。

根据你所选择的投资方法的不同,你需要搜集的信息种类也不同。如果你是一位当日交易者,你就需要和那些复杂的技术形态、各种阻力位和支撑位、成交量以及股票价格每小时的运行走势打交道。如果你的投资周期是未来的几个月,那么你就需要获取更多的经济和金融数据,然后每个星期或者每两个星期分析一次这些数据。

动态风险管理的第 2 步是扩充你的知识储备。也就是说,你要把从步骤一中收集到的信息用你自己的模型进行加工。我们接下来将为你介绍如何解读、加工、利用这些信息。

例如，强劲的经济会导致利率的上升，而利率的上升又会对股票市场和经济体系的整体流动性产生影响。假设你知道其中的原因，那么你就会明白流动性的增加和短期利率的下跌通常发生在经济相当疲弱的时期，而这些因素又为股票价格的上涨营造出了有利的环境。因此，我们必须将很多的经济和金融因素联系起来。如何将这些信息联系起来并对当前的经济形势做出明确的判断将成为我们后面章节的重点。在对金融市场包含的风险有所了解之后，你才能够对当前的市场环境做出重要的推测。

控制投资组合风险的第 3 个步骤是最重要也是最困难的一个。你要根据自己的模型和所收集的信息判断不同市场的风险水平和发展趋势。这个步骤也是本书的主要目标之一。

在第 4 个步骤中，你要回答 3 个具体的问题。你是否应该在判断市场风险正在降低的同时增加对某种资产的投资力度呢？当风险开始上升且处于很高的水平时，你是否会因为不想在某种处于危险之中的资产上面投入过多的资金而开始将其出售呢？又或者，在面对风险的时候你是否会选择持有当前的头寸而不采取任何行动呢？这些就是你要在第 4 个步骤中解决的问题。至于你的回答，则完全取决于你的风险承受范围以及你管理投资组合的积极程度。我们这样做的目的是将投资组合中的混合资产调整到一个新的风险水平。

假设现在的投资环境符合经济强劲的条件，那么根据步骤二的内容，我们可以得出经济仍将维持强势表现的结论。此外，我们还可以假设短期利率在今后两个多月的时间里会持续上涨。按照书中介绍的分析方法，我们判断短期利率还将继续上涨。通过步骤三的评估，我们发现股票市场的风险确实是越来越大了。

随着风险的增加，市场的赚钱效应开始下降。出于对收益率的考虑，货币市场共同基金是不会在股票市场投入大量资金的。因此，你要制定相应的策略减少在股票市场的资金投入。重要的是，当你发现获胜的概率逐渐下降时，一定要减少自己的赌注。这也正是步骤四要实现的目标。

此外，你还要认真分析从其他途径获取的信息。例如，强劲的经济会导致包括原油、铜、黄金、白银、钯和铂等商品的价格上涨。在这种情况下，最好的投资策略是加大能源和商品类股票的投资，而减少其他类型股票的配置。

也许，投资者这个时候最纠结的事情莫过于如何在持有现金和买入股票之间取舍。这个问题之所以很难做出决策，是因为投资者经常会听到一些关于某只股票上涨并连创新高的新闻，这种情况即使是在熊市中也是经常出现的。那么，我们发现这些强势股票的概率又有多大呢？这个概率几乎等于零。当市场中的大多数股票都在下跌的时候，投资者如果持有股票的话，肯定会增加亏损的风险。从另外一个角度来讲，这正是我们回笼资金并等待市场赚钱效应重新出现的大好时机。

最后，当你制定好投资策略后，一定要马上开始行动。另外，你还要根据适合自己的交易时段，重新评估自己的策略。

对于专业的投资者来说，每天获得的大量信息会让他们不断地调整自己的策略。他们会通过自己的模型对各种信息进行核实与加工处理，从而判断风险的增减程度，随后再开始执行相应的交易策略：买入、卖出，还是暂时观望。专业的投资者会每天重复这些步骤，而且这也是确保你的投资不会遭受损失的唯一可行的方法。我们再次重申一次，在市场的赚钱效应很差的情况下，你一定要减少投资比例。因为这个时候的任何投资都是没有意义的。

控制风险的重要步骤可以归纳为以下几点：

（1）在决定适合自己个性的投资周期之后，着手收集信息。

（2）增加自己的知识储备——运用模型解读你所搜集到的信息。

（3）基于对所收集信息的解读评估市场的风险。目前的市场风险是处于很高的阶段，还是处于正在上升的阶段，或者是处于较低还是正在下降的阶段呢？

（4）制定策略。如果市场的风险正在增加，那么你就要减持手中的股票；如果市场的风险正在降低，你就要考虑加大在股票市场的资金投入。

在你的投资周期中要时刻重复以上4个步骤。当日交易者在分析信息的同时要做到每分钟检查这些步骤。以10～15天为交易周期的投资者需要每天处理这些信息。至于交易周期为几个月的投资者，考察时间应当以每个星期一次为准，或者退一步讲，至少每个月分析一次。

买入并持有策略与股票定投策略的误区

买入并持有策略之所以会成为一种被广泛采用的投资策略，是因为投资者根本不需要对整个投资过程进行任何思考。当然，持有这种投资理念的投资者会产生一种好事多磨的心态，但是这种策略本身却存在着某些误区。这种策略的主要误区在于，投资者相信只要自己买入并长期持有一只股票，他肯定能够只赚不赔。实际上，这种策略只适用于年轻人，因为他的人生道路还很漫长。但问题是，如果你现在只有10岁，你是不可能有足够的资金用来投资的。而对于一个已经上岁数且有相当规模积蓄的人来说，这个时间距离退休可能只有几年的光景了。

我们假设你现在45或者50岁，你希望在65岁退休的时候获得一笔不菲的退休金。然而问题是，当你 50 岁的时候，你的投资时限已经不能和那个只有 10 岁的年轻人相提并论了，因此在时间上你就不能考虑长期投资了。对于投资时限只有 10～15 年的你来说，采用买入并持有策略对于 50 岁的你已经意义不大了。因此，这个年龄的投资者的当务之急是搞清楚未来 10～15 年将要面对什么样的投资环境。那个只有 10 岁的年轻人并不介意用 10 美元去投资，因为他的资本实在是太小了，即使是遇到经济崩盘的情况，他的损失也是有限的。而且从现在开始计算，市场在未来 50～60 年的时间里重拾升势的可能性是非常大的。基于这种合理的假设，买入并持有策略也许更适合年轻的投资者，但是对于 50 岁临近退休的投资者来说，其实际的可操作性却是非常小的。

买入并持有策略的核心内容有两个：进行投资和长期搁置。虽然这个简单的决定可以让你随着时间的推移获取利润，但这的确是一种没有含金量的工作。接下来，我们通过对收益率的讨论，来更深入地理解这种长期投资所包含的风险因素。从长期来看，买入并持有策略的收益率大约为 10%～11%，其中包括 8% 的资本收益和接近 3% 的股息。然而，投资顾问会说，既然你对长期的预期收益率是 11%，为什么还要做那么多别的事情呢？倒不如持有一只优质的股票耐心等待资本的增加实惠。

投资顾问的话存在着巨大的漏洞。因为市场不可能产生 10%～11% 的收益率。这个建立在股票市场很多年都不会出现任何波动以及每年保持 20%～30% 上涨幅度的基础之上的数字仅仅是个平均值而已。我们来看看发生在 20 世纪的案例。

1928 年，标准普尔 500 指数是 17.66 点，到了 1949 年，该指数为 16.76 点——也就是说，标准普尔 500 指数在 21 年的时间里实际上是下跌的。1900 年，道琼斯工业平均指数是 77.66 点，而

1932年是50.16点。在32年的时间里，整个市场基本上没有任何表现。我们再来考察距离我们比较近的1968～1982年。1968年，标准普尔500指数是100.53点，到了1982年，其指数为109.65点——在14年的时间里，市场依旧没有为投资者带来收益。在这段时期的最后阶段，有些投资者会认为股票的收益率更高。然而，货币市场共同基金在此期间的收益率为10%～15%，要高于股票的收益率。

买入并持有策略实际指的是平均收益。如果市场的收益率能够达到10%～11%，则表明这个市场在10年、15年和20年期3个阶段均没有什么表现。至于从1982～1999年这种投资期限在10～20年的情况，市场每年的收益率接近20%。将这两个阶段的收益率进行平均，就可以粗略得出平均长期收益率。因此，采取买入并持有策略确实是存在风险的。假设在1968年那种环境下，一位55岁的投资者计划退休的话，他希望进行所谓的"长期投资"。那么到了1982年，他已经经历了很多次严重的熊市行情，而他的资本也在每次的熊市中下跌20%～30%。如果幸运的话，这位投资者在1982年的时候可以实现收支平衡。由此看来，这样的投资方式实在是让人大伤脑筋。

盲目投资不仅解决不了问题，而且仍然存在着风险。不论我们相信与否，那些知识渊博的投资者已经意识到目前的市场环境只能处于低于平均收益率的时期。买入并持有策略的另一个缺陷或者风险在于，如果市场像20世纪70年代那样下跌30%～40%，投资者们长期投资的信心就会因此产生动摇，这是因为他们的资产已经下跌了30%～40%。对于投资者来说，如何处理好收益率的波动问题也是必须要面对的事实。

投资的另外一种方式是通过定投降低持有股票的平均价格。

采用这种策略的投资者会按照固定的比例规律地加大对股票的投资力度。例如,某投资者决定每个月向股票市场投入 50～100 美元。随着股票平均价格的下降,投资者甚至会在市场下跌的时候坚持投资。在股票价格下跌的过程中仍然坚持投入固定比例的资金,投资者会增加该只股票的股份数量。因为这种策略不需要思考,而且也不用关心股票市场未来的走势,因此这种机械式的交易法则仍然获得了不少人的青睐。

这种投资策略的基础是建立在市场继续向上运行的基础上的。正如我们之前所看到的那样,市场并不总是上涨的。曾经有过这样一段时期,市场在长达 10～20 年的时间里没有产生任何的收益率。在市场下跌 30%～40% 的时候,我们做出理性投资的理由又是什么呢?我们为什么总是持续亏损?就像每个扑克牌玩家所知道的,当你手握一把烂牌的时候,最好的选择就是看好自己的钱袋子。亏损会严重影响投资组合的整体收益率。任何一个认真谨慎的投资者都不会选择在持续下跌的市场中买入股票,因为他们这样做亏损的概率太大了。谨慎的投资者只有在市场处于超卖的情况下才会选择进场,因为此时的市场出现转折点并且走强的理由太充分了。赚钱和管理波动并不是一件简单的事情。正如任何一个商人和投资者都知道的那样,赚钱是一件既困难又费力的事。这是一场以知识为基础的博弈。我们将在接下来的章节里结合大量的信息告诉你如何进行成功的博弈。

投资没有捷径。如果世界上真的存在简单暴富的金手指,那么每个人都将成为百万富翁。成功的投资取决于你对时间的利用以及自身坚持不懈的努力。本书旨在为你提供管理资金的基本框架,从而让你在提高盈利概率的基础上做出明智的选择。

第 2 章

经济指标的来源及解读

经济增长的波动起伏会对任何一种资产的价格造成影响。投资者通过对经济变化的研究，可以判断出哪种资产将要增值，以及哪种资产存在价格下跌的风险。当然，随着这些资产价格的变动，投资者也会逐渐改变他们的投资策略。然而，在深入探讨这些策略之前，我们需要对更多的关于经济周期的概念进行考察。

在本章中，我们将对从不同渠道获取的经济指标和数据进行分析，并对其做进一步的解释说明。此外，在后面的章节中，我们将要讨论不同经济活动之间的相互关系。这一点对于提前预估市场风险是极其重要的。最后，我们还要分析这些经济指标如何对资产价格产生影响。

经济指标

我们首先要了解这些经济指标的名称及其含义，然后再讨论如何对这些经济指标进行解读。本书中的大部分数据可以通过下文提供的资料来源在互联网上获取。

为了更加通俗易懂且系统地阐述这些经济指标，我们将其细分为衡量广泛的经济活动、消费者活动、制造业、资本投资活动、建筑业、通货膨胀、生产力以及利润的指标。然而，我们需要注意的是，这些经济指标在实际生活中是相互关联、相互影响的。

假设美国央行向其经济体系注入流动性，那么这部分新增加的流动性就会流向各个生产企业。而且，这部分流动性资金具有低利率的特点，在流动性增加和低利率双重因素的刺激下，企业更愿意向银行借款、扩大员工规模以及进行新的投资。正是因为这些经济活动的出现，最终导致了就业人数的增加、员工收入的提升、消费者信心的增强以及经济的持续走强。为了让这些经济指标之间的联系更加紧密，我们的首要任务是分析这些经济指标，并且对其各自的含义及获取来源进行仔细的研究。在后面的章节中我们将详细介绍这些指标之间的相互关系以及它们之间的因果关系。

广泛的经济衡量标准

广泛的经济活动衡量标准实际上就是指国内生产总值（GDP）。从投资的角度来讲，由于每个季度发布的 GDP 数据无法为投资者提供及时有效的参考数据，因此，这一指标在实际中并没有得到广泛的应用。然而，对于我们来说，了解 GDP 的内在含义以及能够从不同类型的数据中挖掘出哪些隐藏信息才是我们关注的焦点。

GDP是指在一国境内的所有劳动力和常驻单位在一定时期内生产的商品和服务的总产出，是以美元衡量的。美国经济分析局每个季度发布一次GDP数据报告。

GDP由四部分构成：①个人消费支出；②国内私人投资总额；③商品和服务的净出口；④政府消费支出。

个人消费支出表示消费者在汽车、零部件、家具等耐用品，食品、服装、汽油等非耐用品，以及在公共设施、交通和医疗保健等服务上的支出情况。个人消费支出之所以重要，是因为这部分数据在美国的经济结构中占到了将近60%的比重。正因为如此，经济学家们才会花费巨大的精力试图弄清楚消费者的行为方式。

国内私人投资总额是指固定投资和商业库存变动的总额。固定投资是指对国内非居住建筑和工厂的耐用设备（如机器设备）的投资。然而，固定投资也包括对单独家庭和多家庭住宅建筑的投资。

商品和服务的净出口是国内生产总值的重要组成部分。这一概念不同于我们平时所提到的出口和进口。由于美元的走势长期受到商品和服务的净出口这一因素的影响，因此，这部分数据的重要性是不言而喻的。我们将在后面的章节中继续探讨美国国外投资收益率的问题。其中最主要的一点在于，由于一国政府无法忍受长期的贸易赤字——进口大于出口，因此净出口额会逐步由负数变为正数，而该国的货币也会因此在很长的一段时间里不会出现贬值的风险。

构成国内生产总值的最后一个部分是包括联邦和州政府在内

的**政府支出**。一部分经济学家认为，在 GDP 百分比中政府支出的规模越大，该国的经济增长在相当长的时间里就会越慢。

增长的意义是相对于经济的平均长期增长而言的，而且这个数值是根据政府整体政策的制定而随时变化的。在 20 世纪 70 年代，高企的通货膨胀导致了美国和欧洲国家的经济出现了严重的问题，但是那个时期的平均经济增长率却达到了接近 2% 的水平。然而，随着 20 世纪八九十年代通货膨胀的下降，欧洲的平均经济增长率是 3%，而这一百分比在美国甚至更高。我们现在面临这样一个问题：何为强势增长？何为增长疲软？

当 20 世纪 70 年代的平均经济增长接近 2% 的水平，而本国的 GDP 同时又以超过 2% 的速度增长时，经济走强的条件就成熟了。然而，当生产率在 20 世纪八九十年代得到显著提升、GDP 的平均增长率攀升至 3%、企业的扩张速度超过 3% 的时候，真正的经济强势增长出现了。同理，当平均经济增长率接近 2% 的水平，且本国的 GDP 增速低于 2% 的时候，经济疲软的特征就会显现。

这里的关键点在于，增长的概念是相对而言的，它主要取决于当时的经济条件。我们接下来将要考察通货膨胀是如何成为经济的决定性因素以及经济增长的主要形式等问题。

消费者指标

与消费者幸福感有直接联系的最重要的指标是每个月发布的就业人数报告。就业人数的强劲增长意味着经济的走强，消费者收入的增加会刺激他们的消费。就业人数增长的放缓则意味着消费者由于收入增长幅度的下降而不愿意过多支出，他们会在消费上变得更加小心谨慎。

到底什么才是就业人数的强劲增长呢？为了评估某一指标的强弱程度，根据你所选择的时期和你所采用的衡量长期增长率的方法，我们假设整个长期就业人数的增长率低于2%。例如，如果每个月就业人数以0.1%的速度增加，我们用0.1%乘以12就可以得出每年的就业人数增长率——1.2%（此数据为粗略的估算），这个数字低于整个长期就业人数的增长率2%。以上的数据表明企业的发展速度是非常缓慢的。

从另外一个方面讲，如果就业人数以每个月0.5%的速度增长，那么全年的就业人数增长率就是6%（=0.5%×12）。6%既是强势的增长，同时也是经济强势的体现。美国劳工统计局在每个月的早些时候发布上一个月的就业人数报告。

随同就业人数报告一起发布的是失业率报告。如果失业率下降，表明经济仍然保持着强劲的走势；被雇用的人数要大于市场上所提供的劳动力人数。

当失业率维持在一个相对稳定的低点时，说明目前的劳动力紧缺，经济的扩张接近于饱和的状态。虽然这个时期人们的工资水平会快速上升，但是华尔街的精英们却开始担忧高通货膨胀所产生的风险了。当失业率上升的时候，经济的增长开始放缓，就业人数的增长幅度要落后于劳动力的增长幅度，经济开始以低于平均增长水平的速度增长的可能性越来越大。

招聘求职广告指数衡量的是市场对劳动力的需求程度。该指标的重要性在于，当该指数下跌的时候，企业在开始决定雇用更少员工的同时，也意味着就业人数在未来会以较低的速度增加。也就是说，这种情况会逐渐演变成失业，因此，我们必须对这个指标格外重视。招聘求职广告指数可以通过《华尔街日报》和《巴伦周刊》获取。

每个月发布的零售总额显示的是消费者在零售商店的消费金额。强劲的消费能力说明就业人数的快速增加、经济的强劲以及收入的提高。该指标衡量的是整体经济的强弱程度。每个月的零售总额数据由美国人口统计局（Census Bureau）发布。

消费者态度的调查报告可以从多家研究机构获得。美国经济咨商局（Conference Board）发布消费者信心指数。密歇根大学发布消费者情绪调查报告。该调查报告是以选定一组消费者并向其提问的形式，获得他们对整体经济、购买商品和汽车、对未来经济走势、通货膨胀的前景以及个人收入的观点。研究机构对获得的反馈信息进行排序，然后将反映消费者情绪的指数输入电脑。

当密歇根大学发布的消费者情绪指数接近 100 的时候，说明消费者对经济的未来走势持积极乐观的态度，他们也会因此而加大消费支出的比例。消费者情绪指数越高，越表明经济会保持强劲的走势，零售总额和就业人数也会持续上升。

鉴于消费者的消费能力在整个经济周期中的重要性，因此，当消费者情绪下跌的时候，经济就会下行。当消费者情绪指数下降到 80～90 的水平时，我们必须对其保持高度的警惕性。也就是说，经济陷入衰退或者低速增长的概率会大大增加，或者说已经来到了我们的身边。

与消费者幸福感有关的另外一个指标是美联储发布的消费者分期付款信贷。该指标反映的是消费者分期付款的借款金额的总和。它是衡量消费者筹措资金以及消费能力的重要指标。

消费者分期付款信贷数据的强势增长表明消费者因为对未来充满信心而乐于向银行举债，因此，经济将会继续上行。请注意，利率在这个时期内的上调是正常的。高利率和经济的放缓通常会导致消费者信贷的低速增长。

与上述数据关系密切的最重要的一个衡量指标就是个人收入。众所周知，收入与就业、零售总额和消费者信心有着紧密的联系。个人收入的增加会让消费者对未来充满信心、对就业形式一致看好，进而导致稳定的零售总额。此外，个人收入的提高直接反映了整体经济或者GDP的增长情况。

经济体系中充裕的流动性、下降的通货膨胀率和利率是人们消费、企业投资、扩大生产的必要条件。随着经济的向好，就业人数会不断增加，伴之而来的则是收入的提高。当然，收入的提高会鼓励消费者增加支出，进而导致零售总额的增加。

个人收入的下降通常说明经济正处于冷却降温的过程，与之相对应的是就业人数的低速增长和零售总额的下降。经济放缓通常预示着通货膨胀的高企、利率的上调以及中央银行采取的某些紧缩措施，进而导致企业对其发展前景和生产计划表现得越来越谨慎。企业会通过减少就业人数达到控制成本的目的，而员工的工资也会相应下调。由于个人收入的减少，消费者对待支出会更加谨慎，零售总额也会因此出现下滑。每个月的个人收入数据报告由美国经济分析局发布。

美国劳工统计局每周发布的平均每周首次申领失业救济金的人数是被人们广泛遵循的指标，它统计的是申请失业保险的人数。当该指数上升的时候，标志着经济增长的放缓。反之，当申请失业保险的人数下降时，说明已经有越来越多的人实现了就业，经济形势也在逐步转好。

衡量经济表现强弱的方法之一就是分析首次申请失业救济人数的数据。如果这一指标处于历史标准的低点——也就是接近300 000的时候，就意味着当前处于强势经济的阶段，就业人数将会快速上升，劳动力市场将变得愈加紧张，经济环境非常好。这就是分析师经常说的"过热"。在这样的经济环境下，投资者对自己工资的期望值是很高的。当首次申请失业救济人数的数值超过 300 000 时，说明经济走弱的可能性变大。这一时期首次申请失业救济的人数会急剧上升，劳动力市场的需求也不会像之前那样大，企业的经营活动也将进一步减弱。此时的投资者所期望的工资标准就会下降。美国劳工统计局定期发布有关首次申请失业救济人数的数据。

总之，**强劲的经济是通过一组明显的趋势指标反映出来的**，具体如下。

- 就业人数的增长达到2%～3%的水平。
- 招聘求职广告指数随着市场对劳动力需求的上涨而上涨。
- 与去年同期比较，零售总额快速上升，超过4%～5%的水平。该数据同时表明消费者信心指数超过90%，或者达到了100%。此处采用的是密歇根大学的消费者情绪衡量标准。
- 消费者分期付款信贷同样快速上涨，该数值反映了消费者对未来个人收入的提高充满了信心，同时也预示着消费者从银行贷款的意愿正在变强。
- 由于经济和就业人数的强劲增长，个人收入也将得到进一步的提高。
- 首次申请失业救济人数的下降。

导致经济放缓的因素可以归纳为如下几个。

- 就业增长率开始下跌，低于2%～3%的水平。
- 招聘求职广告数量减少，标志着企业倾向于雇用更少的员工。
- 零售总额下降，表明就业市场疲软。
- 消费者情绪指数的下降，说明消费者因为就业机会和收入的减少而对经济的未来走势缺少信心。
- 消费者分期付款信贷也出现走弱的迹象。由于社会大众认为未来的经济形势与个人收入的增加存在着不确定性，因此导致消费者从银行借贷的资金数量骤减。疲软的经济环境和过低的就业人数正是造成这种局面的原因。
- 首次申领失业救济金的人数稳步上升也从另一个侧面标志着经济的放缓。

制造业和投资指标

美联储每个月发布关于制造业发展趋势的工业生产指数。该指标是一份涵盖制造业各个部门增长情况的综合性报告。当每个月发布的制造业增长率高于0.3%～0.4%时，说明制造业的发展是非常强劲的。工业产出速度的加快标志着就业人数、销售额、收入的增加以及经济的强劲稳健。

工业生产指数的下降预示着就业率、收入和销售额的下降。工业生产指数的发展趋势与本书后面提到的商品价格走势是密切相关的。工业部门的强势表现通常与坚挺的商品价格联系在一起，而疲软的工业指数将会导致商品价格的下跌。

一名工人每周对每件产品的周平均工作时间是另外一个衡量

经济活动的重要指标。当生产商决定减产的时候，他们采取的第一项措施就是缩短工作时间。随着时间的推移，解雇工人就成为生产商的不二选择。因此，该指标的重要性对于我们来说是不言而喻的。

同样的事情也会发生在经济回暖的时候。首先，生产商会增加工作时间，然后雇用更多的工人。我们可以从周平均工作时间中找到工业生产未来发展的蛛丝马迹。周平均工作时间的变动会对经济活动造成影响。

能够从中发现工业生产未来发展趋势的另外一个指标就是加班时间。生产的周平均加班时间之所以会成为衡量经济活动的主要指标，是因为在看到经济活动或者市场对商品的需求开始下降的时候，生产商的第一反应就是缩短加班时间。当经济开始向好的时候，生产商会在雇用更多的工人之前首先增加加班时间。以上提到的所有数据都可以从美国劳工统计局发布的就业数据中获取。

耐用品和消费品的新增订单也是一项非常重要的数据，因为生产商账簿中的所列项目具有一定的指示作用。订单的增加意味着制造业必须将这些订单投入生产，从而加强生产活动。从另一方面讲，如果订单出现下降或者增速放缓的情况，那么进入工厂加工的订单数量也将随之减少，进而导致工业产出的下降。

一家公司接到新订单之后之所以不会马上开工，是因为这些公司或者工厂正在忙于完成之前接到的订单。因此，这些新订单就会被暂时搁置，直到在将来的某个时间具备生产能力的时候才被安排上生产日程。鉴于此，新增订单是衡量制造业各部门是否复苏的可靠指标。

然而，如果订单的数量出现下降，生产商将被迫减少生产。

出于这种原因，订单数量的增减是衡量制造业和非制造业部门发展趋势的重要性指标。因此，耐用品和消费品的新增订单是考察未来经济能否健康运行的黄金指标。

由于高价商品是与消费者情绪密切相关的，所以耐用品的订单数量会出现比较大的波动。通常情况下，大多数消费者在同一时间对利率和通货膨胀的反映直接导致了新增订单的波动。因为耐用品的使用寿命大约是 3～4 年的时间，所以像诸如汽车、冰箱、家具等商品会让消费者支出一笔不小的资金。

当通货膨胀或者利率开始上涨并导致经济环境出现变化时，几乎所有的消费者都会在同一时间对此做出反应，而订单的数量也将因此大幅减少。通货膨胀的上涨会对商业和金融周期产生重要的连锁反应。

通货膨胀的上涨对工薪阶层和没有工作的人群的收入有着重要的影响。高企的通货膨胀会降低消费者的购买力，通货膨胀越高，人们的购买力越低。在这种情况下，消费者为了不让自己的购买力受到损失，他们首先会减少购买高价商品，随后再逐渐减少对小件物品的购买。其结果是，消费支出的减少意味着订单的减少，进而导致整个经济活动的放缓。

伴随着通货膨胀的上涨而来的是利率的上涨，而利率的上涨又导致了消费者借款成本的上升。借款成本的上升又将进一步增加消费者在购买商品和商业投资方面的支出比例。

相对于上涨的通货膨胀，下降的通货膨胀对人们的影响还是比较积极的。通货膨胀的下降会增加工薪阶层消费者的购买力。利率也会随之下跌。因此，下行的通货膨胀对消费者购买力的影响具体体现在两个方面。首先，通货膨胀越低，消费者的购买力越高。其次，利率越低，消费者的借款成本越低。这两个因素将会刺激消费者的购买力和企业的投资规模。现在，消费者更加倾向于向银行借款，或者购买那些在通货膨胀和利率高企期间让他们感觉非常昂贵的商品了。综上所述，订单的增加会促进经济的增长。

订单的增减对经济的未来走势提供了重要的信息。耐用品订单体现了企业扩大生产能力和提高生产率的意愿，而这两点也正是经济增长的主要因素。

衡量制造业是否健康发展及其未来走势的另外一个指标是未完成订单量，或者制造业部门账簿上的积压订单。如果未完成订单数量快速增加，厂商生产商品的能力就会不足，也就是说，制造业企业为了完成这些订单肯定会加班加点。这一点也说明经济将会走强。此外，如果未完成订单数量减少，厂商的生产速度将被迫放缓，其产出的商品也会随之减少。美国人口统计局定期发布未完成订单量的相关信息。

制造业和非制造业两个部门的重要报告由美国全国采购经理协会负责发布。在该专业机构发布的报告中有一项是制造业活动指数，它告诉我们经济正在做什么。该指数以 50 作为分界线。当指数在 50 以上且逐渐增加的时候，表明经济正在快速扩张。如果指数下降但没有跌破 50，则表明经济增速放缓。然而，如果该指数跌破 50 的话，则说明经济的增长是非常缓慢的。

从投资者的角度来看，该指标使用起来非常方便。因为它可以在投资者制定投资策略的时候提供简单的参考。当指数上涨超过 50 时，投资者必须寻找那些与强劲经济增长联系在一起并且以高于平均增幅的速度增长的事件。另外，投资者还要注意处于上涨中的利率和提升的通胀压力。我们将在后面的章节中介绍如何利用这些信息制定投资策略。

然而，当指数跌破 50 时，投资者就要警惕经济有可能以低于平均增幅的速度增长，并且时刻留意诸如利率和通货膨胀下降等与经济增速放缓有关的事件。

卖方业绩（vendor performance）是由采购经理发布的一项重要指标。该指标显示了公司延缓交货报告的百分比。当该指标开始上升的时候，说明有越来越多的公司出现了延缓交货报告的情况，同时也意味着制造业部门处于非常忙碌的状态，当前的经济非常强劲。

卖方业绩指数可以用来确认经济趋势，以及由美国全国采购经理协会综合指数提供的信息。当该指标超过 50 时，投资者可以据此提前判断经济将会走强，增长超预期。因此，投资者会得出利率和通货膨胀上涨的结论。该指标的数值越高，通货膨胀和利率上涨的概率越大。

当卖方业绩指数低于 50 时，经济增速放缓，增长低于预期。投资者此时对利率和通货膨胀开始下降的预期增强。该指标的数值越低，通货膨胀和利率下跌的概率越大。

库存的变动是衡量制造业是否健康发展的另外一个重要指标。库存的快速增加表明制造厂商正在以更快的速度增加库存以应对销售的需要。库存的快速积累表明经济进入了稳健发展的阶段。此外，当库存的增速降低时，则标志着生产加工过程的放缓。

通过库存/销售比率这一重要的评估指标，我们可以从生产加工过程中挖掘更多的信息。库存/销售比率考察的是批发商、制造业和贸易水平情况，是由美国商务部负责测算的。该比率以美元计算，其公式是月末库存除以月总销售。如果库存/销售比率持续保持低位运行，则说明商品的库存与销售处于相对平衡的状态，进而表明经济运行良好。

库存／销售比率的下降表明商品的销售速度快于库存的增加，厂商的生产必须满足销售的需要。这种情况是经济强劲的表现。

然而，当库存／销售比率上升的时候，说明厂商的库存增加速度远远大于销售速度。在这种情况下，厂商不得不降低产出以保证库存和销售的平衡。因此，库存／销售比率是评估经济增长和确认经济活动强弱的重要指标。

1993～1994年，库存／销售比率一度从1.45大幅下降到1.37。这一结果可以归结为销售的增长领先于库存的增长。为此，厂商被迫生产商品增加库存。从另一方面讲，库存／销售比率的下降意味着经济足够强劲。一般情况下，通过失业率的表现也可以发现相同的经济发展趋势。当就业人数的增长超过市场劳动力的供给规模时，失业率就会下降。我们可以看到，库存／销售比率在1995年从1.37大幅攀升至1.45，这说明美国经济的增长势头正在放缓。

由于受到亚洲金融危机的影响，制造业部门在1997～1998年出现了疲软的迹象。因为需求的减少，库存／销售比率在两年多的时间里从1.36上升到了1.40。这一现象表明，企业正在进入快速的下滑阶段，销售量的下降也要快于库存的下降，因此，厂商只有进行减产才能保证库存的增长与销售的增长持平。库存／销售比率的持续上升则意味着经济疲软。

随着亚洲金融危机在1998年年底趋于平稳，亚洲地区对美国产品的需求开始回暖，美国制造业部门的情况得到了改善，库存／销售比率开始大幅下降，美国经济再次回归强势。库存／销售比率的波动起伏是证实从其他不同渠道获得的信息的重要评估标准。

将库存的增长与销售的增长进行比较，同样是衡量经济是否健康发展的指标。如果库存增长缓慢而销售快速增长，厂商就不得不增加产量充实库存,实现库存与销售的匹配。反之,如果库存增长加快而销售增长缓慢,厂商就必须减产降低库存,从而保证库存与销售的平衡。如果销售市场萧条而库存快速增加的话,那么厂商在库存的积累程度与销售的增长率实现平衡之前更倾向于减产以降低库存的增长速度。

当库存的增长可以与正在增长的销售持平的时候,企业会为了增加库存而加大从银行借款的规模。在这个阶段,企业由于借款规模的加大而不得不面对短期利率上涨的压力。当库存下降时,企业不需要大量的资金投入生产增加库存,因此企业借款的规模也会随之减少。企业借款的缓慢增长形成了对资金需求以及短期利率的下行压力。资金、利率的走势在很大程度上取决于需求的强弱。库存数据可以从美国人口统计局获取。

上文提到的各种指标在以下行情中表明制造业部门处于强劲增长的态势。

- 工业产品指数每年的涨幅在3%～4%。
- 周平均工作时间如果上升且为正数,则意味着工人收入的增加,如果为负数,则说明通货膨胀的压力上行。
- 加班时间增加。
- 耐用品订单增多。
- 积压订单数量激增。
- 全美采购经理人协会指数超过50。
- 卖方业绩指数超过50。
- 库存快速上涨。
- 库存/销售比率下降。

以下情况表明制造业部门出现疲软衰退的迹象。

- 工业产品指数每年的增长幅度下滑,并且低于3%～4%的水平。
- 周平均工作时间如果下降且为负数,则意味着工人收入的减少,如果为正数,则说明通货膨胀的压力下行。
- 加班时间减少。
- 耐用品订单下降。
- 积压订单数量减少。
- 全美采购经理人协会指数低于50。
- 卖方业绩指数跌破50。
- 库存下降。
- 库存/销售比率上升。

建筑业指标

建筑业指标的重要性在于它是劳动力就业的主要来源。房屋开工率和建筑许可证可以反映当前经济的强劲程度,同时预示着未来的经济走向。当利率保持稳定或者逐渐下跌,以及经济开始回暖的时候,房屋开工率和企业建筑物的数量开始上升。

然而,一旦市场的不确定性和利率上升,消费者和投资者会马上减少对房屋的购买以及对新屋的投资力度。可以说,房地产行业的发展与利率的走势是密切相关的。利率的上升导致企业借款成本的上升,进而导致消费者购买房产及其他不动产的成本增加。因此,伴随着利率的上升而来的往往是房地产行业的增速放缓，并且最终陷入完全的衰退。

当房地产市场红红火火，人们贷款买房意愿高涨的时候，利率的上升将成为大概率事件。只有在房地产行业持续衰退的情况下，利率才会下跌，这也表明投资者已经下定决心在利率降到更低的水平时才会重新考虑在建筑业当中寻找投资机会。

然而，利率的下跌能够让企业的经营环境得到改善，而房地产行业也将借此机会迎来复苏。利率的下跌总是会出现在房地产行业的持续低迷之后，借款成本的降低让投资者再次燃起了举债投资房屋和工程项目的热情。

只有在利率经过了其峰值且进入下跌通道这个过程之后，房地产行业才会迎来真正的复苏。在这个阶段，只要利率开始下跌并保持在稳定的水平，房地产行业就会实现快速的增长。在强势经济环境下，利率在达到最低点后将会逐步走高，这个时候是导致房地产行业可能走弱的第一个迹象。住房建设方面的信息由美国人口统计局发布。

建筑业指标中另外一个重要的数据是新屋销售和成屋销售水平。该指标提供了有关消费者支出意愿方面的信息。根据美国房地产经纪人协会发布的数据，新屋销售和成屋销售水平不仅提供了消费者购买房屋的平均价格的信息，还显示了房地产行业现阶段的通货膨胀水平。房屋销售数据与房屋开工的情况密切相关。

建筑业的强势发展体现在房屋开工率、建筑许可证以及新屋销售和成屋销售水平的快速增长这几个方面。建筑业在某一阶段的强劲发展往往是由于利率的下跌或者维持在一个相对稳定的水平造成的。利率的上升导致建筑业走弱，而且当利率处于上升趋势的时候，建筑业的疲软走势将会得到延续。

建筑业对利率的波动之所以会如此敏感，是因为借款成本是其主要的决定性因素之一，投资者通常会据此判断投资房地产是否划算。

通货膨胀指标

通货膨胀是当下使用最为广泛的经济衡量指标，其表现在消费者价格在过去 12 个月中的上涨。当你在报纸中看到通货膨胀率是 2.7% 的信息时，即意味着消费者物价指数（CPI）在过去的 12 个月中已经上涨到了 2.7% 的水平。投资者在投资时需要密切关注通货膨胀的走势。为此，投资者需要将当前的消费者价格增长幅度与前一个月、前两个月或者前三个月的数据进行比较。我们将在后面的章节里详细讨论消费者物价指数的概念，以及如何运用这一指标预测通货膨胀的发展趋势。

通货膨胀在处于下降之中或者处于较低水平的时候会导致经济和金融市场的繁荣，这一点对于衡量经济来说是非常重要的。通货膨胀上升的年份往往会伴随着经济和金融市场的剧烈波动。这个特点不仅完全适用于美国经济，而且对于拉丁美洲、欧洲和亚洲的任何一个经济体都是一样的。

正如米尔顿·弗里德曼所总结的，通货膨胀只是一种货币现象。换句话说，通货膨胀的压力取决于美联储所遵循的货币政策。本书第 7 章将讲述中央银行是如何影响一个国家的通货膨胀的。

站在投资者的角度，通货膨胀的变动会通过不同的方式影响金融市场和资产的价格。通货膨胀的下降对于股票和债券是个利好消息。然而，通货膨胀的上升会让房地产、贵金属和其他硬性资产更具吸引力。

商品价格也许是对通货膨胀最敏感，且对判断通货膨胀未来发展趋势最有意义的指标。所谓商品，是指应用于商品制造中的原材料，它主要包括以下几类。

- 谷物和种子——例如：大麦、小麦和玉米。
- 根据食物的种类分为：牛肉、烤肉、黄油、可可、蛋类、火腿、猪、猪肉和肉牛。
- 油脂——例如：椰子肉、椰子油、椰子树、猪油、大豆和牛脂。
- 石油——包括不同种类的原油、国产石油和成品油。
- 纤维与纺织品——例如：粗麻布、棉花和羊毛。
- 金属——例如：铝、铜、铅、钢屑、锡和锌。
- 贵金属——例如：黄金、白银、铂和钯。
- 杂项商品——例如：橡胶和兽皮。

以上商品全部用于商品的生产，因此，这些商品价格的变动会为投资者判断未来经济走势提供非常实用的信息。大多数情况下，大部分商品的走势都会沿着相同的轨迹运行。这一点似乎很难被人们接受。然而，当经济走强的时候，市场对商品的需求量就会增加。

商品价格有两种类型。第一种被称为现货价格，另外一种被称为期货价格。在现货市场中，商品的价格是指通过现货交易成交的价格。在期货市场中，商品的价格是指交易成立后，买卖双方约定在未来一定日期实行交割的价格。例如，交割期限为1个月的石油价格与交割期限为2个月、3个月甚至更长时间的石油价格之间是存在差异的。商品价格的不同取决于市场环境、仓储成本、利率以及运输成本。

工业材料的现货价格是第一个对制造业生产的加速或者减速以及整个商业行为做出反应的。出于对分析过程简明扼要的要求，分析师不可能对所有的商品进行逐一分析，他们只需要对一组能够发挥相近作用的商品组合指数进行分析即可，例如：谷物、食品、油脂、纤维与纺织品和贵金属。

Bridge/CRB 公司发布的现货价格指数和期货价格指数是目前最为广泛使用的两种商品价格指数。CRB 现货指数反映的是该指数所包含商品现货水平的价格，而 CRB 期货指数反映的则是其所包含商品的期货价格。CRB 工业材料指数（现货和期货）可以登录 Bridge/CRB 公司的官方网站查询。

商品的价格反映了人们对市场、经济强劲与否以及美联储制定的通货膨胀政策的判断。商品市场的整体走强表明当前的经济非常强劲，而且商品价格的上涨还将通过商品的制造者向商品的最终消费者的传导而得到延续。同时，商品价格的上涨还与通货膨胀有着紧密的联系。投资者会根据这些信息预测短期利率与长期利率面临着上行的压力。这也正是商品价格能够为投资者提供重要信息的原因所在。通过近距离地观察商品价格的运动趋势，投资者对出现利率上升和货币政策收紧的可能性的判断就会占据主导地位。我们将在第 7 章对这部分内容进行详细讨论。需要指出的是，商品价格的变动趋势在评估股票和债券市场的风险方面发挥着重要的作用。

衡量通货膨胀的另外一个重要标准是黄金和原油的价格走势。尽管由卡特尔（同业联盟）控制的原油价格要比黄金价格的波动幅度更大，但是两者之间的基本走势和翻转点却是基本一致的。在坊间流传着这样一种假设，即所有商品的走势都是相同的。例如，当我们看到在黄金价格上涨的同时，铜和原油的价格却没有同步上涨，会觉得是一件非常不可思议的事情。换言之，当黄金或者其他商品的价格并没有随着铜价的大幅上涨而上涨时，人们就会对铜价的大幅上涨持怀疑态度。究其原因，是因为商品价格的上涨取决于经济的强劲表现。当经济表现强劲的时候，所有的商品价格都会上涨。从另一方面讲，当商品价格开始走弱的时候，投资者对经济疲软的预期将会增强。

下文提到的商品和商品指数之所以非常重要，是因为它们在通货膨胀压力逐渐增加以及变强的时候倾向于朝着同一方向上涨。这些商品价格上涨的幅度越大，出现通货膨胀风险的概率就越大。如果大多数商品价格下跌的话，那么通货紧缩距离我们就不远了。

工资是判断通货膨胀压力的另外一个重要指标。当失业率下降并且保持在一定的水平时，工资水平就会加速上涨，也就是说，当下的劳动力市场处于供不应求的状态。从另外一个角度讲，当首次申请失业金人数处于低位时，也会出现工资水平上涨的现象。

正如我们将在下文看到的那样，工资水平的上涨并不是导致发生通货膨胀的重要因素，这是因为生产力的增加会带动工资的提高。实际上，这一点在强劲的经济环境下是非常显著的。最理想的情况是工资和生产力的扩张在同一时期内保持3%～4%的同步增长。在这种情况下，人工成本（根据生产率进行调整的工资水平）是零，而且工资水平是无法引起通货膨胀的。然而，如果生产率的增长幅度是零而人工成本却以3%～4%的速度增长的话，那么发生通货膨胀就是必然的结果。美国劳工统计局负责发布工资水平和生产力相关的信息。

生产者物价指数（PPI）反映的是商品的生产者和制造商的定价能力。美国劳工统计局会发布多种指数的信息，例如，制成品生产者价格指数、半成品生产者价格指数，即那些需要进行深加工的商品以及原材料生产者价格指数。因此，PPI 实际上就是一组指数的集合，旨在衡量由国内的商品和服务生产者提供的随时变化的平均销售价格。

PPI 是从销售者的角度衡量价格的变化。该指数与从购买者的角度衡量价格变化的消费者物价指数（CPI）形成了鲜明的对比。由于政府补贴、营业税和消费税，以及销售成本的关系，销售者与购买者的价格之间存在着差异。每个月发布的有关个别产品和产品组合的 PPI 数据就超过了 10 000 个。PPI 数据还可应用于美国经济中的金融、采矿和制造业部门等几乎所有行业的产品。

目前，新型 PPI 指数正在被引入到经济体系中的交通运输、公用事业、贸易、财政和服务部门的各种产品当中。PPI 数据在被政府使用的同时已经在工商业得到了广泛的应用。其用途主要体现在以下三个方面。

（1）作为经济指标的一种，PPI 只有在获得平均零售价格之后才能捕捉到其价格走势。因此对于企业和消费者来说，PPI 可能预示着未来的价格变动。总统、国会和美联储在制定财政和货币政策的时候都会以这些数据为蓝本。

（2）PPI 是其他经济时间序列的平减指数。PPI 通常用于调整其他出于价格变动的经济信息，再将这些数据转换为非通货膨胀美元。例如，不变美元国内生产总值就是在 PPI 数据的基础上运用扣除通货膨胀因素的方法进行估算的。

（3）PPI 是合同调整依据的基础。通常情况下，PPI 数据应用于买卖合同的调整。这些合同通常指定在未来某一时间点将要支付的金额，而且还包括对购进价格上涨做出解释的自动调整条款。例如，PPI 中与面包合约价格有关的小麦价格百分比的变化，会导致面包的长期合约价格上涨。

当 PPI 与 CPI 同时对一组固定的商品和服务在一定时期内的价格变动进行衡量时，它们之间的差异体现在以下两个重要的方面：①两种指数所构成的商品和服务集合是不同的；②对所包含的商品和服务的价格选择是不同的。

PPI 中所包含的目标商品和服务集合是指美国生产者的全部市场输出。该部分既包括其他生产者作为投入生产或者资本投资所购买的商品和服务，也包括消费者从零售商那里直接或者间接购买的商品和服务。由于 PPI 所关注的是美国生产者的产出情况，因此进口项目是被排除在外的。

CPI 中包括的目标项目是由生活在城市的美国家庭购买的以消费为最终目的的商品和服务的集合，其中包括进口项目。就其自身含义而言，生产者价格指数（CPI）是简化测量数列变动的一种工具。我们在该指数被设定为 100 时，计算其相对于基准期的变动情况。例如，当该指数为 110 时，意味着价格在基准期的基础之上已经上涨了 10%。同理，当该指数为 90 时，则意味着价格在基准期的基础之上下跌了 10%。出于分析的目的，表示生产者价格指数上涨的最典型的方法就是用本月的指数与去年同期的指数进行比较。其作用是比较 12 个月以来的变化速度。PPI 在过去 12 个月中的变动速度是用本期的数值除以去年同期的数据，之后减去 1，最后再用结果乘以 100 得出的。

所有被测量的项目的转折点几乎都在同一时间发生。当某一项指标开始下降的时候，其他的指标也将全部下降，只不过各个指标的波动幅度不同而已。原材料的生产者价格的波动幅度要比半成品或者制成品的生产者价格的波动幅度大得多。

提到广义的通货膨胀，我们所有人都能够联想到的就是消费者物价指数（CPI）。消费者物价指数是衡量消费者购买市场一篮子商品和服务的价格的平均变化指标。CPI为消费者提供了比较市场篮子里的商品和服务价格变动的途径。

消费者物价指数因其使用方式几乎影响着所有的美国人。消费者物价指数主要有以下三种用途：①作为经济指标；②作为经济序列消除通货膨胀影响的平减物价指数；③调整美元价值的手段。CPI反映了全体居民的消费模式。它是以几乎全部城市或者大都市居民的支出为基础的，其中包括专业人才、个体经营者、贫困人口、失业人口、退休人员以及城市工薪阶层和行政人员。

农村人口、非城市地区、农民家庭、军人以及犯人和精神病患者的支出模式并不属于CPI的统计范畴。CPI市场篮子是根据家庭和个人提供的实际购买商品的详细支出信息形成的。CPI代表着参考人群出于消费目的而购买的所有商品和服务。美国劳工统计局将超过200个类别的支出项目细分为8个主要大类。

（1）食品和饮料（早餐谷物食品、牛奶、咖啡和鸡肉等）。

（2）住房（主要住宅的租金、业主等价租金、燃油等）。

（3）服装（男人和女人的衣服和鞋等）。

（4）交通（新款汽车、机票、汽油等）。

（5）医疗保健（处方药、医疗用品、医师服务等）。

（6）娱乐（电视、电影/电影票、宠物及宠物产品等）。

（7）教育和通信（大学学费、邮费、电话业务等）。

（8）其他商品和服务（烟草和香烟制品、理发等）。

包括政府机构所支出的诸如水费、水/污水处理费、汽车登记费用和车辆通行费等费用也包括在这几个主要大类当中。CPI还包括与特定商品和服务价格直接有关的各种税费。然而，与消费者购买的商品和服务没有直接关系的所得税和社会保障税则被排除在CPI之外。此外，包括股票、债券、房地产和人寿保险在内的投资项目也不在 CPI 的计算范畴之内。

在这 200 多个类别中，美国劳工统计局运用科学的统计方法在消费者经常光顾的商业机构中挑选数百种商品作为统计的样本，使之代表市场中其他成千上万种商品。美国劳工统计局的数据收集者每个月都会走访或者致电全美上千家零售商店、服务机构、租住公屋单位和医生办公室，并从中获取上千个项目的价格信息，进而将其用于跟踪与衡量 CPI 的价格变动。

与生产者物价指数（PPI）的作用一样，CPI 通常在一个给定的参考基点上对现行的指数水平进行比较。如果以 100 作为参考的基点，那么当指数达到 115 的时候，则意味着价格相对于基准时间已经上涨了 15%。通过用当月指数值除以去年同期的指数值，用其结果减去 1，再乘以 100，就可以得出 CPI 在过去 12 个月当中的变动率。通过计算，我们可以用图表的方式显示每个月的通货膨胀走势。

美国劳工统计局也会发布专门的指数信息。其中最常见的一种就是核心通货膨胀率，但是该指数并不包括食品和能源的价格变动。由于食品和能源价格的大幅波动往往会增加整个指数的不确定性，因此分析师更加倾向于使用波动幅度小于 CPI 指数的核心通货膨胀率。

CPI 的快速上涨意味着通货膨胀的压力正在加大。因为 CPI 反映的是一篮子商品和服务的价格，所以商品价格对 CPI 的影响是很大的。然而，如果出现消费者物价指数的上涨落后于商品价格的上涨的现象也是正常的。另一方面，如果商品价格在几个月的时间里出现大幅下跌，则意味着经济开始走弱，而消费者物价指数的增速也将很快出现下降。消费者物价指数（CPI）的相关数据可以从美国劳工统计局获取。

全美采购经理人协会负责发布采购经理人支付价格的信息。该指数围绕着数值50上下波动。当指数超过50时，意味着采购经理人在购买时需要支付更高的价格，进而表明通货膨胀的压力正在上行。反之，当指数低于50时，则意味着出现高通货膨胀的风险正在下降，并且处于可控的范围之内。

投资者需要重点关注该指数的变动情况。如果通货膨胀上升的概率加大，那么利率上调的可能性也会随之上升，金融市场也将面临更高的风险。另一方面，该指数低于50时表明通货膨胀的风险正在下降，而利率也有可能借此机会下跌，因此，这种情况为投资者投资股票和债券营造了非常良好的市场环境。

此外，美国劳工统计局还会发布每个季度的就业成本指数。该指数不仅反映了企业支付给职工的工资和福利的发展趋势，而且还是关于劳动力成本的最为综合性的指标。就业成本指数变动率的重要性体现在两个方面。首先，就业成本指数的快速上涨意味着企业的用工成本正在增加。因此，企业更愿意将这部分增加的成本转嫁到消费者身上。就业成本指数变动率的增加会通过更高的通货膨胀率反映出来。其次，就业成本指数之所以非常重要，是因为当劳动力成本增加的时候，企业的盈利能力可能会面临下滑的风险。当利润下降时，企业要么削减成本，要么裁员。

就业成本指数与通货膨胀指标的重要性几乎是等同的，因此，该指标在为我们指明利率发展趋势的同时，还预示着企业的盈利能力面临着下行的压力。

总之，通货膨胀的压力只有在经济快速增长过后才会上升。大宗商品价格的上涨、生产者物价指数和消费者物价指数的上升以及全美采购经理人协会价格指数超过50的时候，都表明通货膨胀压力正在不断地上行。在通货膨胀不断上涨的时期里，就业成本指数也会与之同步上升。当经济在某一时间出现放缓的迹象，大宗商品价格、生产者物价指数和消费者物价指数开始下跌，以及全美采购经理人协会价格指数低于 50 的时候，通货膨胀才开始进入下行通道。在此期间，就业成本指数的增长速度也会与之同步下降。

生产率和利润指标

生产率是衡量经济效率的指标，它体现了有效的经济是如何将投入转换成产出的。生产率是通过比较投入生产的资源所产生的商品和服务的总和进行衡量的。劳动生产率是商品和服务的产出与投入该产出的劳动时间的比率。换句话说，生产率衡量的是每人工小时的产量，或者是 1 小时劳动所产生的产量。这就是劳动生产率。所有人的每小时产量是当下使用最为广泛的生产力指标。劳动力是每个生产过程中非常容易明确的成本。从成本的角度讲，劳动力代表着 2/3 的生产价值。

商业部门的产量是以 GDP 为基础的，但是它同时也包含着在 GDP 中所包括的商品和服务子集。由于必须将经济当中那些不能纳入生产力指标的部分排除在外，因此商业部门在整个 GDP 中所占的比重大约是 80%。一般政府、非营利性机构员工的产出、私人经济和业主自有住房的租赁价值并不在计算的范畴之内。美国劳工统计局负责发布工作时间和就业数据的信息。除此之外，美国劳工统计局还提供有关就业总人数、平均每周生产时间以及在非农业机构工作的非监督劳工的数据。

单位劳动成本是通过劳动报酬总额除以实际产出，或者是用每小时工资除以生产率得出的。也就是说，单位劳动成本等于劳动报酬总额除以产出。报酬是指雇主为了保障劳务而付出的成本。

它是由工资、薪金、奖金、额外津贴以及雇主对员工福利计划的付出这些因素构成的。

实际产出是指在通货膨胀之后经济的总产出。生产率的增长是经济增长的决定性因素，取决于其当时所处的经济时期。例如，当通货膨胀在20世纪70年代从2%～3%上升到15%的水平时，这一时期的生产率增长是非常缓慢的（0～1%）。然而，当20世纪80年代的通货膨胀率由15%下降到接近2%～3%的水平时，生产率则出现了平稳的上涨。我们发现，制造业部门在20世纪90年代的生产率以5%～6%的水平增长是非常普遍的事情。由此可见，美国在20世纪八九十年代达到的财富和繁荣水平是与生产率的强劲增长分不开的。

生产率的增长情况是判断经济是否健康运行最重要的指标之一。我们接下来就要分析其中的原因。

假设你是美国境内唯一一家生产小装饰品的制造商，而且没有其他任何竞争对手。你生产一件产品需要花费一整天的时间，而该产品的售价是50美元。因此，你的收入就是50美元。然而，当你把某些新学到的生产技术应用到生产过程中时，你每天的产出就从一件增加到了两件。由于你是唯一制造商的缘故，你的收入也因此增加到了每天100美元。换句话说，当你的生产率翻一番时，你的收入也会有同步增长。

生产率的增长与收入的增长是紧密联系的。如果一个国家的生产率无法保持相应的增长，那么这个国家就不可能取得快速的发展，而它的国民也不可能变得更加富有。

此外，生产率也是影响企业盈利能力的一个重要因素。为了增强盈利能力，企业势必会加大在工资、原材料成本以及其他成本上的投入。假设企业的生产率增加了4%，而其他的成本也同样增加了 4%。考虑到生产率的原因，其对企业利润的影响为 0。换句话说，由于生产率的提高已经消除了其对利润的影响力，因此企业的成本实际上并没有增加。生产率是判断经济增长的重要决定因素。随着生产率增速的放缓，经济也将逐渐走弱，这是因为取决于生产率的收入也会随之下降。当收入下降时，销售额就会下降，从而连累整个经济的走势。

经济条件得到改善的第一个迹象就是生产率的提高。生产率的提高意味着企业的收入和盈利能力同样得到了提升，而经济本身也将成为受益者。美国劳工统计局定期发布有关生产率的相关数据。

企业盈利的趋势同样是衡量经济是否健康运行以及未来经济活动的重要指标。当利润增加时，企业更倾向于通过购买新机器设备和雇用更多员工等加大投资的方式来扩大其生产能力。判断企业是否盈利的另外一个重要指标是标准普尔 500 指数中标的公司的每股收益（EPS）。该数据由每周出版的《巴伦周刊》发布。

人们通常将低通货膨胀时期与生产率的强劲增长联系在一起，而将高通货膨胀时期与生产率的缓慢增长联系在一起。强劲和不断增长的生产率的重要性在于，企业能够在不影响盈利的情况下承担更高的工资。生产率增长放缓的问题在于，企业无法承担不断增加的成本，因此，其盈利能力面临着下行的压力。而企业能够采取的唯一方法就是减少雇员人数，削减成本，并由此导致经济的下行。鉴于此，维持强劲的生产率增长是政策制定者要实现的重要目标之一。

获取数据的途径

本章介绍的各种指标可以很容易从多种途径获得。(我们之所以没有在此提及货币指标，是因为我们将在后面以整章的形式讨论这一在经济中占有重要比重的部分。）政府机构或者其他组织要对其在互联网上发布的数据负责。下文提到的机构都会在其官方网站上提供大量的支持服务，以方便我们获取这些数据：美国经济分析局、美国劳工统计局、美国人口统计局、全美采购经理人协会、世界大型企业联合会、美联储、全国房地产经纪人协会和各联邦储备银行。这些机构都有各自的信息数据库，并且会为我们下载历史数据提供大量的帮助。

圣路易斯联储银行在互联网上拥有一个名为"FRED"的庞大数据库。该数据库会为访问者，特别是普通投资者提供其所需的全部信息。可以说，这个数据库是我们获得大量历史数据的极好来源。此外，它还配备了大量的后勤人员，他们会在你需要的时候为你提供最好的帮助。

经济数据通常要面对的一个问题就是对现有的数据进行更新，而且跟踪这些修正的数据往往要花费大量的时间。然而，"FRED"数据库为你提供了可随时下载的最新修正数据。

《华尔街日报》以图表的形式为我们提供了各主要指标的完整经济版本。《总统经济年度报告》、全国房地产经纪人协会以及包括美国第一银行、美国银行、德意志银行、东京三菱银行、蒙特利尔银行、摩根士丹利在内的主要金融机构，都会在其官方网站上发布极有价值的经济研究报告和相关数据。

结语

在本章中，我们介绍了最重要的指标，并且对其含义以及如何解读进行了解释。这是我们利用这些知识评估各种指标对金融市场和投资活动的影响的第一步。

当出现以下情况时，我们可以判断经济处于强劲的增长阶段。

- GDP 的增长幅度位于其长期平均增长率之上。
- 就业率以超过 2% 的速度快速增长。
- 招聘求职广告数量增加。
- 零售额快速上涨。
- 消费者信心指数超过 90，或者达到 100。
- 消费者分期付款信贷增加，个人收入与 GDP 的增长保持同步。
- 首次申请失业救济人数下降。

其他能够体现强劲经济的指标如下。

- 工业产品以 3%～3.5% 的速度快速增长。
- 周平均工作时间增加。
- 耐用品订单增加。
- 未完成订单或者积压订单的数量上升。
- 全美采购经理人协会指数超过 50。
- 卖方业绩指数超过 50。
- 库存数量随着库存/销售比率的快速下跌而增加。
- 建筑许可证和房屋开工率出现上涨。
- 新屋销售和成屋销售以接近 4% 的幅度强势增长。

以下数据的增长可以得出强势经济增长阶段对通货膨胀构成上行压力的结论。

- CRB 现货和期货指数中的商品价格上涨。
- 原油和黄金的价格上涨。
- 生产者物价指数（PPI）及其组成部分出现上涨。
- 消费者物价指数（CPI）上涨。
- 全美采购经理人协会价格指数快速超过数值 50。
- 就业成本指数上涨。

为了将通货膨胀维持在低位并且保持经济的强劲势头，政府制定的政策就显得极为重要了，因为政府要让企业确保生产率强势增长的同时承受不断上升的成本。

经济增速放缓的时期主要有以下特征。

- GDP 的增长幅度低于其长期平均增长率。
- 就业率下降，低于 1%~2%。
- 招聘求职广告数量减少。
- 零售额达到峰值后开始下降。
- 消费者信心指数跌破 90，甚至达到 80 的水平。
- 消费者分期付款信贷减少。
- 工业产品增速下降到 2%、1%，甚至 0% 的水平，说明工业生产已经达到其峰值。
- 个人收入下降，或者达到峰值。
- 申请失业救济人数上升。

在此期间，出现以下情况属于正常。

- 周平均工作时间下降。

- 周平均加班时间下降。
- 耐用品订单数量增长缓慢或者减少。
- 未完成订单数量减少。
- 全美采购经理人协会指数跌破50。
- 卖方业绩指数跌破50。
- 库存/销售比率上升。
- 房屋开工率下降，新屋和成屋销售下滑说明建筑部门表现疲软。

当经历了长期的经济疲软之后，通货膨胀指标开始下跌，这主要体现在以下几方面。

- 商品价格掉头向下。
- 生产者物价指数（PPI）和消费者物价指数（CPI）增长缓慢。
- 全美采购经理人协会价格指数跌破50。
- 就业成本指数增速放缓。

在经济增速放缓期间，生产率增速的放缓是非常具有典型性的。

在下一章中，我们将介绍各个经济指标之间的关系，以及它们之间的内在联系是如何在强劲的经济增长过后经历经济增速放缓的。消费周期、制造业周期、房地产周期、通货膨胀周期以及生产率和利润周期会让我们对经济的波动有一个更好的理解。此外，我们还将把这些信息汇集在一起来考察这些指标是如何导致经济周期的波动，并且影响资产价格和金融市场的。

第 3 章

经济指标之间的联系

我们在本书开篇的时候曾经提到,经济周期就像一幅马赛克图画。通过对前面章节的介绍,这幅图画的所有组成部分将会陆续出现。最终,你将看到一幅完整的图画。我们之前讨论过的那些主要的经济指标,为经济周期的发展方向及其强弱程度提供了重要的信息。

在本章中,我们将运用大量的经济周期案例来培养你观察和分析经济数据的能力。虽然这些案例的完整性和详尽程度并不完善,但是其目的是让我们掌握以下基本的概念:为什么通过正反馈过程就可以让经济在经历了一段缓慢增长的时期后进入经济的加速期。为什么通过负反馈过程就能够让经济在经历了一段强势增长之后逐渐减速。这些案例就是接下来的两章内容的基础,我们届时将对经济周期的整个发展过程进行讨论。这样一来,我们的这幅马赛克拼图就算是大功告成了。

在本书剩下的部分中,我们将重点关注如何在控制风险的前提下运用这些信息选择投资资产和制定投资策略。

消费周期

我们首先考察有关消费者习惯的指标,然后再看看其在典型的经济周期中的表现(见图3-1)。假设现在的库存量处于比较低的水平。其结果是,企业为了提高销售额决定增加库存。企业采取的第一个步骤之所以是增加周平均工作时间和加班时间,是因为企业希望在增加雇用员工数量之前能够确认生产的复苏是可持续的。随着经济环境的改善,之前由于糟糕的经济环境而低落的消费者情绪开始出现好转,申请失业救济金的人数也开始下降。

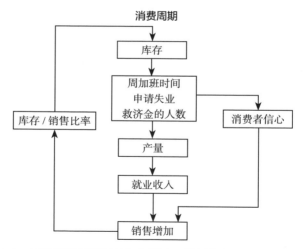

图3-1 显示了消费部门是如何影响经济周期的。其中,由库存/销售比率产生的正/负反馈是值得我们重点关注的

周工作时间和周加班时间的增加将会导致更高的产量,而伴随着高产量而来的则是高就业和高收入。当消费者的收入增加时,

他们就会加大支出比例，进而导致销售的上升。此外，随着销售在经济复苏开始阶段的增长快于库存的增长速度，销售的上升还会导致库存/销售比率的下降。

当然，消费者信心的增强会进一步加强销售力度。当库存/销售比率下降时，商业部门会决定继续增加周工作时间、加班时间和产量。这一过程最终将导致更高的就业率以及收入和销售的增加。

随着库存/销售比率的下降，消费者信心会保持强势，而企业此时要做的就是继续补充库存。当这一循环不断地反复时，经济就会逐渐复苏，并且增长的速度会越来越快。

有些读者可能会问，为什么经济增速会从此逐渐放缓呢？主要原因是由于就业机会较之前越来越少了。在经济复苏的初期，企业之所以会在一段时间的衰退之后迎来快速的增长，是因为当时失业的人实在是太多了的缘故。随着劳动力的增加，市场上能够被雇用的人数就会大幅减少，因此，就业率的增长就会被迫出现下降。

就业率的下跌会同时导致收入和销售额的下降。销售额的缓慢增长使得库存/销售比率上升，也就是说，企业此时必须要将其库存数量下调。库存下调的结果往往会导致周工作时间和加班时间的缩短，进而导致产量的下降。

随着整体的就业人数和工资收入的下降，消费者信心也将随之下降。其结果是，销售额因为失业率的缓慢上升而持续下滑。即使是在库存/销售比率持续上涨的情况下，这一调整过程也将随着企业不断地削减库存成本而得到延续。经济在反映这种下降情况的同时，也开始进入到了缓慢增长的阶段。然而，当库存数量达到一个很低的水平时，企业又不得不决定补充库存，这是因为企业意识到它们必须达到一定的销售水平才行。

库存的补充又促成了新一轮的经济周期。对补充库存的重新调整首先导致了加班时间的增加,随之而来的是就业率的上升,而这一切的结果必定是收入的再次提高。经济周期就这样再次地循环了起来。虽然这个例子非常简单,但是它解释了经济在其处于减速初级阶段的增长是快速的,而后又由于经济资源的缺乏而放慢速度的原因。我们现在的重点主要集中在库存调整机制方面。在随后的章节里,我们还将把美联储在其中所充当的角色、通货膨胀以及利率问题加入进来,从而更加详细地描述整个经济周期的过程。

经济周期在 1991~1995 年的演变过程让我们清楚地看到了经济和金融市场在这段没有出现经济衰退的期间究竟发生了什么。我们将看到经济增长的轻微变动是如何在诸多方面影响资产价格的。

有趣的是,从 1991 年开始的经济周期是以 1990 年和 1991 年年初的经济衰退为背景的。我们发现,经济周期的主要特征是受到之前的那个经济周期的影响。1991 年是新一轮经济周期的起点。货币供给的加速增长是这次新商业和金融周期的主要特点。(美联储在此期间发挥的作用将在第 7 章详细讨论。)这期间恰逢房地产和储贷危机席卷美国并造成重大损失的时候。

为了将危机控制在房地产和储贷部门,美联储在此期间充分扮演了最后贷款人的角色,并向其经济体系注入了充足的流动性。货币供给的疯狂增长使得美国经济产生了连锁反应。1994 年,由于美联储实行的激进的宽松政策,美国经济经历了快速增长的时期。其结果是,就业率、收入和销售额都在加速上升。

由于销售的强劲表现和制造业部门的谨慎,当销售的增长比库存的增长更快时，库存/销售比率会快速下跌。而对于就业率快速增长的回应，申请失业救济金的人数也出现了下降。然而，1994年经济的强势增长使得利率不断向上攀升，这让消费者们不得不变得小心谨慎起来。其结果是，销售额、收入和就业率都出现了下滑的情况。

与此同时，制造业也在1995年进入了库存/销售比率上升，以及产量和就业率增速放缓的阶段，而经济周期在当时的环境下也经历了相同的过程。然而，经济周期在此期间的表现恰恰为其在1996年的强势增长奠定了基础。

制造业和投资周期

我们再次假设库存处于比较低的水平，且企业做出增加其库存量的决定（见图3-2）。在这个阶段，企业不但要增加产量，还要雇用更多的员工。结果，员工的收入和企业的销售额得到了提高，而库存/销售比率则出现了下降。在经济周期开始扩张的初期，随着销售额的增长快于库存的增长，企业必须充实其库存存量。

当产量增加的时候，企业的设备使用率得到了提高，我们就可以从中获得企业的生产能力和面对需求增加时的相关信息。设备使用率是指制造业生产的百分比。有一点需要注意的是企业发现自己无法利用当前的资源来满足需求的情况。因此，为了满足增加销售和提高生产率的要求，企业需要增加其生产设备。销售额和生产设备的增加让企业收到了更多的耐用品和日用消费品订单。这加强了增加生产以满足订单增加的需要。这一生产过程不仅满足了企业自身的需求，而且使得经济实现了强劲增长。

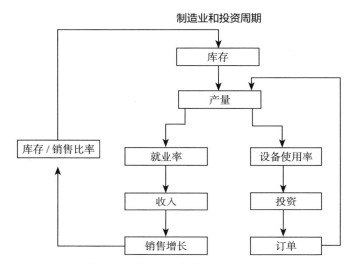

图 3-2　显示了制造业和投资活动对经济周期的影响。产量会随着设备和劳动力得到充分的利用而下降。库存／销售比率的变动所产生的正／负反馈将导致企业对制造和投资进行调整

经济为什么会最终出现减速呢？这是因为就业和生产能力同样属于稀缺资源。在经济周期的初始阶段，不但设备的使用率很低，而且社会的失业率也很高，企业需要雇用大量的工人来实现设备的充分利用。在劳动力和生产力得到更加充分的利用之前，经济是处于强劲的增长状态中的。

然而，当就业率处于很低的水平，而设备使用率位于很高的水平时，经济的增长势头就不会像经济周期开始时那样猛烈了。经济的增长开始出现减速的迹象。销售额增速的下降同样会通过投资、订单和产量的减少反映出来。

库存／销售比率是企业决定增加或者减少产量和扩大或者缩小产能的一种调节机制。当经济开始下行的时候，用于投资和消

费的借贷金额也会随之减少。当库存的数量减少到足以重新恢复生产的时候，产量就会因此而增加，而投资周期也会重新走上正轨。需要注意的是，借贷活动的强弱不仅与库存的积累和产能的扩张联系在一起，而且还是影响短期和长期利率的主要因素。

我们再以 1991～1995 年的经济周期为例。短期利率在 1991～1993 年的大幅下跌提升了消费者的消费意愿，而销售额和就业率也在同期出现了快速的上涨；1994 年，库存/销售比率受强劲经济的影响而下降，制造业也因此而不得不提高产量。

结果，企业的设备使用率开始上升，从而进一步带动了产能的提升。美国经济在 1994 年的强势增长最终引起了人们对正在上升的通货膨胀、商品价格和利率的警惕，消费者也不得不更加谨慎地对待他们的购买计划。

受此影响，1995 年的销售额开始下滑，而库存/销售比率开始上升。制造业部门在意识到这些情况后决定通过减产实现对库存的控制，设备使用率因此开始下降，企业的生产能力也伴随着销售额的缓慢增长而逐渐下降。

企业通过增加库存实现与销售增长一致的做法让库存/销售比率处于可控的范围之内。然而，这样一来却导致了经济增速在 1995 年的放缓。

房地产周期

房地产周期出现在经济开始缓慢增长的时候（见图 3-3）。利率在这段时间内进入下行通道，而通货膨胀和商品的价格则处于比较稳定的时期。正因为如此，房地产开发商才看到了低成本产生的机会。由于对经济环境向好以及由此产生的对商业地产和住宅的良好预期，房地产开发商开始利用建造风格独特的商业和住宅建筑来吸引新的买家进场。不断增加的借贷活动让开发商拥有充足的资金来启动这些项目。

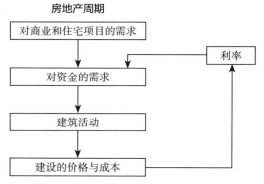

图3-3　显示了在原材料、利率保持稳定的情况下，房地产部门经历的快速增长。然而，当原材料价格和利率的不断上涨产生负反馈时，房地产部门的发展就会放缓。

很快地，其他房地产开发商也意识到了市场出现的异动，而且他们相信有些人已经走在了自己的前面。这些开发商知道更低的利率水平对于他们建造更多的建筑是个非常好的时机。为了实现这一目标，开发商除了向银行大举借债，还要雇用更多的工人来完成商业和住宅项目的建设。这样一来，银行贷款的金额开始快速攀升。

当人们对建筑的需求和整个经济活动的增加刺激了经济的复苏之后，商业和住宅项目的价格将逐渐进入快速增长的阶段。这一过程又吸引了更多的房地产开发商进入市场，从而导致了银行贷款规模的扩大，进而实现了新屋及建筑市场的再度繁荣。起初，强劲的建设活动，特别是商业和住宅项目持续上涨的价格让银行对已经发放的贷款感到非常放心。

然而，房地产开发商有时也会出现过分扩张的情况，而整体经济的强劲表现将会导致利率的上升。随着借贷成本的升高，开发商已经不能做到让新的投资具有很强的吸引力了，因此新屋和新办公大楼也就无法马上出售或者出租了。随着时间的推移，开发商不得不在价格上做出一些让步才能够将手中的房产脱手。当开发商意识到这轮房地产繁荣并不能够为他们带来在经济周期开始时所期望的潜在利润时，他们会立刻停工，而房屋的价格和租金也将随之下跌。可以肯定的是，开发商的这种做法对经济的整体走势、就业和收入的影响是非常负面的。

人们对房地产需求的下降是受到房地产的过度扩张和利率的不断上涨两个因素影响的。长此以往，新建筑的价格势必会逐渐走低。这时，开发商意识到自己扩张的速度太快了，而银行则认为它们发放的贷款由于建筑业极差的盈利能力而打了水漂儿。每当这个时候，银行破产就成为一个热门话题，而这一问题也会随着经济的持续下行而变得越来越严重。往往在这个时候，信贷人员会上调利息与市场利率之间的差额以保证他们不会受到边际借款人的影响，从而提升自己的盈利能力，但是这样做的后果是继续放大利率上升所产生的负面影响。

银行的所作所为让整个经济活动再次陷入了减速的境地，这种情况会一直持续到新一轮的经济周期再次出现。到那时，利率会由于建筑部门和其他经济组成部分对资金的需求减弱而开始下跌。最终，当原材料、劳动力和货币的成本下降到足以开启一个新的房地产周期的水平时，经济周期才会逐渐企稳，新的市场机会才会重现。房地产周期的典型案例可以参考20世纪80年代的美国以及20世纪90年代的日本和亚洲。

经济、利率和商品价格的走势对房地产周期的影响是非常大的。流动性在 1989～1992 年的大量注入造就了强劲的经济，而利率在此期间也因为木材价格的走低而开始下跌。然而，经济在 1994 年的强劲增长导致了利率和商品价格从 1994 年到 1995 年年初的上涨。

其结果是，由于商品价格和利率的大幅上涨，房地产开发在达到顶峰之后停下了扩张的步伐，并且于 1995 年开始了温和的下跌。经济在 1995 年的放缓为降低利率营造了很好的条件。因此，作为对更低利率和商品价格的反应，建筑业在 1995 年和 1996 年再度活跃了起来。

通货膨胀周期

影响通货膨胀最重要的力量是货币因素（货币总量和实际短期利率的上涨），这部分内容我们将在第 6 章和第 7 章中详细讨论。然而，通货膨胀具有明显的周期性特征（见图 3-4）。

这部分内容的目的是为了让我们回顾通货膨胀因素是如何和为何产生的，以及通货膨胀因素为什么会成为整个经济活动中重要的一部分。我们的目标是要强调通货膨胀的正反馈。当通货膨胀下降的时候，实际收入（收入减去通货膨胀）的增加刺激了消费者消费的意愿。另一方面，通货膨胀的上升会导致负反馈。因为正在上升的通货膨胀会使得人们的实际收入减少，因此，消费者对于他们的消费计划就会显得格外小心谨慎。

我们首先来考察一个简单的库存周期模型。虽然库存出现了下降，但是企业看到了未来销售的机会，因此它们开始计划增加库存量。为了实现这一目标，企业必须增加产量并且雇用更多的员工。然而，要想实现增产，企业需要大量的原材料。

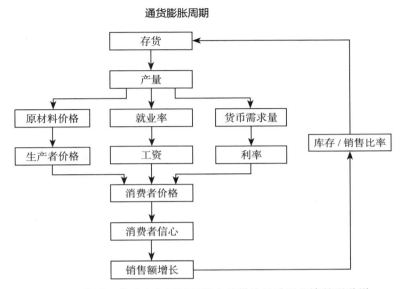

图 3-4 货币、劳动力和原材料的大量供给导致了经济的强劲增长，但是当这些资源实现了充分的利用之后，经济就会出现增速放缓的迹象。企业生产成本的增加会以通货膨胀的形式传递给消费者，从而会产生负面的影响。由正在上升的通货膨胀导致的实际收入增速的放缓对于销售增长的影响是负面的

由于原材料对于需求的变化是非常敏感的，因此，只要企业出现好转的迹象，那么原材料价格就会倾向于上涨。经济的表现越强劲，利率和工资上行的压力就会越大。这些增加的成本最初都是由企业自己来承担的，但是企业最终会以更高的市场价格将这部分成本转嫁给最终的消费者。

随着消费品物价的上涨，消费者的信心就会下降。这是因为当通货膨胀上升的时候，扣除通货膨胀因素的实际收入是下降的。消费者购买力的下降会让消费者对未来的预期产生负面的影响。

其结果是，消费者开始减少支出。当销售额相对于库存数量呈缓慢下跌的走势时，这对于库存/销售比率的影响是非常负面的。结果是，库存/销售比率开始上升。

当意识到库存数量出现失衡时，企业便开始减产。减产意味着企业会在原材料的购买以及雇用员工的数量上面做减法。由于购买原材料和雇用员工的数量都出现了下降，因此原材料的价格开始下跌，工资水平开始下降，最终导致消费者价格的下跌。

对于消费者来说，消费者价格下跌之所以是个利好的消息，是因为他们扣除通货膨胀因素的实际收入是增加的。因此，消费者对于未来的预期会变得越来越乐观，而他们的支出比例也会越来越大。销售额的上升导致库存/销售比率下降，用于补充库存的产量也会随之增加，而消费周期也会因此而重新开始。

通过现在和以前分析过的周期案例，我们发现每一次的经济扩张，都会受到其他一些因素的影响，而经济周期最终都会由盛而衰。我们将这种现象称为自动自我纠错机制。

在我们之前讨论过的所有类型的周期中，都将重点放在了经济的每一次扩张都会导致出现一些过度增长（负反馈）的情况上面，而这一切最终会将经济周期的增速降低到2.5%～3.0%这一接近于经济长期平均水平的程度。经济周期有着微妙而普遍的自我修正机制，从而使得金融和经济的增长更接近于它们的长期利率。当库存/销售比率、通货膨胀、短期和长期利率的价格增加的时候，单位劳动力的成本也就越高，因此，单位劳动力的成本是这些因素当中最重要的一个。可以说，它们对经济产生负面影响只是时间问题。

从前面提到的案例中我们可以看到，发生在某一时点的事件都会通过各个经济指标之间的因果关系在经济中产生连锁反应。

例如，美联储因为要解决发生在 1992～1993 年的储贷危机和房地产崩盘问题而导致了货币供给激增的出现，但是该事件却成为美国经济 1993～1994 年表现强劲的基础。然而，美国经济在 1993 年和 1994 年的强劲表现却导致了原材料价格和利率的不断走高。最终，这种走势造成了美国经济在 1995 年出现了疲态。

经济的走弱对就业和收入产生了十分负面的影响，而美国经济直到 1996 年才逐渐回归了正轨。经济的疲软使得利率和商品的价格再次下跌，而这又成为美国经济在 1997 年和 1998 年表现强劲的基础。正如你所看到的，当前发生的事件可以让未来充满变数。20 世纪 70 年代，由于通货膨胀的持续高涨，这些连锁反应已经发展到了非常严重的地步。然而，随着 20 世纪 80 年代初通货膨胀的下降和低位运行，美国经济的波动显得更加温和。

在经历了经济的强势增长后，通货膨胀已经积累了更多的能量，而货币环境的现状会让通货膨胀要么迅速攀升，要么保持趋缓的走势。纵观 20 世纪 70 年代，经济的每一次强劲表现都会导致通货膨胀大幅的上升，具体表现为：某一次经济周期将通货膨胀率从 3% 上升到了 5% 的水平，而在接下来的一个经济周期里，通货膨胀率又会从 6% 上升到 8% 的水平。我们将在后面的章节中详细讨论这些走势。

从 1982 年开始，经济环境开始出现变化，而通货膨胀的表现也更加趋于平稳。然而，通货膨胀的这种周期性还是值得我们注意的。例如，虽然经历了 1989～1992 年货币流通总额持续的强劲增长，美国经济在 1994 年的表现还是非常抢眼的，而这一切又导致了商品价格因为产量和销售的增加而上涨。CRB 原材料价格指数（现货）在 1994 年的大幅攀升，进而导致利率达到了一个更高的水平。我们需要重点关注的是在经济的强劲增长之后，商品和货币这两种基本资产的价格。

单位劳动成本同样会出现温和的上涨，只是幅度比较小而已。价格的上涨不仅会导致原材料的生产者物价指数（PPI）快速增长，而且还会增加各经济因素之间的连锁反应，只是这种反应会以更加温和且几乎不被人察觉的方式存在。因此，1994年和1995年的消费者价格只出现了小幅的上涨。

由于1994年的利率和通货膨胀压力的上升，美国经济在1995年开始减速，商品价格也因此进入下降通道，并且在1995年保持在比较稳定的水平。

生产和利润周期

为了考察在典型的经济周期中生产和盈利的表现（见图3-5），我们还是和以前一样假设库存下降，而企业决定增加产量以补充库存这一事实。为了增加产量，企业需要借款购买原材料，支付越来越多的工人的工资以及投资新的项目。随着产量的增加，企业对资金的需求也会增加，而原材料的价格会因此而上涨。随着就业率的提高，失业率开始下降，工资水平也会以更快的速度上涨。

此外，设备使用率也会因为产量的提升而得到提高。首先，企业会将高效率的机器设备和生产方法投入到流水线或者产品的制造当中。随着设备使用率的提高，效率更低的机器设备和生产方法就将被淘汰。同样地，社会失业率的下降也将导致剩余劳动力的技术水平下降。鉴于以上这些原因，生产率会随着经济的强劲表现而逐渐减速。

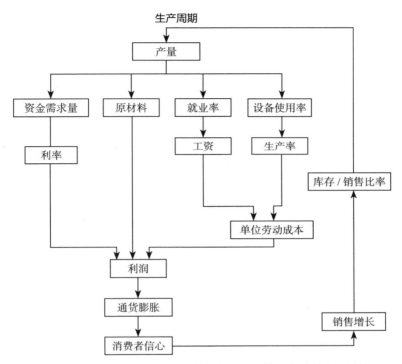

图 3-5 经济的强劲走势会对成本产生上升的压力（利率、原材料和工资）。当生产设备获得完全的使用时，生产率的增速就会放缓，单位劳动成本就会产生上行压力。企业成本（利率、原材料和单位劳动成本）的上升会产生负回馈。对于消费者来说，当利润经历了下行压力后，价格就会上涨，而这种负面影响也会让消费者更倾向于减少支出。企业为了增加利润而削减成本的做法也会产生负面的影响

由于生产率增速的放缓，企业将无法承担增加的工资水平，而最初因为生产率的高速增长而保持稳定的单位劳动成本就会开始下降。因此，企业的利润在单位劳动成本、原材料价格和利率上涨的负面影响下开始下降。实际上，劳动力成本、原材料价格

和利率是企业运作过程中最重要的三大因素。其结果是，成本的上升会侵蚀企业的利润空间。反之亦然。当这些成本下降时，企业的利润就会增加。

首先，企业利润的下降是可以通过提高产品价格得到弥补的。但是这样做会导致更高的通货膨胀率。当然，正如我们在前面的章节中所看到的，伴随着通货膨胀而来的是实际工资的下降以及销售额增速的放缓。因此，企业需要根据需求的下降而下调库存量。

企业对利润下降所做出的直接反应就是削减货币、原材料和劳动力的成本。此外，生产率的不足也是有待解决的问题。因此，企业不得不考虑如何投资才能增加生产率并且让生产方法更加有效的问题。然而，这个问题并不是一朝一夕就能够解决的。

从短期来看，企业被迫通过减少原材料的购买、减少借款以及裁员的方式来降低不断上升的工资水平所带来的影响。然而，通过降低企业的借款成本，企业必须做出推迟这些能够提高日后产能的投资。毫无疑问，裁员、减产、减少原材料购买以及对资金需求的下降势必会导致经济增速的放缓。

企业只有在其利润空间得到改善之后才会停止削减各种成本。也就是说，只有当工资水平、原材料价格和利率都出现下跌的时候，企业的利润空间才会扩大。因此，尽管处于疲软的经济当中，但是企业仍然会看到市场中存在着各种各样的机会，因此在盈利条件将会得到改善的前提下，企业很快就会补充库存并进行新的投资。这样一来，生产和利润又进入了新的周期。

随着经济的走强，成本（工资、利率和原材料）上涨，而且当生产越来越接近于满负荷运转时，企业的生产率就会开始下降。起初，由于比较低的生产率，企业会试图将增加的这部分成本转嫁给消费者。这就导致了通货膨胀的抬头,而不断上升的通货膨胀又会降低消费者的实际收入。相反,消费者因为受到通货膨胀上涨的影响而减少了支出的意愿,经济也会因此而放缓。与此同时,由于受制于盈利能力的下降以及更高的单位成本,企业试图以削减成本的方式实现生产率的增长。当缓行的经济导致成本下降的时候,新的经济周期就开始了。同时,随着设备使用率的下降、更高的生产率和低通货膨胀的出现,企业的盈利能力再次得到了提高。

盈利性和每股收益

1994年是周期性盈利表现最好的年份。因为投资者不仅关注企业的盈利,还关注每股收益,而后者是股票价格的主要决定因素。我们接下来要考察标准普尔500指数成分股在1992～1994年的每股收益情况。重要的是,标准普尔500指数成分股的每股收益变动与原材料价格的变动是十分密切的。这是为什么呢?

美联储激进的宽松政策导致了美国经济在1994年出现了快速的扩张。其结果是,经济的强劲增长使得产量、就业率、收入和销售额都得到了大幅的提升。销售额的增长速度要快于企业的成本和利润的增长。因此,每股收益与利率和原材料价格等周期性指标都得到了很大的提升。然而,利率和原材料价格的提高最终对企业的每股收益产生了负面的影响。此时的企业试图控制成本,而它们的每股收益也从1995年开始进入了下行通道。随着经济增速的放缓,商品价格和利率水平也开始了下跌。而每股收益也同样随着企业自身状况的每况愈下而下降。

每股收益的周期性盈利本质及其与利率和商品价格的运行走势之间的关系是非常重要的。这一点对于我们评估股票市场的风险是必不可少的。我们看到，每股收益并不是衡量整个市场的首选指标，但是对于投资者选择股票来说却是一个理想的选择。

结语

我们在本章中考察了各种经济指标之间的内在联系。在下一章中，我们将把不同的周期集合在一起，然后观察它们在整个经济周期中的增长与变化情况。

正如我们在前文中所讨论的那样，经济周期的主要推动因素来自于金融周期。金融周期体现的是由美国央行控制的货币流通总额增长或者货币供给的一种形态。货币供给的增加或者下降会对整个经济活动和资产价格产生长达数年的连锁反应。

由于美国的房地产和储贷部门所爆发的问题导致了美联储在1992～1994年实行了激进的宽松货币政策。美联储人为地将利率下调到了市场本来应该处于的位置之下。此举导致了贷款规模的飙升，企业纷纷申请贷款进行投资。

劳动力、就业率、收入和销售额的快速增长，以及库存/销售比率的下降反映了经济的强势增长，而失业率的下降则标志着就业市场更加稳定，当这种循环过程开始运转之后，经济周期才真正拉开了序幕。然而，美国经济在1994年的强劲表现最终对价格产生了影响（资产价格、劳动力价格和原材料价格）。

因此，美国经济在1994年经历了利率、商品价格的大幅上涨，以及劳动力成本高企的压力。由于销售额的增加，企业的每股收益也实现了快速的上涨。然而，强劲的经济增长却为经济的放缓埋下了伏笔。这种现象就是我们所说的负反馈。当企业的运营成本增加时，特别是利率、劳动力和原材料，企业就会减少其投资活动以及雇用的员工数量。此外，企业还会开始削减库存和产量。这一切导致了 1995 年经济活动的减弱以及企业每股收益的下降。可以说，经济的放缓与企业运营成本的下降是下一轮经济周期加速的基础。

最后，我们还要考察长期趋势和美国经济是如何从 20 世纪 50 年代的低通货膨胀时期走向 70 年代的高通货膨胀时期，以及再次回归八九十年代的低通货膨胀时期的。这部分内容为我们解释了经济周期波动的主要特征，以及它们与通货膨胀和货币政策之间的关系。

第 4 章

领先、同步及落后指标

在第 1 章里，我们讨论了风险的概念以及避免你的证券投资组合出现亏损的重要性。对投资风险的管理应当成为你制定交易策略时最主要的目标。正如扑克牌比赛中的策略那样，投资者可以从中学习如何制定灵活且合理的控制风险的投资策略。我们要像扑克牌玩家那样，根据这局牌获胜的概率决定投注的大小。同理，投资者也要根据每一项投资盈利的可能性来调整在该项目上的投资金额。

本书的主要任务之一是要告诉大家大多数资产的价格是取决于不同的经济状况的。当经济从高速增长进入增速放缓的阶段时，资产价格的变动实际上反映的就是不断变化的经济状况。因此，了解价格如何以及为何会出现变化，是投资者制定投资策略并且控制风险的关键。

除此之外，我们还要理解各种因素在经济中所发挥的作用，以及这些因素之间的相互联系。我们将书中介绍的经济指标进行细分的目的只是为了以更加通俗易懂的方式向读者介绍并且解读这些经济指标。我们将这些指标细分为与消费者有关的指标、制造业指标、建筑业指标、通货膨胀指标以及与生产率和盈利能力有关的衡量标准。此外，我们将在后面的章节中详细讨论与利率和股票市场有关的各种指标。

在此基础之上，我们还要考察在因果关系的连锁反应类型中各种指标之间的内在联系。我们会通过一些经济周期的案例对这个问题进行分析。例如，反馈的过程是如何在经济周期的加速阶段发挥作用的、不同的因素是如何导致经济的放缓，以至于最终形成经济由增长回归到其长期平均水平的。

然而，我们的这幅马赛克拼图现在依然没有最终完成。在本章中，我们会试图将这些碎片汇集在一起，然后再来考察这些经济指标是如何影响经济周期的增长以及金融市场是如何对经济增长的变动做出回应的。最后，我们将要讨论如何利用变幻莫测的经济形势制定自己的投资策略。

首先，让我们来了解一下领先、同步和落后指标的概念。这些指标会让我们对周期性的力量有一个清晰的认识，进而方便我们理解经济正在做什么。

1937年夏末，时任美国财政部长的小亨利·摩根索（Henry Morgenthau, Jr.）要求美国国家经济研究局（该机构致力于研究经济周期和其他经济问题）编制一组能够准确预测经济衰退何时结束的战略指标清单。国家经济研究局主任韦斯利·C. 米切尔（Wesley C. Mitchell）在阿瑟·F. 伯恩斯（Arthur F. Burns，后来的国家经济研究局掌门人和美联储主席）的帮助下完成了这项任务。

该报告列出了一组最有可能反映经济扩张的指标，并且说明了这些指标的过往表现以及选择这些指标的原因。这份报告于

1938 年 5 月正式出版发行。正是在这份报告中，第一次提出了领先、同步和落后指标的概念。

1938 年夏天，这些指标第一次正式投入使用。美国经济于当年 6 月开始复苏，这些指标发出的第一个信号被米切尔和伯恩斯创造的领先指标所确认。

与各种经济活动相关的很多新理论也在这时如雨后春笋般地涌现了出来，而各种关于经济周期低迷和繁荣的研究结果也相继出版。在此期间，由米切尔和伯恩斯最初提出的经济指标组合也经过了多次修正。

现在，美国经济咨商局（Conference Board）每个月都要就有关领先、同步和落后指标有关的最新数据进行维护和更新，投资者可以从互联网上免费下载这些数据。值得一提的是，大多数工业化国家之所以会全盘接纳美国开发的这套体系，是因为它对于本国正在制定当中的经济和货币政策来说是一种最为有效及时的信息收集方法之一。

此外，观察综合指标的优势在于除了分析上百种经济指标的表现之外，综合指标还起到了整合信息的作用。通过对领先、同步和落后指标的分析，分析师就会清楚地知道经济现在正在做什么。然而，如果我们想要深入地理解当前经济的发展情况，就要对具体的指标进行仔细的分析。

领先指标

领先指标综合指数是对美国经济的概要统计。该指数是为了消除一个表现良好的单个时间序列的波动而平均其单个组成部分而创建的。领先指标的目的是预测美国经济未来的趋势。如果该指标出现了低速增长的情况,则预示着美国经济很有可能在未来出现衰退。另一方面,如果该指标出现了快速增长的情况,则表明美国的经济增长在不久的将来还将持续。

领先指标综合指数是通过10个指标计算而得的,这些指标具有领先经济周期位于高峰和低谷时的特征。最典型的例子是提前12个月预测经济周期的高峰,以及提前若干个月预测经济周期的低谷。

构成领先指标综合指数的10个指标具体如下。

(1)**制造业平均每周工作时间**。制造业生产工人平均每周工作时间是领先经济周期的数据,因为雇主通常会在决定增加或者减少工人数量之前调整工作时间。

(2)**平均每周首次申领失业救济金的人数**。相对于就业总人数和针对整体经济环境的失业人数而言,新的首次申领失业救济金人数的敏感程度更强。该指标领先于经济周期,但是当其被纳入领先指数时会出现反转的情况。

(3)**制造业新增订单、日用消费品和原材料**。这里提到的商品主要是指供消费者使用的商品。扣除物价上涨因素的新增订单领先于实际的生产,因为新增订单会对未完成订单和在公司做出生产决定时所监控到的库存量产生直接的影响。

(4)**卖方业绩、延缓交货扩散指数**。该指标衡量的是工业公司从其供货商那里实现货物交付的相对速度。交货速度的放慢通常会与对供货商的需求增加联系在一起,因此,这一指标被视为领先于经济周期。该数据由全美采购经理人协会提供,其中显示了经历过延缓交货的采购经理人的数量。该指数的上涨意味着经济状况得到了改善。

(5)**制造商新增订单、非防务性资本货物订单**。该数据统计的是在非防务性资本货物产业中的制造商所接到的新订单数量。根据我们对新增订单的解释，非防务性资本货物订单领先于经济周期。

（6）**建筑许可证、新私人住宅数量**。这组数据显示了已经批准的居住用建筑许可数量。该数据是建筑活动的重要指标，其领先于其他大多数经济生产趋势指标。

（7）**股票价格、标准普尔500指数成分股价格**。标准普尔500指数反映的是从在纽约股票交易所交易的普通股票中挑选的500只成分股的股价走势。股票价格的涨跌代表了整体资金流动性的增减情况，它为我们提供了其他表示未来经济活动的良好指标。

（8）**M2货币供应量**。M2货币供应量表示的是剔除通货膨胀因素后的美元数量。M2包括货币、活期存款、其他支票存款、旅行支票、储蓄存款、小额定期存款以及货币市场共同基金余额。

（9）**10年期国债收益率减去联邦基金得出的利差**。该指标运用10年期国债收益率和联邦基金利率得出银行间隔夜拆借利率。利差的变化代表着经济活动中重要的转折点。

（10）**消费者期望指数**。该指数反映的是消费者对未来经济状况的态度。它是在所有的领先指标中唯一建立在完全预期的基础上的指标。

在使用经济周期指标时，我们之所以推荐大家使用12个月的变化率指标，是因为金融市场中的资产价格的走势对经济指标的增长率是特别敏感的。此外，变化率的使用有助于我们比较不同指标的增长率。

领先指标综合指数之所以能够领先于经济周期的转折点，是因为用于计算指数的组成部分所反映的几乎是改变产量的决策或者承诺，例如，新增订单、建筑许可证以及诸如货币供给量和股票价格等衡量金融流动性的因素。当美联储向其银行体系注入流动性时，股票价格会对此做出第一时间的反应，这部分内容我们将在后面的章节中详细讨论。所谓"流动性"，指的是货币供给会以多快的速度增加。货币供给的快速增长意味着美联储正在向其经济体系注入流动性，而货币供给增速的放缓则表明美联储正在减少向经济体系注入流动性。（至于这一点是如何实现的，我们将在第7章介绍中央银行的运作时进行讨论。）此处提到的所有衡量标准对经济增长的影响会领先至少几个月的时间。例如，货币供给的增长要领先于经济增长的变化大约两年的时间。

订单数量是领先指标的重要组成部分，它反映了企业购买新机器设备和扩大现有产能的决策。由于企业需要时间将订单转变成机器设备或者厂房，因此，订单数量要领先于产品生产或者机器设备方面的变化。这也正是将订单数量纳入领先指标的原因。

领先指标综合指数的另外一个重要组成部分是建筑许可证指标。我们假设建筑许可证的数量开始增加，但是由于利率的下降，企业建造更多房屋的决心就会增强。建筑许可证的增长最终会通过建筑活动的增加、已完成建筑数量和建造房屋所需要的原材料生产量以及成屋最终的销售情况反映出来。

我们有理由相信，从建筑许可证的颁发到建造房屋所需的设备全部到位，再到最终的成屋销售环节是要经过一段时间的。鉴于此，建筑许可证的增长速度的变化是可以预期的，即领先于整体经济活动的增速。

标准普尔500指数成分股的股票价格指数是另外一个重要的领先指标。股票市场之所以会被视为经济活动中重要的领先指标，是因为股票价格的变动要领先于经济活动的变化几个月的时间，而且股票市场的行情每天都可以看到。股票市场成为经济增长的领先指标的原因就像货币供给那样，它反映的是经济体系中流动性的增长幅度。例如，我们以年为单位计算，货币供给在 1995 年出现了急剧增长，而且同期股票价格的震荡也越来越大。美国经济在 1997 年年底到 1998 年年初的这段时间里表现得相当强劲。

由于信用扩张是通过资金流动性反映出来的，因此，经济体系中的流动性越强，最终用于建造房屋、制造商品、收购其他公司以及投资的货币量也就越大。股票价格上涨速度的减慢标志着经济体系中的流动性正在缓慢增加。其结果是，消费者用于消费和投资者用于风险投资的资金会越来越少，进而导致整个经济活动的放缓。

货币供给作为领先指标中的重要组成部分，衡量的是信用扩张水平。我们将在第 7 章讨论美联储时对该指标进行详细的分析。同时，我们还将了解到中央银行对增加货币供给产生的影响，其结果就是我们通常所说的经济增长。从目前来看，货币供给不仅是衡量经济体系中流动性的指标，而且还受到了美联储的严格控制。

当银行向经济体系释放了充分的流动性之后，也就意味着企业可以从银行获得更多的贷款。此时，消费者和企业可以通过贷款进行投资，从而对经济增长产生重要的影响。如果银行体系中的流动性下降，则意味着用于贷款的资金越来越少，正是因为用于消费和投资的资金缺口比较大，社会的经济活动也会因此而放慢速度。

总之，领先指标综合指数对经济未来的发展趋势提供了参考依据。我们在本章中归纳的 10 个经济指标在过去的表现足以证明它们作为经济活动的领先指标是值得信赖的。这些指标虽然都很重要，但是投资者会发现货币供给增长的变化是判断未来经济趋势的最有效的指标，这是因为该指标在预测经济活动变化的时候前置的时间较长。

同步指标

同步指标综合指数告诉我们经济体系正在做什么，它是通过4个反映当前经济强弱的指标进行计算的。该指标与经济增长之间的联系是十分紧密的。它的趋势是对当前经济活动现状的直接反映。

包括在同步指标综合指数计算范围内的标准有以下4个。

（1）**非农就业人数**。该指标由全职员工、兼职员工，没有进行区分的永久雇员和临时雇员组成。由于非农就业人数反映的是除农业机构、政府机构和美国规模最小的企业以外的实际雇用和解雇的员工的数量，因此该指标是观察经济运行是否健康的最严密的监测指标之一。

（2）**个人收入减去支付转移**。我们用该指标衡量人们的实际工资收入和其他所有人经过通货膨胀调整后获得的美元收入。该指标不包括社会保障金在内的政府转移性支出，但包括调整之后的应付工资减去支付款项的工资。工资水平的重要性在于其决定着支出总额以及整体经济是否健康。

（3）**工业生产指数**。该指数衡量的是制造业、采矿业、汽油和电力工业在各个阶段的物理产量。工业生产指数充分体现了总产出在历史上的大部分波动情况。

（4）**制造业和贸易销售额**。制造业、批发和零售水平反映的是经济未来的发展趋势，并且代表着实际支出总额——也就是说，经通货膨胀调整后的支出。

在就业、生产、收入和销售快速增长的阶段,本国经济的表现是十分强劲的。然而,如果构成同步指标的其他内在指标出现下降的情况,那么经济周期也将由强势转入减速的阶段。

因为领先指标对经济具有引导作用,所以领先指标增长幅度的变化同样领先于同步指标增长幅度的变化。当领先指标综合指数的增速开始放缓的时候,同步指数的增速将在若干个月之后出现下降。另一方面,当领先指数开始加速上涨时,同步指数的增速也将在若干个月之后出现上涨。

落后指标

落后指标综合指数是由历史上出现在同步指数转折点之后的单个指标的平均值组成的。落后指标提供了有关经济体系中存在的过剩程度的信息,因此与领先和同步指标相比,它在三者中是最重要的。

当经济高速发展的时候,落后指标综合指数的增长幅度会加快,通常情况下会位于其长期平均增长率之上 2.5% ~ 3.0% 的水平。

用于计算落后指数的指标主要有以下几个。

(1)**平均失业周期**。该指标衡量的是那些已经被视为失业的个人平均失业的周数。由于该指标在经济衰退期间的数值较高,在经济扩张时期的数值较低,因此该指标在计算的过程中通过会出现倒挂的情况。换句话说,每个月的变化信号都是相反的。在经济扩张并实现强劲增长之后,平均失业周期总是处于下降当中,而在经济衰退开始出现之后,平均失业周期总是会出现急剧的上涨。因此，平均失业周期的下降意味着经济已经出现过热的情况，投资者必须在这个时候更加谨慎小心。反之，平均失业周期的急剧上升标志着经济已经进入了快速下行的阶段，因此，前一个经济周期存在的过热情况在此得到了验证。

（2）**库存/销售比率，即制造业和贸易库存与销售额的比率**。库存/销售比率是衡量个体企业、整个行业和整体经济环境的流行指标。该指标是美国经济分析局利用制造业、批发和零售业的库存与销售数据计算得出的。库存/销售比率是在美国人口统计局采集的信息的基础上以经通货膨胀调整后的形式表现的。当经济增速放缓，销售额无法达到预期值的时候，库存量就会上升，而库存/销售比率也将在经济衰退的中期达到本轮经济周期的最高点。此外，在经济扩张的初始阶段，当企业的积压库存能够满足其销售额的时候，库存/销售比率将呈下降的趋势。

（3）**制造业每单位产出的劳动力成本变化**。当制造业生产企业的劳动力成本增速快于自身的生产率时，该指标就会上升。反之亦然。美国经济咨商局根据季调之后的包括工资和薪水以及其他任何补贴在内的制造业员工薪酬等数据计算出每单位产出的劳动力成本变化比率。该数据可以从美国经济分析局获取。美国联邦储备委员会将对制造业中的工业生产指数进行季调。该指标通过剔除诸如在冬季频繁发生的制造业活动以及夏季的低产出等季节性因素来消除其中的失真数据。由于该时间序列每个月的变动率波动很大，因此劳动力成本的变动百分比只对过去6个月的数据进行计算。尽管存在劳动力被解雇的因素，但是因为产出的下降速度远远超过劳动力成本，因此6个月的劳动力成本变化比率的周期性高点将会在经济衰退期间出现。鉴于此，劳动力成本变化比率的周期转折点是很难确定和描述的。一般来说，随着经济增速的放缓以及就业率的下降，工资和劳动力的成本也将呈下降的趋势。因此，该指标会随着经济的不景气和同步指标综合指数的下降而降低。另一方面，由于可用劳动力数量的减少，同步指标的上升会在劳动力成本增加后1～2年的时间里缓慢增长。

（4）**银行平均优惠利率**。虽然优惠利率被认为是银行面向不同种类的贷款制定利率的基准，但是优惠利率的变化却是落后于整体经济活动的变动的。美国联邦储备委员会负责编制每个月的银行平均优惠利率数据。利率之所以会成为落后指标综合指数的重要组成部分，是因为它衡量的是信贷成本。尽管优惠利率应用于落后指标综合指数，但是我们会在后面的章节里讨论其他能够迅速对市场环境的变化做出反应的利率种类，比如说13周国债或者与美国国债收益率有关系的利率。

（5）**商业和工业贷款余额**。该指标衡量的是由银行持有的商业贷款和由非金融机构发行的商业票据。商业票据是由大公司通过经销商销售的高等级无担保票据。这些票据主要代表着大公司的负债。该指标的基本数据由美国联邦储备委员会负责编制。美国经济咨商局以在个人消费支出的基础之上得到的通货膨胀数据进行物价水准调整，而这一数据也同样适用于在领先指标中下调货币供给数据。商业和工业贷款余额通常会在经济扩张的高峰之后见顶，这是因为企业不断下降的利润会对贷款需求产生下行的压力。该指标的波谷通常会在经济衰退结束之后的一年或者几年出现。

（6）**消费者分期付款信贷与个人收入的比率**。该指标衡量的是消费者的负债与收入之间的关系。美国联邦储备委员会负责编制消费者分期付款信贷的数据，而个人收入的数据则由美国经济分析局进行编制。由于消费者普遍希望在经济衰退结束几个月之后再考虑个人贷款的事情,因此,该比率的波谷通常出现在个人贷款金额上涨一年或者更长的时间之后。另外,该比率的峰值往往出现在整体经济的峰值之后。

(7)**服务业的消费物价指数**。该数据由美国劳工统计局负责编制,旨在衡量消费者物价指数中服务业的变化比率。在整体经济经历了长期的增速放缓之后,通货膨胀开始下降,当经济与同步指标出现增长大约2年之后,通货膨胀才会上涨。

落后指标综合指数是最容易被误解的指标这个结论往往会受到外界的质疑,尽管它非常重要,但是新闻媒体和投资者对其发展趋势的关注程度却没有那么高。毕竟,我们为什么要去关注一个在整体经济已经震荡之后才出现的指标呢?为什么这些指标会在整体经济环境的峰值出现之后才开始下跌呢?为什么我们要去关注一个根据经济已经发生了什么而得出结论的指标呢?

然而,落后指标综合指数及其所有组成部分为投资者提供了最重要的资讯。它是我们评估经济和金融市场是否健康的最重要的标准。落后指标综合指数为投资者提供了一个评估由经济周期导致的金融市场风险的有价值的工具。我们接下来将要讨论这些指标为什么对投资者是如此重要这个问题。

正如我们在上文提到的那样,落后指标综合指数通常滞后于整体经济活动趋势大约两年的时间。这是为什么呢?我们以利率为例。当经济大幅衰退时,利率就会下降,而当经济处于强势增长的阶段时,利率就会上升。这也正是当经济高速发展时,企业为了扩大生产率并且雇用更多员工而大举借债的主要原因。贷款活动的快速增加最终会对利率产生上行的压力。因此,利率的上升往往落后于经济活动的发展趋势——也就是说,当企业意识到经济扩张具有持久性的特征之后,才会加快贷款的步伐。这一点也同样适用于经济疲软的时期。当企业发现经济活动正在不断恶化时，它们就会减少贷款的规模，从而导致利率下跌。

落后指标综合指数的另外一个组成部分是单位劳动力成本，即根据生产率而调整的劳动力成本。该指标在经济复苏得到正式确认以及经济走强之后会出现上升。起初，当经济周期逐渐走出低谷时，市场上会有大量等待被雇用的劳动力，此时的生产率也是非常高的，只不过工人的工资还处于比较低的水平。因此，这个时期的劳动力成本会呈现下降的趋势，并且逐渐稳定在一个相对较低的水平。然而，随着越来越多的劳动力实现了就业，市场对劳动力的需求将会下降，从而对工资水平的提高产生了上行的压力。

有时候也会出现设备使用率处于高位而生产率却因为较低的边际生产能力而下降的情况。生产率是衡量经济活动是否有效的标准，它体现了有效的经济输入是如何转化为产出的。衡量生产率最常用的标准是所有人每小时的产出量。例如，如果生产率上涨4%，而工资的上涨率是5%，那么根据生产率而调整的劳动力成本就是1%。其结果是，放缓的生产率增速会对企业的劳动力成本产生负面的影响。较低的生产率增速与较高的工资水平将导致单位劳动力成本面临上行的压力，也就是说，单位劳动力成本会在经济周期快速增长之后上涨。

这些简单的案例向我们说明了落后指标反映的是经济中存在的过剩问题、经济发展到顶峰时存在的经济环境滞后问题，以及经济活动中出现的波谷问题。如果经济扩张的势头太猛，那么随着经济的增长就会出现这样或者那样的不平衡，落后指标在这个时候就会开始上涨。从另外一个角度来讲，如果经济增速的放缓导致了经济的不景气，那么落后指标也最终会掉头向下。

当经济运行在一个面临生产成本压力的高位时，落后指标综合指数就会开始上涨，因此，这个指标对于投资者来说是非常重要的。落后指标综合指数的上涨意味着当前的经济走势非常强劲，但是经济体系中却面临着很大的成本压力。成本压力上升的影响主要体现在两个方面。首先，成本压力的上升会对企业的盈利产生负面影响。其次，当企业发现自身的运营成本上升的时候，它们会选择将这部分增加的成本转嫁到消费者的身上，因此，这两种影响之间的联系是非常密切的。其结果是，消费者层面的通货膨胀将会上升，进而导致消费者实际收入与购买力面临下行的风险。鉴于此，落后指标综合指数的上涨意味着经济环境将会出现重大的变化，而这种变化也会对经济和消费者产生负面的影响。在本章后面的内容里，我们将要讨论如何利用这些落后指标判断经济周期是否健康以及如何据此制定相应的投资策略。

实验、同步和领先指标

1989 年春，经济学家詹姆斯·S. 斯托克（James S. Stock）和马克·W. 沃特森（Mark W. Watson）在 *NBER Reporter* 共同发表了一篇题为《同步和领先指标》的论文。在这篇论文中，两位经济学家提出了与传统算法截然不同的计算经济指标的方法。他们只选取那些自己认为具有说服力的指标，并且创新了实验同步指数与实验领先指数。

实验同步指标是美国经济活动月度指标的加权平均数。这些计量标准包括：

（1）工业生产；

（2）排除通货膨胀因素后减去转移性支出得出的个人全部

收入;

(3)排除通货膨胀因素的制造业和贸易销售额;

(4)非农机构雇员的工作时间。

这些标准和我们在前文所讨论过的那些标准一样,都是在告诉我们经济在任何时间点上正在做什么,并且通过这些数据反映出整体经济的强弱走势。用于计算实验同步指数的加权平均数决定使用这 4 个指标现在或者最近的增长率价值。不断积累的增长率加权平均数最后形成了该指标的指数水平。该指数创建于 1967 年,以 100 为基准。实验同步指数的平均月增长率是 3% 的年利率水平。因此,实验同步指数与实际 GDP 的增长率走势基本上是一致的。1960～1988 年,GDP 的平均增长率在大约 3.1% 的水平。实验同步指数的波动幅度是实际 GDP 波动幅度的 1～1.5 倍。

根据斯托克和沃特森的观点,实验领先指数是实验同步指数在未来 6 个月表现的先行指数,也就是说,这个数据在未来 6 个月的时间里是具有参考价值的。预测的数值是以百分比计算的。例如,4 月的实验领先指数预测的是以年率计算的 4～10 月的实验同步指数的增长百分比。

实验领先指标是 7 种领先指标的加权平均数。

(1)新增私人住宅的建筑许可证。

(2)排除通货膨胀因素后,耐用品行业的制造商订单和现场订单。

(3)美国与英国、德国、法国、意大利和日本之间的名义汇率贸易加权指数。

(4)由于开工不足造成的在非农机构兼职的人数。

(5)10 年期长期国库券收益率。

(6)3 个月期商业票据的利率与 3 个月期国库券利率的利差。

（7）10 年期长期国库券收益率与 1 年期国库券收益率之间的差额。

此外，斯托克和沃特森还创建了**实验衰退指数**。该指数预测的是经济从指数发布之日起 6 个月内出现衰退的可能性。例如，4 月份的实验衰退指数预测的是经济在 10 月份出现衰退的可能性。该指数利用实验同步指数 4 个月的时间序列与实验领先指数 7 个月的时间序列计算得出。

实验衰退指数显示的是一种可能性。例如，如果实验衰退指数是 25%，也就意味着经济在未来 6 个月的时间里出现衰退的可能性是 25%。该指数的最低值和最高值分别为 0% 和 100%。

由于实验领先指数过分依赖金融信息，斯托克和沃特森开发了替代实验衰退指数。该指数是在不包括利率和利差在内的 7 个领先指标的基础上创建的。其计算方法与计算实验衰退指数的方法是完全一样的。两者之间的差额是建成各自指数的基础。计算实验衰退指数的 7 个时间序列具体如下。

（1）新增私人住宅的建筑许可证。

（2）排除通货膨胀因素后，耐用品行业的制造商订单和现场订单。

（3）美国与英国、德国、法国、意大利和日本之间的名义汇率贸易加权指数。

（4）招聘求职广告指数。

（5）耐用品行业的生产工人平均每周的工作时间。

（6）由全美采购经理人协会确定的公司延缓交货报告百分比。

（7）制造业设备使用率。

这些指标的计算和使用方法，请读者参阅斯托克和沃特森 1989 年春发表在 *NBER Reporter* 上的论文。

虽然 BAA 级债券收益率与 10 年期国库券收益率的比率没有被美国经济咨商局、斯托克和沃特森采纳，但是该数据实际上是一个非常好的领先指标。该比率与货币供给的增长和股票价格之间的关系是十分密切的。由于受到周期时效的影响，当我们将该比率与其他经济周期指标综合应用时，该指标就会具有非常重要的策略价值。

结语

本章的内容是将之前讨论的各种经济指标进行汇总，然后阐述综合指标的概念。此外，我们还回顾了这些指数的历史表现，以及这些指数在投资者关注美国经济和金融市场的表现时所发挥的重要作用。

对于投资者来说，最关键的是这些指标可以再细分为 3 个主要类型：领先、同步和落后指标。领先指标综合指数及其组成部分之所以要密切关注，是因为它们预示着未来经济的走势。

然而，相对于领先和同步指标综合指数，落后指标综合指数在制定一个成功的投资策略时往往发挥着最重要的作用。当落后指标综合指数开始上涨时，投资者必须对经济和金融市场的前景保持高度的关注和警惕。落后指标综合指数的上涨反映的是经济中存在的过剩问题，但是这种情况最终会通过由于流动性增长放缓所导致的明显的经济下行得到控制。

在下一章中，我们将继续深入探讨领先、同步和落后指标之间的相互联系，以及它们对经济周期的影响。

第 5 章

经济周期：经济指标的实际运用

领先、同步和落后指标体系可以让投资者把握住经济周期的不同阶段。除此之外，这些指标还是投资者评估风险以及捕捉由各种资产发出的投资机会的重要途径。我们现在知道领先指标指数的上涨（例如，货币供给、订单、建筑许可证和利润的增加）都会在生产率、就业率和收入等同步指数上涨的几个月之后出现上涨。

在经历了同步指数的强势且持续的上涨后，包括通货膨胀、劳动力成本和利率等指标在内的落后指数才会开始上升，也就是说，经济走强的信号得到了确认，而与之相关的满负荷开工率、价格和成本压力也在不断增加。

因此，经济周期的持续时间和波动幅度，以及投资风险完全取决于落后指标的上涨速度。这是因为落后指标的上涨往往出现在领先指标上涨速度放缓的几个月之后。例如，利率的上涨会导致房地产行业的建筑成本和售价更加昂贵，从而不利于该行业的发展。在这个落后指标上涨的典型案例中,利率的上涨往往会跟随着诸如新屋开工或者建筑许可证等领先指标上涨速度的放慢而到来。

上述情况也适用于对利润的分析。成本的上升对利润的负面影响几乎是同步的,从而导致利润的增长越来越慢。当利率上涨之后,货币供给的增长或者股票的价格开始下跌。最终,领先指数的下降会在几个月之后导致同步指数增速的下降。此处的关键在于,领先、同步和落后指标之间存在着明确的内在逻辑关系。

只有在同步指数的增速出现长期下跌之后,落后指标综合指数才会开始下跌。落后指标增长的峰值出现在同步指标的长期下跌之后,而此时经济中各部门的增长已经尽显疲态了。其结果是,失业率上升、可雇用的劳动力越来越多,工资的增长速度也不再像之前那样快了。另一方面,由于经济增速的放缓,市场对货币的需求开始下降,而利率也会随之出现下跌。

当落后指标综合指数持续下跌几个月之后,领先指标综合指数将再次重拾升势。这是因为成本的下降(工资和利率)不但让投资新屋更具吸引力,而且还能够使新的生产能力得到增强。由于利率下跌和股票价格上涨的原因,市场对于资金的需求也将导致货币供给的增加。

领先、同步和落后指标体系的重要性体现在它们彼此之间密切的联系(见图 5-1 和图 5-2)。落后指标之所以是 3 个指标中最重要的,是因为对于投资者和商人来说,落后指标的上涨预示着领先指标的下跌以及经济环境的恶化。此外,落后指标的下跌意味着领先指标将会出现上涨以及经济环境即将得到改善。

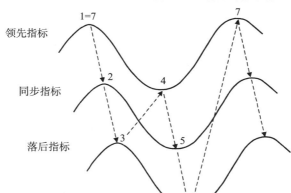

图 5-1　图中显示了领先指标的峰值之后出现同步指标的峰值，以及跟随同步指标之后出现的落后指标的峰值的过程。跟随落后指标的峰值出现的是领先指标的波谷，而后又会到达落后指标的波谷。这样一来，整个经济周期又再次形成了。这里需要注意由落后指标的上涨所产生的负反馈。负反馈的重要性在于它对评估股票市场风险和预测市场重要峰值的影响

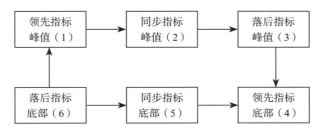

图 5-2　是图 5-1 的另一种变形。这里强调的仍然是通过落后指标对领先指标进行预测，通过领先指标预测同步指标，以及通过同步指标预测落后指标

我们之前提到的衡量股票市场表现的标准普尔500指数也是领先指标综合指数的组成部分；短期和长期利率属于落后指标；股票市场之所以属于经济周期中的领先指标，是因为它反映了经济体系中可利用的流动性有多少。作为领先指标，股票市场的风险在通货膨胀、短期利率和长期利率等落后指标下降或者处于平稳的水平时是比较小的。这个时期可以说是投资股票的最佳时机。然而，当通货膨胀、短期利率和长期利率开始上涨时，股票市场出现峰值的概率就会提高。

领先、同步和落后指标之间的联系可以通过从1989～1995年的经济周期来解释。1989年，美国的货币供给出现快速扩张（货币供给属于领先指标）。这段时间正好是美国股票市场见底并且加速上涨的时期。由于美国政府向其经济体系注入了大量流动性的缘故，工业产品指数在1991年开始快速上涨。1994年，在经济走强的背景下，利率和商品价格开始上涨。当利率上涨之后（利率属于落后指标），货币供给的增速放缓，股票的价格开始下跌。货币供给在1992～1995年的持续下降导致了经济在1995年出现衰退，而本轮经济周期也于1995年正式结束。因此，新一轮的经济周期从1995年开始了。

伴随着股票价格的下跌（股票价格属于领先指标）而来的是经济的衰退、落后指标和利率（落后指标）的下跌。需要指出的是，利率的下跌是以股票价格的持续下跌为前提的。这是因为股票价格只有在利率下跌（落后指标）几个月之后才会重新上涨。换句话说，从利率的峰值到股票价格的谷底需要几个月的时间，而从利率的波谷到达股票价格的峰值同样需要几个月的时间。

领先、同步和落后指标体系的重要性在于它们与经济和金融指标紧密地联系在了一起。这三个指标之间的联系是投资者判断金融市场风险水平的重要工具。其基本的关系可以归纳为以下几点。

- 领先指标（例如：货币供给）在上涨大约两年之后，同步指标（例如：工业生产）才会出现上涨。
- 落后指标（例如：利率）在工业生产指标持续增长的 1.5～2 年之后才会开始上涨。
- 领先指标（例如：货币供给）达到其峰值的几个月之后，落后指标才会出现上涨。
- 领先指标（例如：货币供给）的增速出现下降 1 年，或者 1.5～2 年以后，经济增速将会出现放缓的迹象（例如：工业生产）。
- 工业生产的增速下降几个月后，落后指标（例如：利率）的增速才会下降。
- 落后指标（例如：利率）上涨速度的降低，会通过几个月之后领先指标（例如：货币供给）的上涨得到体现。

至此，新一轮的经济和金融周期再次开启。

经济周期的四个阶段

经济是一种敏感且微妙的机制。从企业的盈利能力到资产的价值，经济增长率的细微变化都会对整个经济行为产生重要的影响。例如，从商品到股票、从利率到贵金属再到货币，都会受到经济变动的影响。原油和木材的价格可能今年还在高位运行，而下一年却进入了下降通道。黄金和房地产在 20 世纪 70 年代是非常炙手可热的投资项目，然而进入 20 世纪 80 和 90 年代之后，之前的赢家则戏剧性地变成了失败者。债券在 20 世纪 70 年代经历过崩盘的洗礼，但是在 1982 年以后，其收益率则上涨到了 40% 的水平。

作为经济和金融战略家，你将如何预测这些变化发生的时间以及它们的发展方向呢？驱动所有资产价格变动的重要因素是经济相对于其长期增长率的增长速度。

资产价格的变动取决于经济相对于其长期平均水平的增长速度。一般情况下，工业化国家的经济长期增长率保持在 2.5% 左右。1982 年以后，美国经济的长期平均增长率为 2.5%～3.0%。我们也可以用**增长潜力**这个词来形容长期平均增长率。2.5%～3.0% 的平均增长水平意味着经济在一般情况下的平均增长速度。

然而，2.5%～3.0% 的平均增长水平在实际中却很少能够出现。例如，经济增速有时候会高于这个平均值，而在有些情况下则低于该平均值（见图 5-3）。我们将在后面的章节里继续深入分析造成这些波动的原因。资产的价值所反映的是经济增长究竟高于还是低于其长期增长潜力。为了制定能够应用于投资策略的指标，我们有必要跟踪经济周期发展所经历的 4 个主要阶段。

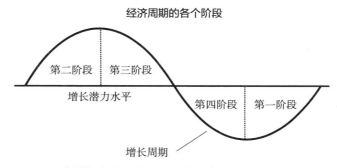

图 5-3　经济周期分为 4 个阶段，其释放的力量影响着资产价格和金融市场

第一阶段

经济周期的第一阶段出现在经济经历了一段缓慢增长的时期并且位于其增长潜力之下的时候。这个时期的经济增长率虽然处于上涨阶段，但是并没有超过其增长潜力水平。当经济增长率低于其长期平均增长水平时，说明经济已经进入了衰退期。然而，我们在经济增长缓慢或者衰退期间所制定的投资策略是不变的，这是因为资产价格在这两种情况下都是一样的。

第二阶段

经济周期的第二阶段出现在经济的增长位于其增长潜力水平之上的时候。例如，如果经济的平均长期增长率是3%，那么经济周期的第二阶段就会出现在经济增速位于该水平之上的时候。我们将1995～1999年一切向着更好的方向发展并进入金发经济⊖的时期称为经济的繁荣阶段。

第三阶段

在第三阶段中，经济增长将回归到其增长潜力水平。随着美联储在第一和第二阶段所制定的政策相继出台，第三阶段实际上是对前两个阶段的修正。

第四阶段

在第四阶段，经济的增长速度将下降到其平均增长潜力之下。所有在第二阶段和第三阶段产生的过剩问题都将在第四阶段得到解决。然而，那些嗅觉灵敏的投资者往往会在这个时候发现绝佳

⊖ Goldilocks，说明经济不冷不热、恰到好处。——译者注

的投资机会。虽然这个时期的经济环境非常糟糕、失业率高企、全国人民的情绪比较沮丧，但是由于股票和债券市场的价值得到了显著的提升，从而导致了整个金融市场的强势上涨。历史经验表明，当经济的表现越来越强劲且增长越来越快的时候，金融市场的表现往往是差强人意的。然而，当利率开始下降，经济出现减速的时候，金融市场往往会给投资者带来不菲的收益。随着经济从低速增长进入强势增长，随后再次进入低速增长，市场的机会与风险也会随之出现转变。例如，当美国1995年的利率水平（落后指标）开始下降时，其货币供给（领先指标）马上出现了快速增长，股票价格也受此影响而大幅飙升。最终，美国1996年的工业生产（同步指标）数值实现了上涨。

伴随着经济周期从第一阶段向第四阶段的平稳运行，市场的投资风险也会不断地发生变化。当利率、通货膨胀和劳动力成本等落后指标开始上涨时，经济增长将位于其长期增长潜力之上。这个时期的股票市场之所以存在着非常大的风险，是因为股票的收益率在这个阶段已经低于平均的收益水平。经济增速的放缓意味着投资风险的降低、股票和债券获得高收益的概率越来越大，而经济的增长也将位于其长期平均增长水平之下，进而导致利率和通货膨胀的双降。当经济开始加速时，其当前的增长速度只能处于比较低的水平。然而，尽管存在这些不稳定的因素，但是经济的长期平均增长仍然处于2.5%～3.0%的水平。

这与那些进行慢跑锻炼的人遇到的情况是类似的。如果慢跑者以每英里用时9分钟的正常速度前进，那么任何试图增加速度的做法都会导致脉搏加速、体温升高、呼吸短促以及疲劳感增强。很快，慢跑者就会被迫放慢速度，待体力恢复之后再回到原来的节奏中去。其他竞争者知道慢跑者在其平均速度水平上加速的时间越长，他所需要休息和恢复体力的时间也就越长。

经济行为与慢跑者的行为方式是一样的。如果经济的增速快于其增长潜力水平，那么经济的升温就显得过快。对于经济本身来说，这种升温的迹象与通货膨胀、更高的利率和商品价格水平、快速上涨的工资、设备和人力资源的高使用率是分不开的。最终，伴随着生产率的下降，企业的利润也会越来越少。正如慢跑者那样，经济如果想重新获得活力，就不得不在这种压力之下放慢增长的脚步。为了实现这一目标，经济必须以低于其增长潜力水平的速度增长。只有当通货膨胀、利率、工资以及设备使用率下降的时候，企业的利润才会随着成本的下降和生产率的改善得到提升。

经济增长的变动影响着企业盈利的可能性。然而，在分析这个问题之前，我们先要考察导致经济加速和放缓的原因。之后，我们将要讨论如何预测这些变化，以及如何制定具体的投资策略。

经济周期的各个阶段都发生了什么

也许你会对下面提到的内容产生一些疑问。如果经济的长期平均增长率非常重要的话，那么我们需要做些什么才能让它上涨呢？该领域的一些重要研究表明，这和一个国家生产率的增长有关。而这一切只能通过改善教育、增加投资和降低通货膨胀来实现。然而，实现这个目标可以说既简单又非常困难。

经济周期的第一阶段

当经济摆脱衰退或者低于增长潜力的缓慢增长后开始复苏的时候，我们就进入了经济周期的第一阶段。

两个阶段之间的任何一次转换都是前一个阶段作用的结果。经济的缓慢增长会导致通货膨胀的下降，这是因为消费者意识到他们即将迎来一段艰苦的时期而在支出上变得越来越谨慎。随着失业率的上升，人们发现找工作变得越来越困难。结果，工资涨幅的下降导致了收入的缓慢增长。由于消费者对价格格外关注，通货膨胀也因此得到了控制。当然，贷款的规模和利率都会因为经济的疲软而下降。因此，经济缓慢增长时期的主要特征是生产大幅减缓，由于需求的减少，制造商对原材料的需求逐渐减弱，而原材料的价格也会随着生产的放缓而走弱。

然而，经济增速放缓期间也会出现一些振奋人心的消息。工资、利率、原材料和通货膨胀的下降会减少企业的运营成本。其结果是，企业的盈利能力在大多数人认为经济周期处于最糟糕的时期得到了改善。因此，企业运营成本的下降必然导致盈利的上升。

这里需要重点关注的是，工资水平的上涨、利率的下降以及贷款增速的下降都属于落后指标，而落后指标的下跌（当前出现的过剩问题是由于之前的增长造成的）则意味着成本压力最终会得到控制。因此，企业可以预期自己在经济周期中的处境将会得到改善。实际上，经济的缓慢增长已经开始降低企业的成本，再加上企业为了在经济放缓期间提高生产率所采用的措施发挥了作用，企业的利润开始增加。正因为如此，企业的利润是非常重要的领先指标。由于自身条件得到了改善，企业会对其未来的发展前景和投资计划充满信心。

我们之前介绍的内容是经济周期最重要的组成部分。伴随着落后指标下跌而来的是领先指标的好转——也就是说，成本因素的下降会提高企业的盈利能力。从1995年开始的经济周期就是这种因果关系的典型案例。当时，经济下行，利率也从接近6%的水平开始下跌。利率的下跌导致了贷款规模的扩大，美联储为了满足市场对货币的需求，开始大量增加货币供给。始于1995年的货币供给增长最终导致了经济在1997～1998年的强劲增长。到1998年年中，通货膨胀的压力开始上升，通货膨胀率也从1998年低于1.5%的水平上升到1999年2.7%的水平。与此同时，随着通货膨胀的上升，长期和短期利率也开始上涨。利率在1998～1999年的上涨缩小了贷款的规模，结果，货币供给的峰值出现在1999年年初。在这个案例中，通货膨胀、利率、货币供给以及经济行为的表现告诉投资者应该如何对未来进行预期。

利率在经济周期第四阶段下跌的原因在于市场对货币需求的下降。因为经济活动在这个阶段的特征是增速放缓，所以企业向银行贷款的意愿并不是很强。然而，一旦企业的盈利状况得到了改善，企业对资金的需求就会上升。美联储通过创造企业所需的必要流动性来实现这一目的（流动性创造的过程将在第7章讨论美联储所扮演的角色时详细介绍）。

在经济周期的第一阶段，你看到的不仅仅是流动性得到了改善，而且还能够了解到美联储为了满足企业和消费者对货币的需求而增加货币供给。在经济增速放缓期间，通货膨胀和长期利率的下降反映了人们的低通货膨胀预期。

另外，由于股票市场的发展离不开流动性的推动，因此股票价格就会受到流动性的影响见底回升并开始上涨。就金融市场而言，经济周期的第一阶段是整个经济周期中最重要的一个阶段的观点是毋庸置疑的。在第一阶段中，经济增速放缓、利率下降，美联储为了经济扩张而向其经济体系注入流动性。在新增加的流动性中，有一部分资金会流向实体经济。然而，另外一部分流动性则流入了金融市场,这也正是金融市场会在这个阶段有超常表现的原因。

当利润得到持续改善且经营成本得到控制之后,企业开始利用这个机会雇用更多的工人和扩大产能。更多的工作机会导致了收入的上升,而销售额的增加则向市场提供了更多的产品以及更多的工作岗位。随着企业盈利能力的提高、货币供给的强势扩张、利率的下跌、债券收益率的下降以及股票市场的上涨这一循环过程得到确认之后,经济便进入了加速增长的阶段。至于美元的走势,则反映了国际金融市场对美元以及人们对美国经济未来走强的信心。这就像慢跑者在恢复体力后开始加速那样,经济也将在经历了这个阶段之后开始起飞。

经济周期第一阶段的主要特征可以归纳为以下几点。

- 货币供给的增长呈快速上升之势。
- 美元的环境得到改善。
- 股票市场处于上涨之中。
- 虽然生产、销售、收入和就业的增长情况使得经济处于稳定和上升的阶段,但是增长速度仍然位于其增长潜力水平之下。
- 企业的利润触底之后开始反弹。
- 大宗商品持续走弱并最终见底。
- 短期利率持续下跌并最终见底。
- 长期利率持续下跌并最终见底。
- 通货膨胀持续下降并最终见底。

尽管短期利率和长期利率具有共同的周期反转点，但是短期利率要比长期利率的波动幅度更大。正因为如此，短期利率的波动对于投资者判断货币市场环境及其趋势来说是个非常实用的信号。

经济周期的第二阶段

在经济周期的第二阶段，经济增长的势头是非常强劲的，其增长率高于长期增长潜力水平。就业、产量、收入和销售额持续快速攀升。当失业率不断下降时，企业很难在市场上找到掌握熟练技能的工人，他们不得不为了找到合适的人选而支付更高的工资。产量的增加对原材料的价格构成了上行压力。良好的经济环境与提高的收入刺激了消费者的购买欲望，进而导致了银行贷款规模的增加。然而，消费者和企业不断增加的贷款最终导致了利率的上升。

实际上，当设备使用率达到了很高的水平时，企业会产生继续增加贷款以扩大产能的想法。但是，正如我们之前讨论的那样，随着设备使用率的提高，生产率却下降了。

在经济周期的这个时点上，企业已经无力再承担持续上涨的商品、劳动力和利率成本。落后指标在这个时候的上涨意味着风险正在随着经济的过热而上升，投资者必须要对此保持警惕。从另一个角度说，成本的上升影响了企业的边际利润率，因此，企业的盈利能力面临着很大的压力。

成本的上升是经济增长面临风险的信号，这是因为成本的上升会导致领先指标的下降。这是为什么呢？因为成本的上升意味着企业的利润面临着风险，而企业又不得不为了保证利润而削减成本。在这个阶段，虽然经济依然保持着强劲的增长，但是投资者也要时刻关注那些对导致出现经济衰退的决策（领先指标）产生影响的变量（大部分是落后指标）。例如，伴随着利率的上升（利率是落后指标）而来的是工资水平和整体劳动力成本的提高，投资者需要密切关注这些落后指标对经济的影响。

企业的盈利能力和新屋开工率这两个领先指标能够在第一时间对这些指标产生的影响做出回应。例如，利率的上升之所以会减少建筑活动和重型设备的订单数量，是因为贷款成本的提高让企业不再对建筑活动和重型设备的投资感兴趣。

利率和通货膨胀的上升将对消费者情绪和消费者预期等重要的领先指标产生负面的影响。由于消费者的收入出现了下降，因此利率和通货膨胀的上升会以一种消极的方式影响着消费者的情绪。其中最主要的原因在于，通货膨胀的上涨会削弱消费者的购买力，从而以一种消极的方式影响着消费者对经济未来的预期。此外，利率的上升还会增加消费者贷款的成本，这同样会对消费者产生负面的影响。伴随着落后指标的上涨而来的是经济的强势增长，而这一现象将会迫使政府做出一系列导致经济增速放缓的决策。

正如那个过度自信的慢跑者那样，经济在这个阶段试图以更快的速度实现增长。当这种现象发生时，美联储就会承认经济确实存在着过热的情况，而过度增长的经济则会造成更高水平的通货膨胀。因此，利率的进一步上涨会导致企业和消费者贷款意愿的下降，同时也将造成货币供给增长和整个流动性的减少。利率的上涨会导致流动性的增速放缓，从而对股票市场产生负面的影响，股票市场的波峰和波谷也将更加具有选择性。经济在第二阶段的强势增长最终会触发第三阶段的经济减速和预期事件。随着经济的下行，美元将会走弱，经济增速放缓将会提前到来。

经济周期第二阶段的主要特征可以归纳为以下几点。

- 货币供给持续快速增加并见顶。
- 美元保持强势并见顶。
- 股票市场继续上涨并见顶。
- 通过产量、销售额、收入和就业率的增长情况进行衡量的经济将会在其增长潜力水平之上快速增长。
- 企业的利润快速增加。
- 大宗商品价格强势上涨。
- 短期利率上涨。
- 长期利率上涨。
- 通货膨胀上升。

经济周期的第三阶段

经济周期的第三阶段是整个经济周期循环中最充满变数的阶段。在这个阶段，销售额的增长连续几年处于最高水平，企业的利润开始减少，但是人们对一段时间以来不断上涨的利率和通货膨胀的识别却发生了滞后。当企业由于成本的上升和销售额的下降而被迫削减成本时，美联储就会减少向其经济体系释放更多的流动性，因此，收入、销售额、就业和产量都面临着下降的风险。原因是货币供给增速的放缓会导致企业和消费者用于支出的流动性减少。流动性的下降以及不断提高的通货膨胀和利率水平将迫使企业和消费者减少支出活动。这些因素的影响最终将导致经济的下行。

当然，随着成本的上升，企业必须采取措施降低成本。落后指标和领先指标之间的负反馈在这个阶段是非常明显的。在导致利润不断下降的因素得到控制之前，企业是不会削减成本的。换句话说，企业只有在落后指标最终下降的时候才会停止削减成本。落后指标（例如，劳动力成本的上升、通货膨胀和利率）的下降不仅是成本得到最终控制的信号，同时也是劳动力成本、大宗商品和利率进入下行通道的标志。这个信号意味着企业的边际利润率会在不久的将来得到改善，进而鼓励企业继续扩大支出。经济周期的第三阶段具有调整的意味，经济在此期间将持续下行，直到落后指标开始下降。这个重要的发展阶段是投资者必须重点关注的。

经济周期第三阶段的主要特征可以归纳为以下几点。

- 货币供给增速持续下降。
- 美元走势相对疲软。
- 股票市场萎靡不振。
- 通过产量、销售额、收入和就业率的增长情况进行衡量的经济将会减速，并且最终位于其长期增长潜力水平之下。
- 企业利润增长见顶后开始下降。
- 大宗商品价格见顶后开始下降。
- 短期利率见顶后开始下降。
- 长期利率见顶后开始下降。
- 通货膨胀持续上涨后开始下降。

经济周期的第四阶段

正如慢跑者意识到自己无法再坚持而放慢速度那样，经济增速在这个阶段开始放缓,并至少低于其平均水平。也就是说,在经济周期的第四阶段,经济的增长速度已经低于其长期平均增长水平 2.5%～3.0%。伴随着紧缩的货币政策、持续减少的货币供给,以及企业不断地削减成本,经济持续疲软。然而,也正是在这个阶段,市场会给出经济开始复苏的第一个信号。随着经济的缓慢增长,通货膨胀见顶后开始下降。由于企业削减成本计划的实施,失业率上升,消费者的购买力已经大不如前了。利率因为受到较低的通货膨胀和信贷需求的缓慢增长的影响而下跌。此外,由于经济和产量增速下滑的原因,大宗商品的价格持续走弱。对于这些不确定因素的反应,美元依然处于弱势之中。

值得一提的是,那些导致经济减速、通货膨胀和利率下降的力量在这个时候出现了反转。也就是说,落后指标开始下降了。然而,由于成本因素的下降,企业的边际利润率再次上升。与此同时,由于美联储已经达到了其控制通货膨胀的目标,所以接下来将要实行让货币供给增长快速扩张的宽松政策。

美联储由于实现了其目标而开始向经济体系注入更多的流动性。流动性的扩张、低成本、低通货膨胀和增加的企业利润,让经济重新回到了复苏的起点。这个时候,经过休息的慢跑者已经恢复了体力并且加速前进,而经济也即将进入经济周期的第一阶段。作为反映市场情绪的美元也开始走强。

经济周期第四阶段的主要特征可以归纳为以下几点。

- 货币供给增速持续下降,只要短期利率见顶,货币供给就会增加。
- 美元走势先抑后扬。
- 股票市场虽然继续低迷,但是会逐渐向好。

- 通过产量、销售额、收入和就业率的增长情况进行衡量的经济将会持续下行。
- 企业利润持续下降。
- 大宗商品价格疲软。
- 短期利率下降。
- 长期利率下降。
- 通货膨胀下降。

投资影响

在前面的章节中,我们讨论了领先、同步和落后指标的概念、含义、衡量标准和使用方法。另外,我们还考察了经济周期是如何在四个阶段中由缓慢增长的阶段进入强势增长的阶段,随后又再次经历缓慢增长的。随着经济周期的运行,各经济指标之间的联系越来越密切。我们注意到,单位劳动力成本、通货膨胀和利率等落后指标的上涨为投资者提供了重要的信息。这些落后指标提示投资者要寻找诸如股票价格和货币供给增速变化等领先指标的峰值。

我们在本章中看到,经济的变化导致了不同的经济环境,而投资者又必须根据这些变化调整自己的投资组合。为了识别经济增长的变化所蕴含的策略含义,我们需要从投资者的角度分析这一过程。

正如我们所看到的那样,在经济周期的第一阶段,经济的增长是非常缓慢的,而美联储为了满足信贷的需求会加快货币供给的扩张速度。信贷规模的增加是衡量经济体系中流动性的标准。

货币供给的加速扩张和流动性的增加会对股票市场产生积极的影响。由于借款成本、劳动成本和原材料价格的下降，企业的边际利润率开始上升。

随着经济的复苏，美元开始走强。美元走势的强弱是衡量经济是否健康的晴雨表。强势美元意味着经济向好的趋势将得到延续。然而，产量和大宗商品的价格在这个时候仍然处于疲软的阶段。由于经济的萧条，失业率依旧维持在高位、企业的设备使用率很低、大宗商品价格疲软、通货膨胀下降、短期利率掉头向下或者维持在比较平稳的水平，但是较低的通货膨胀率会导致债券的收益率下跌。

经济周期的这个阶段对于股票市场来说无疑是非常利好的。由于低通货膨胀压力的缘故，投资大宗商品和硬资产并不是个明智的选择。鉴于更低的通货膨胀，债券的收益率将会下跌，因此，债券的投资价值开始显现。

当经济在第一阶段走强时，其他方面也会出现相应的变化。首先，由于这些变化是逐渐发生的，因此它们是不易被觉察的，但是随着时间的推移，这些变化会越来越明显。大宗商品的价格将会停止下跌，并且在一个比较平稳的水平维持数月之后开始上涨。紧跟大宗商品价格的上涨出现的是短期利率的上涨。债券的收益率虽然不会出现急跌，但是也将最终见底。例如，1994年，强劲的经济增长导致大宗商品的价格快速上扬，利率也由3%上升到了6%的水平，从而大幅提高了债券的收益率。

这种趋势上的变化意味着经济正在从强劲的增长阶段缓慢地向经济周期的第二阶段过渡。当经济的增速超过其增长潜力水平时，则意味着经济正式进入了第二阶段。此时，某些资产的风险开始增加，而其他的资产则变得越来越有吸引力。当经济超过了其增长潜力水平时，大宗商品的价格就会开始快速上涨。因此，在这个时候投资大宗商品、房地产和工业类资产等由大宗商品价格驱动的资产是非常有价值的。

通货膨胀的底部会在经济周期的第二阶段出现，随着原材料使用率的不断增加，通货膨胀上升的概率是非常大的。由于通货膨胀的上升，债券的收益率在见底后上涨的概率很大。因此，债券的吸引力就不那么明显了。

这个时候正是风险开始转换的时刻。因为经济周期正处于强劲增长的阶段，股票过高的收益率已经无法反映出其真实的市盈率，所以投资股票市场的风险也会越来越大。这个时候的大宗商品同样保持着很强的吸引力。随着通货膨胀的上升，房地产的投资机会开始出现。由于房地产价格反映了潜在的通货膨胀，因此房地产价格上涨的速度会高于通货膨胀。通货膨胀的上升导致了债券收益率的上升，因此投资债券的风险是非常高的。

在经济周期的第二阶段，经济的强劲表现会让美联储意识到信贷规模的快速扩张会导致经济过热，从而会产生很强的通货膨胀压力。因此，美联储会试图减少信贷的增长规模，从而使经济实现较慢且持续的增长。经济在这个时期通常会发生两个明显的变化。首先，货币供给规模的减少意味着经济体系中流动性的下降。其次，随着短期和长期利率的上涨，货币供给增速放缓，从而导致股票市场见顶并更具选择性。

美元的走弱会让海外投资变得极具吸引力。成本的上升和产量的下降会导致企业利润的下降。现在，随着金融市场的高风险以及投资硬资产（能源和黄金类股票、大宗商品、房地产和艺术品）能够获得不菲的收益率，经济周期已经进入了第三阶段。

在经济周期的第三阶段，货币供给增长、股票、利润等领先指标开始下降。美元也受到经济减速的影响走弱并进入调整期。在这个阶段，债券收益率持续上升，产量下降，大宗商品的价格上涨速度放缓并最终掉头向下。此外，通货膨胀上升，短期利率持续上行，美联储在控制信贷增长方面的态度是非常坚决的。在通货膨胀开始下降之前，美联储会一直采取这一政策。最终，债券收益率也会随着通货膨胀的下降而下跌。

经济周期的第三阶段并不适宜投资金融工具，而是比较适合投资硬资产。最终，经济将进入第四阶段。由于经济下行，美联储最终会实现让经济运行在其增长潜力水平之下的目标，而投资者也会发现通货膨胀下行的信号。

经济周期的第四阶段之所以非常重要，是因为之前所有下跌的指标在这个阶段将出现反转走势，并产生新的投资机会。在这个阶段，通货膨胀见顶后开始下降、债券收益率见顶、工资和企业成本下降。此时，债券的投资机会开始显现。现在，美联储认为通货膨胀已经得到了控制，经济也进入了相对平稳的阶段。

低通货膨胀和更低的债券收益率使得股票有了投资价值。短期利率会随着美联储逐渐释放信贷规模而开始下跌，而各种金融工具的赚钱效应越来越强。在这个阶段，大宗商品的价格走势疲软、通货膨胀下降、短期利率和债券收益率持续下行。最终，美元会因为在第二和第三阶段出现的过剩问题得到控制而走强。

当美联储意识到经济环境恢复正常时便会再次释放流动性。此时，随着所有的金融市场进入上升通道，经济周期已经非常接近第一阶段了。

各种指标在经济周期第一阶段出现的主要变化可以归纳为以下几点。

- 货币供给增长激增。
- 美元升值。
- 股票市场开始上涨。
- 通过产量、销售额、收入和就业率的增长情况进行衡量的经济稳中有升,但是仍然位于其增长潜力水平之下。
- 企业的利润触底反弹。
- 大宗商品价格持续疲软并最终见底。
- 短期利率持续下跌并最终见底。
- 长期利率持续下跌并最终见底。
- 通货膨胀持续下降并最终见底。

各种指标在经济周期第二阶段出现的主要变化可以归纳为以下几点。

- 货币供给加速上升并最终见顶。
- 美元持续走强并最终见顶。
- 股票市场继续上涨并最终见顶。
- 通过产量、销售额、收入和就业率的增长情况进行衡量的经济快速增长并位于其增长潜力水平之上。
- 企业利润快速增加。
- 大宗商品价格走强并开始上涨。
- 短期利率上涨。
- 长期利率上涨。
- 通货膨胀上升。

各种指标在经济周期第三阶段出现的主要变化可以归纳为以下几点。

- 货币供给增速持续下降。
- 美元贬值。
- 股票市场走弱。
- 通过产量、销售额、收入和就业率的增长情况进行衡量的经济持续下行并最终位于其长期增长潜力水平之下。
- 企业利润在持续增长后开始下降。
- 大宗商品价格疲软并最终下跌。
- 短期利率见顶后开始下跌。
- 长期利率持续上涨后开始下跌。
- 通货膨胀持续上升后开始下降。

各种指标在经济周期第四阶段出现的主要变化可以归纳为以下几点。

- 货币供给增速指标下降，只有在短期利率见顶后才会继续上升。
- 美元走势先抑后扬。
- 股票市场持续走弱后开始上行。
- 通过产量、销售额、收入和就业率的增长情况进行衡量的经济持续下行。
- 企业利率持续下降。
- 大宗商品价格疲软。

- 短期利率下跌。
- 长期利率下跌。
- 通货膨胀下降。

在接下来的章节中，我们将更加深入地分析各种金融市场，并且讨论哪种指标最适合评估资产的风险和预测未来的走势。

然而，在此之前我们必须先解决一个重要的问题——分析自从 1955 年以来发生在经济和金融市场的重要变化。为什么会出现这些变化？我们从中可以得到哪些启发？我们如何在吸取历史经验教训的基础上保证自己的投资组合不受损失？可以说，在 1955 年之后发生的事件对投资者制定长期的投资策略有着重要和深远的影响。这些内容我们将在下一章进行讨论。

第 6 章

经济与投资的长期趋势

控制投资风险需要解决两个基本问题。首先,投资者要选择那些能够产生绝佳盈利机会的资产。历史的经验告诉我们,在通货膨胀正在下降或者低通货膨胀时期,股票是最佳的选择。然而,在通货膨胀正在上升或者高通货膨胀时期,房地产和大宗商品会为投资者带来更高的收益率。其次,投资者要决定在特定资产上的投资比例。至于初期和后期的投资规模,则完全取决于投资者对短期和长期经济趋势的判断。

在前面的章节中,我们考察了能够帮助投资者发现重要的经济趋势以及可能存在风险和投资机会的领域的经济指标。在对这些主要的经济指标进行分析之后,我们将这些指标归纳为三个大类:领先指标、同步指标和落后指标。相对于经济增长的长期平均水平而言,经济的增长对金融市场和整个投资环境有着重要的影响。领先指标、同步指标、落后指标以及经济的相对变化与其自身的增长潜力相比,会对投资者的短期投资决策产生影响。这些决策可以解决投资过程中遇到的一些问题。例如,我现在应该怎么办?我应该在下个月采取哪种投资策略?那些随着经济周期的不同阶段出现的投资机会大且风险小的资产是什么呢?

在接下来的内容里,我们将继续深入分析每一种特别的资产,以及经济周期对其价格的影响。然而,投资者在此之前对基本的和长期的经济趋势有一个深入的了解是非常重要的。对于投资者来说,他们必须要知道自己生活在哪个经济时代。

以史为鉴

我们可以通过对20世纪发生的历史事件的分析获得很多经验和教训,但是本书只回顾发生在20世纪下半叶的经济和金融历史,并且试图从中获取那些能够直接影响投资者对金融市场进行评估的相关信息。通过分析,我们可以发现一些基本的趋势,而这些趋势有助于投资者制定选择资产时的策略和判断某些经济发展中存在的长期风险。

首先,我们将过去几十年的历史分为20世纪50年代至1968年、1968~1982年以及从1982年开始到20世纪末3个基本周期。这3个周期不仅让投资者吸取了经验教训,而且还为他们提供了判断主要经济和金融趋势的重要依据,而这一切又直接影响着他们的投资业绩。通过对这3个周期的研究,我们可以发现在不同的时期哪种资产最具吸引力、哪种资产的投资价值最小以及出现这种情况的原因。

这3个周期的明显区别主要是通货膨胀率。20世纪50年代至1968年的通货膨胀率得到了很好的控制。1968~1982年,美国和全世界的通货膨胀率上升到了前所未有的水平。从1982年开始，通货膨胀开始进入下行通道。我们将分析出现这种转变的原因，并且从中获取一些有利的投资参考。

从 20 世纪 50 年代到 70 年代，再到接下来的 80 年代，政策制定者运用杠杆控制着巨幅波动的价格。根据本书作者的观点，正是人民在最终推动政策制定者的行动方面发挥了强大的作用。

在第二次世界大战以及之后爆发抗美援朝战争的 20 世纪 50 年代，美国一直是世界上最强大的国家和全球经济的领导者。美国当时已经意识到了自己的强大以及对于全球事务的统治地位。战后的和平与繁荣让美国在 20 世纪 50 年代有了一种乐观和富有的感觉，而欧洲也和美国共同分享了这一成果。当全世界与工业化国家的人民意识到他们正在享受的幸福生活时，他们便试图寻求获得更多的福利。在 20 世纪 60 年代末 70 年代初，美国和欧洲国家的人民开始要求政府提供比当时更多的福利。

当人民呼吁政府提供和分享更多的财富时，工业化国家的政府规模开始变得越来越庞大。众所周知，如果一个国家的政府结构非常庞大，特别是官僚机构的规模十分庞大时，那么人民的生活将变得越来越低效。政府的效率低下和自身不断增加的支出使得通货膨胀的压力很难得到有效的控制。因此，在 20 世纪 80 年代末的时候，人们开始发现规模越来越庞大的政府并不是他们所希望的那样。人们不仅没有获得更多的福利，反而随着通货膨胀的上升，他们的财富变得越来越少了。

美国人民要求政府控制本国的通货膨胀率。而美国控制通货膨胀的尝试则经历了整个 20 世纪 70 年代。然而，建立在超出政府承受范围的社会发展规划和调控尝试则产生了非常严重的问题。随着政府的官僚机构数量猛增和通货膨胀的稳步上升，美国政府很快意识到它们要为所有的社会发展项目付出代价，而他们制定的很多调控措施最终导致了更高的通货膨胀。当然，我们必须为不断上升的通货膨胀付出代价，因为它直接导致了人们收入的下降。其结果是，美国在20世纪70年代末选举出了一位承诺以可行的方式控制通货膨胀并将使美国经济重新恢复往日稳定的国家元首。而经济的复苏则直到1982年以后才出现。

美国在20世纪70年代的尝试也影响到了欧洲。此时的欧洲同样经历了美国所面临的通货膨胀压力。欧洲的通货膨胀属于结构性问题。欧洲国家通过的很多保护工人的法律其实只是形式上的。但是这种刚性的法律在美国的经济体系中是不存在的。实际上，即使是在通货膨胀开始长期下降的20世纪80年代初期，欧洲经济也没有达到美国经济那样的活跃程度，这是因为欧洲对劳动法的刚性要求使得它们对在职员工的保护力度远远大于那些正在寻找工作的人。

从1982年起，低位运行的通货膨胀虽然出现了其他问题，但同时也创造了大量的财富。那些政府机构非常庞大的国家在管理上已经越来越举步维艰了，因此它们必须寻求解决方法。这些国家的内部早已经埋下了崩溃的种子并且充斥着极高的通货膨胀率。当美国人民呼吁降低通货膨胀的时候，美国政府通过削减政府机构让通货膨胀下降，从而创造了大量的新机会。美国的这届总统以一种非常积极的方式成功地降低了本国的通货膨胀率。当然，通货膨胀的下降要求人民务必提高自身的效率，因为当政府致力于控制通货膨胀时，效率低下在这个国家是绝对不能容忍的事情。可以说，政府被迫进行精简及其反映出来的国家情绪是绝非偶然的。

当20世纪的经济环境由一个低通货膨胀时期进入一个高通货膨胀时期，随后又再次回到低通货膨胀时期的时候，人口因素对这些变化产生了重大的影响。人们在20世纪五六十年代创造了巨额的财富，但是这笔财富在70年代又得而复失，而人们在80年代又让财富重新掌握在了自己手中。在此期间，精明的投资者已经发现并且充分地利用了这种经济趋势。

投资者是如何通过公开的信息察觉到这些巨大变化的呢？我们将通过主要的参数敏锐地观察那些政策制定者所遵循的能够对未来几十年产生重大影响的政策。

实际短期利率

为了应对从20世纪50年代开始不断变幻的投资环境，我们有必要搞清楚实际短期利率对经济和通货膨胀的影响。实际短期利率在经济中发挥着非常重要的作用，这一点对于美国经济和其他任何一个经济体来说都是一样的。它与金融市场和硬资产的价格有着紧密的联系。同时，实际短期利率还可以用来衡量外国经济走势的强弱，进而评估海外投资是否具有吸引力。这一点我们将在本章后面的内容里详细讨论。

短期利率是指期限在一年以内出借和偿还的货币价格。在我们的分析过程中使用的是13周国债利率，其代表着美国政府周期为13周的贷款应当偿还金额的利率。我们之所以选择这个利率，是因为它对市场环境的变化反应非常迅速。此外，13周国债利率还具有在美联储政策公布之前率先启动的特点。最后，我们还将分析美联储与利率之间的关系。现在，我们暂且接受美联储对短期利率，特别是13周国债利率的水平和趋势产生重要影响的事实。

我们将短期利率和通货膨胀的关系称为**实际短期利率**。通货膨胀衡量的是消费者物价指数（CPI）或者核心消费者物价指数（这些数字在长期内是相同的）在过去的 12 个月当中的变动情况。这些数据可以从美国劳工统计局获得。由于美联储具有调整短期利率水平的权力，因此它对实际短期利率水平的影响是直接的。另外，实际短期利率水平影响着实际长期利率水平，也就是说，它代表着投资者和企业进行长期贷款操作时货币的价格。有数据显示，实际短期利率在 20 世纪 70 年代处于较低水平，而同时期的实际长期利率水平也是很低的，甚至位于 20 世纪的平均短期利率水平之下。另一方面，在 20 世纪 50 年代和 1982 年之后的数年里，实际短期利率和实际长期利率都位于各自的长期平均水平之上。

在 20 世纪的绝大部分时间里，实际短期利率一直围绕着 1.4 的水平震荡。历史数据表明，当投资者在制定长期投资策略时，1.4 这个数值具有非常重要的参考价值。纵观 1955 年以来的历史，只要实际短期利率保持在接近或者高于 1.4 的水平，通货膨胀往往都能够得到很好的控制。

实际短期利率在 20 世纪 50 年代到 1967 年这段时间里的数值是非常接近 1.4 的，而通货膨胀在这期间的绝大部分时间里始终保持在 0%～3% 的水平。然而，实际短期利率在 1968 年以后开始从 1.4 的水平大幅下跌到 -7 的水平。这也就意味着利率在 20 世纪 70 年代的大部分时间里都位于通货膨胀的水平之下。正是由于这个原因，当时的人们常说通货膨胀会替你偿还贷款。也就是说，借钱的成本要低于通货膨胀。

1980～1981 年，利率大幅上涨到 1.4 以上的水平，并且在整个 20 世纪 80 年代徘徊在接近于 5 的水平。换句话说，短期利率要比通货膨胀水平高出 5 个百分点。其结果是，越来越值钱的货币在通货膨胀从15%骤减到2%～2.5%的过程中起到了决定性的作用。从20世纪80年代初开始，实际短期利率始终位于1.4这个数值之上，只是在1992～1993年由于严重的房地产危机，使得货币的价值被人为地降低以刺激银行体系。

然而，实际短期利率在1994年之后再次回到了1.4的水平之上，而同期的通货膨胀也达到了接近2%～3%的水平。我们从20世纪获得的最主要的教训是：随着美联储将实际短期利率长期控制在低于1.4的水平，20世纪70年代的通货膨胀率从将近3%的水平大幅上涨到15%。在1968年之前和1982年之后的时间里，当实际短期利率接近或者超过1.4的水平时，通货膨胀率始终在2%～3%的水平。

实际长期利率与实际短期利率在20世纪的表现基本上是一致的。在20世纪大部分的时间里，如果将10年期债券的收益率作为实际长期利率的话，那么其收益率要低于通货膨胀率，始终围绕在2.75的水平上下。从1955年开始，由于实际长期利率和实际短期利率的表现基本相同，人们可以很清楚地将实际长期利率的走势分为3个主要阶段。

1955年和1966～1967年两个时期，实际债券收益率已经非常接近2.75的水平，而10年期债券收益率则仍然保持在接近4%的水平。1965～1982年，实际债券收益率从低于2.75的水平大幅下跌到-4的水平。在此期间，当长期债券的收益率低于通货膨胀的水平时，通货膨胀率开始飙升。其结果是，债券收益率在20世纪70年代从5%攀升到15%的水平。

然而，从1982年伊始，实际债券收益率和实际短期利率从2.75的水平上涨到了7%的水平，而这一数值显然位于通货膨胀率之上。自1982年以来，实际债券收益率已经长期保持在2.75以上的水平,而债券收益率则从 15% 下降到将近 6%~7% 的水平。

目前,关于实际短期利率和实际长期利率与通货膨胀和生产率水平之间的关系众说纷纭。然而,我们需要重点关注的是 20 世纪实际短期利率和实际长期利率与通货膨胀走势之间的联系。正如我们之前提到的那样,它们之间的联系分为 3 个主要阶段:

- 1967 年之前;
- 1967~1982 年;
- 1982 年之后。

20 世纪 70 年代的事实证明,大幅飙升的通货膨胀率与大幅上涨的债券收益率是和非常低的实际利率同时存在的。虽然其他两个时期也存在着同样的现象,但是它们的主要特征是很低或者正在下降的通货膨胀和维持在高位的实际长期和短期利率。世界其他经济体在此期间的表现也验证了这一点。那些实际利率很低的国家通常要比那些实际利率很高的国家存在着更高的通货膨胀率。实际长期利率与一个国家的经济和生产率增长同样存在着紧密的联系。长期利率的走势及其在投资者的投资组合中发挥的作用将在后面的章节中讨论。

在讨论实际短期利率的时候,我们假设美联储在决定利率水平时起到了非常重要的作用。在我们看来,这不仅仅是实际利率为什么会时高时低的问题。我们的目标是弄清楚利率水平与经济和通货膨胀环境之间的关系。

为什么实际利率水平会对经济产生如此重大的影响呢?其实答案很简单,因为实际短期利率的水平决定着货币价格的贵与贱。当货币的价格相对于通货膨胀比较高时,货币就会非常昂贵。因此，消费者、企业和投资者在使用他们的资金时就会更加谨慎小心。另一方面，当实际短期利率下降的时候，货币就会很便宜，人们贷款和支出的意愿就会加强。

为什么低实际利率会引发通货膨胀呢？我们以20世纪70年代为例，当实际利率很低的时候，货币的价格就会接近或者低于通货膨胀的水平。由于房地产价格与通货膨胀的上涨速度基本一致，因此消费者和投资者就会通过大举借债的方式购买房地产，而且他们都会为此大赚一笔。这是因为资产价格的上涨不仅足以偿还他们的银行贷款，而且还不存在任何风险。所以，越来越多的人认为购买房地产是最简单的资本保值方式。其结果是，随着房地产部门的繁荣，房价大幅上涨。总之，由于货币的贬值，低水平的实际短期利率通过人们对商品的过度需求刺激了通货膨胀的上涨。

同样地，实际利率还影响着企业的投资决策及其投资标的的选择。例如，处于高位的实际长期利率会迫使企业投资那些能够产生更高收益率的项目。然而，投资高收益的项目除了需要承担很大的财务负担，还要求具有很高的科技含量。我们假设一家制造业企业由于要提高生产能力而计划扩大厂房，但是这个项目需要企业自己支付所有的费用。也就是说，这个项目产生的利润，或者投产后的收益率，必须要大于该项目的支出成本。我们假设长期利率是8%，而通货膨胀率是7%。那么，这个项目只有在收益率高于8%的情况下才能够实施，因为8%是企业的贷款成本。然而，由于通货膨胀率是7%，也就意味着企业一年可以提价7%，从而抵消7%的贷款成本。因此，该项目只有在收益率达到最少1%的水平时才有利可图。显然，在某个项目上实现1%的增值并不是件困难的事情。可以说，任何对现有机器设备的细微改进都可以获得 1% 的收益率,从而使该项目产生盈利。

然而,如果我们假设当前的长期利率是 8%,而通货膨胀率是 2%,那么该项目只有在收益率大于其 8% 的贷款成本时才有利可图。根据我们的假设,企业一年可以提价 2%,而这部分资金只占全部贷款成本的 2%。因此,这个项目在扣除通货膨胀因素后至少需要达到 6% 的收益率才能够实现盈利。所以,这个项目的实施难度要比之前提到的那个项目大得多,因为企业要实现的收益率已经上升到了 6% 的水平。为了实现这个目标,企业必须聘请各个领域的专家研究如何提高生产率才能达到至少 6% 的收益率。结果,企业发现只有在大量使用计算机、编程以及其他技术革新的情况下才能够实现既定目标。

以上两个案例的关键之处在于,实际利率水平在企业选择可以实施的项目类型方面有着非常重要的影响。企业的实际货币成本越高,其选择的项目复杂程度也就越高,这是因为这个项目必须能够获得更高的收益率。某一项目能够实现很高的生产率,是通货膨胀在实行高实际利率期间能够得到有效控制的主要原因。

我们虽然以一家企业为例进行了分析,但是一个国家的所有企业都会受到高实际利率的影响。当所有的企业都试图达到同一个目标时,也就是说,当企业因为高货币成本而选择实施能够带来高收益率的项目时,整个国家都将因此而变得更具生产效率。这也正是通货膨胀在下降,而整个国家的生产率却不断提高的原因。然而,通货膨胀的不断下降并不意味着企业可以随意地提高产品价格,因此企业的边际利润率会受到挤压。另外,高实际利率会迫使企业选择高收益率、高生产率的项目。其结果是,整个国家的生产力都得到了提升,就像 20 世纪 80 年代之后的美国所经历的那样。

当实际短期利率和实际长期利率同时位于低水平时，情况就完全不一样了。从财务的角度来看，由于这个时期的货币贬值为企业投资任何项目提供了合理的理由，因此企业并不需要投资那些具有高收益率的项目。这就导致了低生产率和更高的通货膨胀。我们在前面提到的低实际利率之所以不会刺激企业进行革新，是因为对效率进行任何轻微的改进都会让这个项目得以延续。由于实行低实际利率的同时通货膨胀在不断上升，所以企业通过提高产品价格而不是投资高科技项目就可以增加其边际利润率。美国和欧洲在20世纪70年代的经历告诉我们，高通货膨胀与逐渐下降的生产率水平、资本价值和收益的预期逐步增长，以及低实际利率有关系。

美国（或者世界上任何一个国家）的高实际短期利率是美联储或者任何一个国家的中央银行让货币越来越昂贵的信号。在这种情况下，消费者和投资者对资金的支出会更加谨慎，从而使得通货膨胀得到有效控制以及生产率得到不断提高。

由于企业不能随意提高价格，因此通货膨胀的下降会导致企业生产率的上升。其结果是，企业提高边际利润率和盈利能力的唯一途径就是提高生产率。这也正是科技类股票在通货膨胀非常低的时期表现抢眼的原因。实际上，从20世纪80年代开始的科技繁荣之所以没有出现在20世纪70年代，是因为当时企业的边际利润率只需要提高产品价格就可以轻易实现，不需要在技术方面有所投入。毫无疑问，随着通货膨胀的下降，企业的定价权也会随之下降；这样一来，企业就无法通过提高产品价格而提高其边际利润率，只能通过提高生产率来负担和削减成本。然而，我们也会遇到不同步的情况。例如，美国的通货膨胀在20世纪八九十年代下降的时候，不论经济总体水平还是制造业水平，其生产率都出现了大幅飙升。也许有人会说，低通货膨胀对整个美国企业和科技部门是非常有利的，原因是人们对通过技术提高生产率和盈利能力的观点非常认同。

低实际短期利率意味着货币的价值很便宜，消费者和企业不需要在支出上精打细算，通货膨胀和低生产率随之出现。通过上面的分析，我们可以看到实际短期利率和实际长期利率是如何对1955年以来的经济和资产价格的巨大变化产生影响。

长期投资趋势中的评估变化

美国经济及其金融市场在1950年以后的迅猛发展是和美国的实际利率水平分不开的。当然，这其中也有其他的各种因素在起作用，例如，战争、从小政府到大政府的政府政策变化以及福利国家的增加。与此同时，我们还会被那些刊登于头版头条的具体设想和政治取向所误导。有时候，我们确实需要一个更加倾向于福利国家的政府作为解决公民在保险、医疗救助和日间护理等问题的守护人。然而，所有这些倾向都是要付出代价的，但是政治家们似乎又不想知道什么时候该停止这些事情，或者说就这件事而言没有人愿意知道最后的答案。也许人们只有在问题被无限放大且需要马上解决的时候才会意识到这一点。

美国在20世纪70年代的发展历程可以说是这方面的典型案例。美国政府在此期间向其人民提供了更多的援助。与此同时，美国还卷入到了战争的漩涡当中。对于普通人来说，他们很难意识到当时发生了什么，而普通公民也很难评估政府做出不增加税收的决策所造成的影响，尽管政府已经做出参战以及实施约翰逊总统提出的伟大社会计划⊖的决定。对此，只有通货膨胀才是唯一的解决方法。当然，通货膨胀对金融市场的破坏是非常严重的，投资者在导致价格出现难以预测的上涨的政策面前显得束手无策。正是因为政策对通货膨胀、投资收益率和投资策略的影响，普通投资者需要在一个公正的框架内评估并制定自己的投资策略，他们需要更加精确的数字和其他信息才能够做出最终的决策。因此，能够精确描述当前社会发展情况的数字就是根据美联储公布的政策而制定的实际短期利率水平。在从20世纪60年代向70年代过渡期间，普通投资者已经意识到逐步上升的通货膨胀和开始下降的实际利率背后肯定发生了一系列不为人知的事情。当通货膨胀开始长达十年的上涨时，美元便开始了其缓慢而稳定的下跌趋势。

当20世纪70年代的实际短期利率大幅下降到低于1.4的水平时，投资者明白这显然是为通货膨胀营造宽松的环境。需要注意的是，实际短期利率保持或者超过1.4的水平时，通货膨胀是非常稳定的。然而，实际短期利率下降到1.4的水平以下而通货膨胀却大幅攀升的情况只出现在战后时期（第二次世界大战）。

在20世纪70年代出任联邦公开市场委员会理事的亨利·沃利克（Henry Wallich）博士曾经指出，20世纪70年代的实际短期利率过低，即使是在短期利率从20世纪60年代末的3%飙升到1982年的20%期间也是如此。他认为货币的贬值导致了通货膨胀。然而，从美国政府决定通过不再增加税收的方式为其伟大的社会计划和越南战争进行融资以来，美联储清楚只有让货币贬值才能够实现这一目标，因此，实际短期利率已经不存在上涨的空间了。

⊖ 该计划是美国前总统约翰逊提出的社会福利计划。——译者注

1968年，美联储为了控制通货膨胀选择了上调利率，进而造成了1969～1970年的经济衰退。通货膨胀由于受到经济增速放缓的影响开始下降，但是当实际利率持续走低时，货币贬值的速度却没有放缓的迹象。

从1970年年底开始，通货膨胀已经从1972年的4%上涨到了1974年的6%。让人担忧的是，不断上升的通货膨胀存在失去控制的可能，因此美联储决定在1972年再次上调利率，从而导致了1973年的经济衰退。这一次，经济增速的放缓导致通货膨胀从6%下降到了4%的水平。然而，由于这期间的实际短期利率水平很低的缘故，随之而来的经济扩张仍然伴随着很高的通货膨胀率，到1982年，通货膨胀率已经攀升到了15%的水平。

美国在20世纪70年代的经验教训表明，伴随着低实际短期利率而来的是飙升的通货膨胀和经济的大幅波动，而美联储则被迫通过每两年一次的经济衰退来控制通货膨胀（见图6-1）。随着黄金价格从每盎司35美元飙升到800美元，以及原油价格从每桶25美元上涨到40美元，大宗商品的价格也出现了大幅上涨。不断上升的通货膨胀和更低的生产率导致了工资水平的上涨。其结果是，单位劳动力成本（工资与生产率的差）快速上涨，企业的盈利能力也出现了大幅下滑。在飙升的通货膨胀和糟糕的经济环境的影响下，美元崩溃了。德国马克与美元之间的汇率从之前的3.2德国马克兑换1美元上升到了1990年的1.5德国马克兑换1美元。此外，日元也出现了大幅升值，日元兑美元从340日元兑换1美元上升到了85日元兑换1美元的水平。

当20世纪70年代的黄金、原油、工业金属、房地产和其他大宗商品的价格齐涨时，硬资产的收益率是非常可观的，而这个时期金融市场的收益率却十分惨淡。1982年，当10年期国库券的收益率从 5% 上涨到 15% 的水平时，债券的价格出现了崩盘。股票市场在 1968 年的糟糕表现说明企业的盈利能力已经降到了冰点。

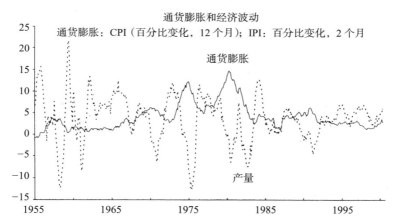

图 6-1 有些读者可能会记得 20 世纪 70 年代的通货膨胀率从 3% 上涨到 15% 的水平，从而导致了经济的巨幅波动。当通货膨胀下降到 1960 年的水平时，经济周期在 20 世纪 60 年代和 1982 年之后的表现非常稳定

显然，20 世纪 70 年代的 10 年注定是不平凡的，它让我们吸取了不少经验教训。其特征可以归纳为以下几点。

- 实际短期利率低于 1.4% 的水平。
- 通货膨胀不断上升。
- 大宗商品价格不断上升。
- 经济周期的波动幅度加大。
- 生产率增长缓慢。

- 由于不断上升的通货膨胀可以提升企业的盈利能力,因此企业可以提高产品的价格。
- 科技方面的投资下降。
- 房地产和土地价格飙升。
- 长期利率上涨。
- 债券价格下降。
- 股票市场 1968～1982 年经历了长达 15 年的横向市场,股票价格已经跌无可跌了。

美元在 20 世纪 70 年代的疲软走势反映了美国经济的不景气。在这十年当中,由于欧洲主要货币和日元兑美元的升值,使得外国投资变得越来越有吸引力。如果投资者仔细观察 1955～1968 年以及 1982 年之后的年份,就会发现这段时间的主要特征是实际短期利率长期位于 1.4% 的水平之上。1982 年以后,实际短期利率更是位于其长期平均水平之上。通过让扣除物价因素之后的货币变得越来越昂贵,美联储让消费者和企业在支出和投资上面变得越来越明智(见图 6-2)。

低通货膨胀意味着企业不能够随意提高产品价格。因为价格的上涨反映的是当前正在减弱的通货膨胀压力。如果没有利用价格杠杆提高边际利润率,那么企业就必须通过重组、精简作业、裁员和简化组织结构等其他策略来提高自己的盈利能力。除此之外,企业还可以通过对技术和先进生产工艺的大量投资提高生产率(见图 6-3)。

可以说,科学技术在通货膨胀横行的 20 世纪 70 年代的停滞不前和在 1982 年之后的繁荣发展绝非偶然。每当新科技问世,科技类股票都会出现井喷行情。

通货膨胀和实际利率

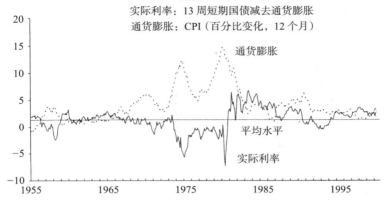

图 6-2 随着 20 世纪 70 年代实际短期利率持续低于其历史平均水平,通货膨胀开始上升。当实际利率长期位于其历史平均水平之上时,通货膨胀在 20 世纪 60 年代和 1982 年之后处于较低的水平

美国的生产率增长情况

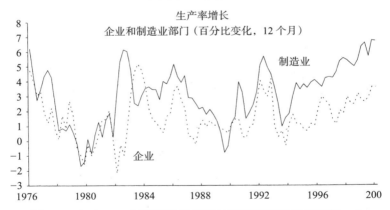

图 6-3 由于 1982 年以后通货膨胀的不断下降和低位运行,企业无法利用定价权来提高自己的边际利润率。因此,企业只有依靠提升生产率来消化生产成本和提高盈利能力。其结果是,从 1982 年起,美国进入了生产率增长大爆发的阶段

随着生产率的提高，单位劳动力成本维持在一个相对稳定的水平，即使是在工资水平以 3%～4% 的速度增长的情况下也是如此。但是我们必须看到，只要实际利率上涨且通货膨胀低位运行，科技类股票就将延续自己的上涨行情。

与此同时，通货膨胀和更高的生产率将会创造一个稳定的经济环境，但是由于消费者对美国针对伊拉克发动的海湾战争产生的恐慌，而在 1990～1991 年出现过轻微的经济衰退。

当通货膨胀率从 1982 年以后的 15% 下降到 2% 的水平时，美国 10 年期债券的收益率从 10% 骤减到 5%，股票价格也随之大幅上扬。低通货膨胀还意味着大宗商品价格的下跌。例如，黄金价格从每盎司 800 美元下跌到 300 美元，原油价格从每桶 45 美元下跌到 15 美元。至于反映着通货膨胀缓慢增长的房地产，则没有在 20 世纪 70 年代出现价格暴涨的现象。金融资产在这个时期的表现也是相当出色的。然而，贵金属等硬资产的表现则非常糟糕——这也充分反映了 20 世纪 70 年代的经济现状。

然而，发生在 1992～1993 年的房地产和储贷危机迫使美联储通过货币贬值的方法保证了美国经济免于受到冲击，并且通过收益率曲线异常陡峭的做法提升了银行的盈利能力。这段时间也是此前一直运行良好的经济环境唯一一次出现震荡的时期。相对于通货膨胀而言，短期利率则持续保持在低位运行。这种放松银根的时期一直持续到 1994 年，而我们也能够从中看到 20 世纪 70 年代经济的影子：不断上升的通货膨胀和债券收益率、上涨乏力的股票价格、暴涨的大宗商品价格以及表现疲软的美元。

1982 年以后发生的很多事情都与 20 世纪 50 年代非常相似。20 世纪 50 年代的实际短期利率一直位于 1.4 的历史平均水平之上。通货膨胀围绕在 3% 上下，债券收益率也比较稳定，股票市场表现强劲，美元也成为通用货币的首选。黄金的交易价格为每盎司 35 美元，经济在此期间只出现过两次轻微的衰退。金融资产已然成为稳定投资的不二选择。在 1982 年以后的几年里，通货膨胀的下降使得投资债券和股票能够获得不菲的收益，而贵金属和房地产等硬资产的收益率则远不如债券和股票。虽然我们很难发现哪个单独的指标能够让投资者清楚自己所处的经济时代，但是通过简单且容易获取的实际短期利率，我们可以对从 20 世纪 50 年代到 70 年代，再到 1982 年以后的时期所发生的重大转变做出解释。

运用利率评估国外投资的风险

在货币市场这个非常敏感的市场中，利率能够对经济增长和整个金融环境中发生的任何细微变化做出快速调整。正是因为这种敏感性，我们才能够从客观的角度观察投资环境的具体状态。悉尼·霍默（Sydney Homer）曾经说过："利率是任何一个经济体的体温剂。"

利率的上涨是强势经济的直接体现，因此在这个时候投资股票的风险是非常大的。股票市场在利率上涨期间的表现往往是差强人意的。对于投资者来说，这个时期可以投资的领域有两个。

- 投资货币市场工具，其投资收益基本等同于短期利率产生的收益。
- 在股票市场中挑选那些在此期间表现异常的股票。然而，这需要长期的观察和特殊的选股工具。

另一方面，利率的下跌向投资者发出了经济下行和股票市场投资机会重现的信息。利率和股票价格之间的关系以及反转点让我们想到了股票价格是领先的经济指标，而利率是落后的经济指标。

除了观察利率所包含的经济发展趋势，我们还要持续跟踪利率的水平。1955 年以来，美国的平均短期利率水平一直保持在 5%～6%。利率水平距离其平均水平越远，这个国家的经济和金融就会受到不同程度的干扰。例如，美国 20 世纪 70 年代的短期利率已经上升到了 20% 的水平，远远超过其 5%～6% 的平均水平。当短期利率上升到 20% 的水平时，经济周期就会变得越来越不稳定，通货膨胀将上升到更高的水平，而社会的失业率也将创历史新高。由于美国深受社会问题和战争的困扰，所以从经济的角度并不能判断出当前到底发生了什么。国内的政治和货币政策更是乱作一团。因此，通货膨胀对投资、金融资产和公司的业绩会产生非常负面的影响。毫无疑问，利率上涨到超出预期的水平会导致金融资产的收益率直线下降。

如果利率低于 5%～6% 的平均水平的话，那么这个国家的经济就会出现非常严重的问题。经济增长停滞不前、失业率飙升、硬资产价格下跌，通货紧缩将成为新的主要问题，而企业也会因为试图通过降价继续生存而导致其业绩和盈利能力不断地恶化。利率下跌到 5%～6% 以下意味着由于商机的减少，市场对货币的需求也在下降。

当利率下跌到接近 1%～2% 的水平时，美国所面临的不是通货膨胀，而是通货紧缩问题。通货紧缩是指企业被迫降价销售的情况。价格的下跌对企业的盈利能力和边际利润率的影响是负面的。因此，企业要想生存就必须大幅削减成本。然而，削减成本意味着裁员、去库存以及为了削减利率成本而暂缓产能扩张。当然，这种恶性循环会让任何类型资产的环境不断恶化。

在这样的经济环境下,一个国家的货币将处于非常弱势的地位,正如20世纪30年代的美国和90年代的日本那样。然而,有一点我们必须承认,一个将利率维持在5%～6%水平的国家,其稳定的政治环境和健全的金融市场,肯定会让其经济体系良好地运转。对于国会、美联储,或者任何一个国家的政策制定者而言,利率是对其金融市场政策认可或者不认可的标志。

利率的表现为我们提供了任何一个国家经济情况的重要线索。这些信息可以从大多数报刊每天的金融版面或者互联网上获取。我们可以通过这种简单、快速和有效的方式了解到世界都发生了什么。一个国家的利率水平越接近5%～6%的水平,其经济表现越强劲,这是因为利率体现了这个国家的经济稳定和低通货膨胀。在这种情况下,这个国家的政策制定者执行其政策的决心非常坚决,而且其货币也非常坚挺。

然而,在我们的结论中还要考虑另外一个易于检验的因素。这个因素就是实际利率水平,它是通过用短期利率减去通货膨胀得出的。例如,如果一个国家的利率水平是20%,通货膨胀是10%,那么其实际利率就是非常高的——也就是说,其实际利率是通货膨胀水平的大约两倍。这意味着该国的目标是抑制通货膨胀,而其货币政策将有助于这个目标的实现。

另外,假设这个国家的短期利率是10%,通货膨胀是15%,那么该国的实际利率就会因为低于通货膨胀的水平而显得过低,这个国家也不会遵循有助于降低通货膨胀的政策。实际上,由于这个国家的利率水平低于其通货膨胀水平,而其所采取的政策将会导致更高的通货膨胀。因此,这个国家的利率水平只有达到25%～30%的水平才有可能将通货膨胀控制在15%之下。每个星期出版的《经济学人》杂志将会公布这些数据。

评估风险

我们接下来将从投资的角度来分析如何利用已知的数据评估一个国家的风险。假设 A 国的利率水平是 30%，而 B 国的利率水平是 15%。市场认为虽然两个国家的利率都远远高于 4%～5% 的基准水平，但是 B 国要比 A 国的情况好得多。这两个国家都没有遵循有效的经济和金融政策，因此都处于比较高的风险等级。此外，我们还假设 A 国的通货膨胀率是 29%，而 B 国的通货膨胀率是 10%。由此我们得出结论，B 国的实际利率要明显高于 A 国。这些信息表明，B 国的政策制定者通过让其货币升值的方式控制通货膨胀的决心要明显强于 A 国。由此可见，B 国的管理水平要强于 A 国，我们应当以 B 国作为榜样。

然而，我们还要将 A 国和 B 国的货币价值这一因素考虑进来。实际上，由于 B 国采取了更加稳健的政策，所以 B 国货币的价值要强于 A 国货币的价值。正因为 B 国货币相对于 A 国货币属于强势货币，因此你在 B 国的投资会对你自己的本国货币起到对冲的作用。B 国货币的升值会让你的投资稳赚不赔，其他方面的事情也是如此。

为了让我们的分析更有乐趣，我们假设 C 国的利率是接近 4%～5% 的水平，而其通货膨胀是 2%。显然，C 国的情况要比 A 国和 B 国还要好，这是因为更高的实际利率和利率水平已经达到了非常理想的水平。而这正是 20 世纪 90 年代的美国所处的经济环境。所以，相对于 A 国和 B 国，C 国的货币无疑是硬通货。如果投资者想在 C 国投资，那么他应该怎么做呢？如果投资者将他的钱放在 A 国或者 B 国，那么相对于用 C 国的货币投资而言，他用 A 国和 B 国货币进行的投资注定是要贬值的。即使投资者在

A 国和 B 国的投资赚到了钱,那么他们也会因为这两个国家的货币相对于 C 国货币的贬值而面临亏损。

这个案例告诉我们,投资者应该将他们的资金存放在那些货币保持坚挺的国家。这是第一条也是最重要的一条投资法则。毕竟,预测一个国家货币的走势是一件非常棘手且困难的事情,所以普通投资者是无法轻易做出这个决定的。然而,我们列举的这个案例为投资者提供了简单且实用的投资参考。

归根结底,国外投资并不像有些人说的那样简单,因为我们有很多决策需要考虑。例如,对一个国家的评估、这个国家可能会出现的风险、该国货币的价值以及通过美元走势判断该国货币的后续走势。此外,我们还会涉及在外国买入股票的问题,因为要想在这个市场买入优质公司的股票确实是太难了。这对于那些对国外投资持乐观态度的投资者来说非常重要。坦率地讲,这是一件不可能完成的任务。

投资影响

为了制定长期的投资策略,投资者需要密切关注当前的实际短期利率水平。我们知道,如果实际短期利率低于 1.4,或者短期利率低于通货膨胀水平的两倍,那么几乎任何一个国家都有可能出现下面的情况。

- 日益加剧的通货膨胀。
- 不断上涨的大宗商品价格。
- 经济和金融周期出现波动。
- 生产率增长速度非常低。

- 极低的经济增长。
- 企业更倾向于提高价格,而不是通过投资提高其生产率。
- 对科技的投资下降。
- 房地产价格飙升。
- 土地价格暴涨。
- 艺术品和硬币价格上涨。
- 长期利率上涨、债券价格下降。
- 短期利率上涨。
- 股票价格长期下跌,跌幅在 20% ~ 40%。

另一方面,当实际短期利率接近 1.4 或者高于这个水平,或者短期利率是通货膨胀水平几乎两倍的时候,以上提到的经济运行趋势将会出现反转。

本章主要介绍了利率、利率的水平及其运行趋势,这对于投资者制定投资策略来说是非常重要的。我们对利率的详尽解释为投资者制订成功的投资计划提供了非常实用的参考。高于平均水平的实际利率意味着政策的制定者控制通货膨胀且保持稳定的经济环境的决心。实现这一目标的前提是该国的货币必须是坚挺的。在这种情况下,投资债券和股票等金融资产是最理想的,而对房地产、艺术品、硬币、贵金属和大宗商品等硬资产的投资则要尽量回避。此外,如果短期利率接近 5% ~ 6% 的水平,市场的表现就会验证这个国家采取的政策是有效的且在短期内不会出现问题。

如果实际短期利率非常低,或者已经到了一个非常糟糕的水平,而利率又低于通货膨胀的水平时,那么这个国家一定存在着非常严重的问题,而其货币当局也会通过实施宽松的货币政策来掩饰这些问题。其结果是，货币供给大幅增加，实际利率仍然维持在很低的水平。这样一来，这个国家就面临着更高的通货膨胀、更高的大宗商品价格、不稳定的经济环境以及疲软的货币。在这种情况下，投资硬资产则很有可能获得不错的结果。需要注意的是，一定要优先考虑在货币表现强势的国家投资，而远离那些弱势货币的国家。

我们发现投资策略的制定会受到很多因素的影响。当我们开始制订投资计划的时候，经济的发展趋势、增长情况及其发展势头是我们需要重点考虑的决定性因素。利率以及实际短期利率的水平和发展趋势为我们评估股票和其他资产的风险与机会提供了重要的线索。实际利率的高与低主要取决于货币政策的实施，同时，它也是我们在制定投资策略过程中需要关注的主要参数。可以说，股票的价格和本国货币的运行趋势是这些因素的集中体现。

上文提到的大部分影响经济的因素都是由美联储决定的，而美联储的一举一动则影响着大宗商品、通货膨胀、经济增长、流动性和利率水平的走势。我们将在下一章讨论有关美联储的内容。

第7章

中央银行与投资

毫无疑问，利率水平的发展趋势是投资策略制定过程中最重要的变量之一（见图7-1）。此外，利率水平还影响着股票市场、美国经济、通货膨胀以及美元相对于其他货币的走势。所以，了解短期利率是由谁决定以及如何决定是非常重要的。

任何国家的中央银行——就像美国的美联储，是一个国家中被赋予法定权力，足以影响短期利率水平和趋势的机构。因此，中央银行对金融市场有着非常巨大的影响力，而聪明的投资者则更应该知晓中央银行是如何作用于经济本身的。

为了理解美联储的运转方式，我们首先要知道它的组织结构和制定货币政策的过程、货币政策对货币供给增长的影响以及具体的货币政策工具都有哪些。

美联储决定的另外一个重要变量是实际利率水平，我们在前面的章节中已经讨论过这个重要的变量是如何对我们所期望的金融市场产生影响的。

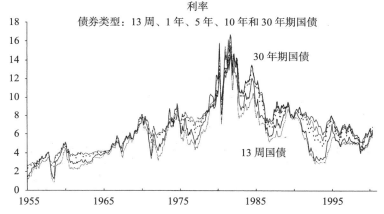

图 7-1　利率是所有经济体的体温计。当利率超过 5%～6% 达到更高的水平时，那么这个国家就会出现经济的不平衡以及日益加剧的通货膨胀。反之，当利率低于 5%～6% 且位于更低的水平时，这个国家越来越失衡的经济环境就将导致通货紧缩

当数家银行在 20 世纪 70 年代的经济危机中倒闭的时候，美联储通过对市场的干预才缓解了危机对经济的冲击。对于我们来说，意识到这一点是非常关键的。银行倒闭的原因主要有两个。首先，不断上涨的利率水平导致了银行成本的上升，这是因为银行必须以更高的利率借入资金，然后再将其放贷出去。由于美联储收紧银根的做法和强劲的经济环境产生了通货膨胀压力，所以利率的上涨严重挤压了银行的利润空间。

其次，有些银行将贷款组合投向了一些边缘客户。在利率上涨期间，这些客户发现自己已经无力偿还这些贷款了。其结果是，受短期利率上涨的影响，作为银行主要收入来源的贷款组合问题频发，从而加速了银行的倒闭。当美国的房地产在 1992～1993

年出现问题并导致了后来的储贷危机时,就出现过大量银行倒闭的情况。当1997年爆发的亚洲金融危机,特别是1998年爆发的巴西和俄罗斯金融危机席卷全球的时候,银行大规模倒闭的情景再次出现。

在经济危机期间,为了继续生存且确保危机不会扩散到其他经济部门和世界上其他的经济体,中央银行就发挥了其向银行体系注入流动性的重要作用。鉴于银行面临着由于短期利率不断上涨以及与其贷款组合有关的问题,中央银行意识到银行体系遇到了非常严重的问题。而且,这些具体的问题都是与中央银行的联系非常紧密的。然而,主要银行的倒闭,或者是像1997年的亚洲这样的全球主要地区出现金融危机,都会迫使中央银行向其银行体系释放额外的流动性,从而确保银行体系的问题不会波及经济的其他方面。

显然,美联储强大的影响力是毋庸置疑的。它对美国经济、通货膨胀和货币供给的影响是巨大的。此外,美联储还会对那些遇到困难的机构和国家提供援助,以保证它们的经济能够有序地实现扩张。对于投资者来说,美联储在处理危机时运用的各种工具和货币政策都会暗示着不同的信息。我们现在就来分析美联储的运作方式及其对投资者的影响。

联邦储备体系

在美联储1913年正式成立之前,美国就已经受到了金融危机的困扰。当时的金融危机导致了社会恐慌,人们纷纷跑到银行提现。特别是发生在1907年的那次严重的恐慌所导致的银行挤兑,对本来就很脆弱的银行体系造成了严重的破坏,并最终导致了美国国会起草了《联邦储备法案》(Federal Reserve Act)。该法案最初的目的是解决银行恐慌的问题，但是联邦储备体系现如今的职责包括建立健全的银行体系和维持健康的经济运转。

一个国家成立自己的第一个中央银行并非易事。虽然国家对中央银行的需求是无可争议的，但是其支持者却在几十年前为了平衡国家与地方之间的微妙关系发生了激烈的争执。从国家的角度来说，中央银行的组织结构必须方便各个地区之间的支付兑换，从而加强美国在世界经济中的地位。从地方的角度来说，中央银行必须对美国境内不同区域的流动性需求负责。

私人银行的利益与中央政府的职责是另外一个需要平衡的关键。联邦储备体系是一个在政府控制之下，受到多方相互制衡的中央银行。美国国会负责监管整个联邦储备体系，而美联储则必须按照国会制定的目标履行自己的职责。然而，美国国会赋予了美联储自治权，从而能够让美联储在不受政治压力的影响下履行自己的职责。

美联储由理事会、地区性联邦储备银行和联邦公开市场委员会三部分组成。这三个部门之间相互合作，但又独立于美国联邦政府之外执行美联储的核心职责。是什么决定了美联储的独立性呢？它主要是由3个结构性特点决定的：各州州长的任命程序、联邦储备银行行长的任命程序和美联储的资金。

联邦储备体系理事会由7名理事组成，他们由美国总统提名，再经参议院批准方可上任。他们的独立性主要体现在以下两个方面。首先，每名理事的任命时间都是不同的，从而降低了一位总统任命多位理事的可能性。其次，理事的任期为14年，这一时间远远超过通过选举产生的官员的任期。

联邦储备银行行长的任命程序同样是体现美联储独立性的重

要因素。各个地区的联邦储备银行行长由董事会任命，经由联邦储备体系理事会最终批准，任期5年。由于每个地区的联邦储备银行的董事并不是由政治家们选出的，而是根据各个地区被称为金融企业的存款机构、劳动力和公众的利益而选出的，因此，这保证了联邦储备银行行长的任命程序的独立性。

最后也是最重要的一点是，决定中央银行独立性的关键因素是资金。美联储主要是通过其证券投资组合所获得的利息收入来满足其经常性支出的。因此，美联储是独立于国会拨款决策之外的。虽然美联储独立于国会的拨款和行政管制，但是其最终只向国会负责，并且接受政府的审计与评审。

美联储主席、其他理事和各地区联邦储备银行行长定期向国会陈述其货币政策、监管政策以及其他问题，并且与美国政府的高级官员会面，共同讨论美联储和联邦政府的经济计划。

联邦储备体系的核心部门是联邦储备体系理事会（其也被称为联邦储备委员会，即美联储）。联邦储备体系理事会位于华盛顿特区，属于联邦政府的重要机构。

联邦储备委员会由7名理事组成。他们主导着美联储的政策行为。这7名理事会同其他经济学家和支援幕僚一起起草能够让银行财务状况良好，以及让美国经济强劲增长的政策。

登录美联储的官方网站，你可以找到并下载大量关于联邦储备委员会和经济学家的相关活动，以及由美联储发布的专业调查报告。投资者需要通过互联网仔细阅读大量由美联储免费提供的研究报告。例如，联邦储备委员会的理事对经济适用房、消费者金融法、州际银行业务和电子商务等当前经济问题的研究。此外，联邦储备委员会还会对联邦储备银行的会员银行进行监控，以保证商业银行的诚信及合规运营。

然而，也许决定美国货币政策的美国联邦公开市场委员会（FOMC）才是美联储真正重要的职责所在。该委员会设一名主席和一名副主席，由总统任命，任期4年。

美联储主席每年两次向国会陈述美联储的货币政策目标，并且就其他的大量问题向国会作证，此外，他还定期与美国财政部长进行会面。

联邦公开市场委员会是美联储主要的货币政策制定机构，其任务是管理国家的货币供给。联邦公开市场委员会每年在华盛顿特区召开8次例行会议。

在每次会议上，联邦公开市场委员会都要讨论美国经济的前景以及促进经济可持续增长的最佳方法。此后，联邦公开市场委员会还要讨论美联储应当如何运用各种政策工具来实施这些政策。最后，委员会将会做出3种具有指导意义的政策：宽松、收紧和保持当前货币供给增长速度的政策，无论最终实施哪种政策，都会有益于营造良好的经济环境。

联邦公开市场委员会由19位成员组成，其中的12位成员拥有表决权——包括联邦储备委员会全部7名成员、纽约联邦储备银行行长，其他4个名额由另外11个联邦储备银行行长轮流担任。然而，在每次会议召开的时候，全部12名联邦储备银行行长都要就联邦公开市场委员会的政策进行讨论，不论其是否拥有投票权。

联邦公开市场委员会的会议纪要可以通过互联网获取。这些会议纪要对于那些希望学习如何分析经济和金融数据、如何理解美联储对这些纪要的解读以及美联储如何利用这些数据影响利率和经济环境的投资者来说是非常有价值的。投资者可以根据这些资料制定合理且明智的投资策略。即使这些会议纪要在获取的时候存在着一定的滞后性，但是它仍然能够为我们提供关于货币政策以及美联储接下来将要走向何方的有用信息。在此，我建议投资者自己分析这些数据，因为这样可以获得一些有自己独到见解的信息，而这些信息又是通过媒体发布的分析无法获得的。

联邦储备体系的第3个组成部分是12家地区性联邦储备银行。美联储的运转是通过分布在美国境内的12家地区性联邦储备银行及其在全国的分支机构实施的。联邦储备银行的每一个分支机构都拥有自己的董事会，其成员由5人或者7人组成。董事会的大部分成员由总部的董事会任命，其他的董事则由联邦储备委员会任命。

在联邦储备委员会的整体监管之下，每个地区性联邦储备银行的董事负责对自己辖区的联储银行进行监管。在得到联邦储备委员会批准的情况下，各地区性联邦储备银行制定面向其会员银行的短期抵押贷款利率，以及面向非会员机构的其他任何类型贷款的利率。根据美国的法律，联邦注册银行是联邦储备体系的会员银行。那些由各州议会特许成立的商业银行，如果其符合联邦储备委员会制定的各项条件，也可以成为联邦储备体系的会员银行。会员银行拥有储备银行的全部股份。至于像储蓄银行、储贷协会和信用社这些没有能够成为联邦储备体系会员银行的机构，则属于非会员机构。会员银行的董事会成员负责行长和第一副行长的任命以及薪资水平的制定，而这些都要得到联邦储备委员会的最终批准后方可生效。

联邦储备银行的收入主要来自其通过公开市场操作持有的证券资产以及向会员银行提供贷款所产生的利息。联邦储备银行会将其超过80%的收入上交给美国财政部。如果美联储在清偿其全部债务并履行其责任义务之后出现盈余，那么这部分资金将成为美国政府的财产。

是什么在引导货币政策

美联储的主要功能是控制货币和信贷的增长。货币政策是指引导货币和信贷扩张的一系列操作，旨在通过这种方式以合理稳定的物价创造平稳且不断增长的经济。

也就是说，美联储的目标是实现货币供给的增加，并且通过将经济周期的波动降到最小的方式创造一个低于 2% 的低通货膨胀经济环境。历史数据显示，低于 2% 的通货膨胀通常会保持物价的稳定，并且随之而来的是稳定的经济增长。然而，20 世纪 70 年代经济的不稳定与波动并没有包含在内。在某些情况下，伴随着低通货膨胀政策而来的往往是通货紧缩。由于通货紧缩意味着消费者物价的全面下跌，因此，这样的经济环境并不能够让国家从中受益。因此，建立 2% 的通货膨胀目标在万一出现的突发事件面前起到了缓冲的作用。

美联储的立场问题在于，它要确定引导货币政策达到其最终目标所需的信息。对此，美联储内外已经就这个问题进行了长达数年的争论。有些人认为，利率是引导货币政策走向的主要因素，这是因为利率的指导方针与经济中的主要部门在当前和未来的支出问题上紧密地联系在了一起。因此，经济的最终目标是实现充分就业、合理稳定的物价以及具有国际竞争力。

然而，另外一些人则主张一个或者多个货币供应量指标的增长才是美联储的主要目标。在这部分人看来，美联储对货币存量的控制预示着预期的整体经济效应，因此，货币供给才应该是美联储关注的焦点。当然，还有一些人的观点是折中的。鉴于复杂的经济环境、各种各样的金融变量对消费的影响以及经营者、投资者和消费者对支出和偿债能力的态度转变,他们认为没有一个金融变量能够或者应该被视为引导货币政策的因素。

显然,这些严重、广泛的问题是很难解决的。但是,我们必须要清楚哪些是与联邦储备体系有重要关系的问题,以及他们对这些问题的反应是什么。我们还将了解投资者是如何评估美联储的行为,如何对待自己的问题与担忧以及如何在此基础上制定恰当的投资策略。

美联储需要考虑的另一件重要的事情就是发生在其他国家的货币问题,以及这些问题对美国经济的影响。决策者们必须不断地对应该做的事情以及应当遵循哪种货币政策做出判断。不论联邦公开市场委员会通过哪种方式让其成员达成了共识,或者最终采取了哪种行动,其货币政策产生的结果不外乎两个:第一,货币供给增加;第二,影响了实际短期利率的水平和趋势。

我们下面要讨论的是货币供给及其定义。货币供应量的种类有很多,因此我们必须明白它们之间的差异。从投资者的角度讲,货币供给量提供的信息基本上是一样的。然而,有时候不同货币供应量的表现也是不一样的,所以对于我们来说,知晓这些概念是非常重要的。例如,当出现技术创新或者银行体系的结构出现变化时,有些货币供给量就会出现失真的情况。出于这个原因,我们需要适当关注多个货币供给量,并且还要知道由于受暂时原因的影响,有些数据的含义会受到曲解。美联储每个星期都会通过互联网发布货币供给的相关数据,而相关的历史数据则可以登录美联储和圣路易斯联储银行的官方网站获得。

货币供给的计量标准主要由三部分组成。最狭义的货币计量标准是美联储公布的 M1,它包括通货、非银行机构发行的旅行支票以及所有商业银行中的活期存款。货币供给的第二个计量标准是 M2，它是指 M1 再加上货币市场存款账户、小额定期存款和货币市场共同基金份额。货币供给的第三个计量标准是 M3，它包括 M2、金额在 10 万或者 10 万美元以上的大额定期存款、机构货币基金余额和美国公民在外国银行存放的欧洲美元。

货币供给旨在衡量经济中的货币数量——M1 是对货币供给最狭义的定义，M2 是对货币供给广义的定义，而 M3 则是对货币供给更加广义的定义。此外，零期限货币（MZM）也被视为货币供给的第四个计量标准（见图 7-2）。它是通过 M2 加上机构货币基金，再减去所有小额定期存款得出的。

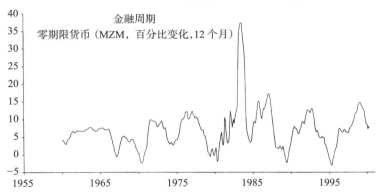

图 7-2　货币供给的增加是驱动经济和金融周期的主要力量之一。从 1960 年开始，零期限货币（MZM）的增长经历了 7 个周期。从 1995 年的第 8 个金融周期开始释放的货币供给量与前 7 个周期是相同的

很多资产都和现金保持着紧密的联系，公众可以在现金和其他流动性资产之间自由切换。在大多数情况下，这种转换主要是对这些资产之间的利差做出的反应。但是在某些情况下，这种转

变却反映出人们对增加收入的意识的不断增强,或者说只是单纯地反映了公众态度的转变。所有这些因素都在不同的方面影响着不同的货币供给计量标准。

从投资者的角度来讲,由于货币供给的增加是非常重要的领先指标,因此遵循货币供给的趋势进行操作是非常关键的。运用货币供给在过去 12 个月的变动率可以预测经济中的波谷和波峰。例如,货币供给增长在 1984 年见底,随后在 1985 年和 1986 年出现了大幅增长。1986 年,货币供给增长的底部伴随着工业生产的强劲增长而结束。1992 年,货币供给的增长在达到峰值后开始下跌,并且一直持续到 1995 年。工业产品的增速在 1994 年年末和 1995 年年初达到顶峰之后开始了长达一年的下跌。

货币供给的强势增长意味着将有更多的流动性注入经济体系中来,而企业、投资者和消费者能够从银行获得的信贷规模届时也会增加。随着经济体系中流动性的增加,越来越多的人开始注意到这个机会。其结果是,支出增加、经济走强以及经济增长。然而,当货币供给增速开始放缓的时候,企业、投资者和消费者能够从银行获得的信贷额度也将逐渐减少。因此,随着借贷和支出规模的减少,经济最终会进入下行通道。历史数据表明,金融周期就是货币供给增速的波动过程,其谷底到谷底的周期大约是 5～7 年。

当然,有人可能会认为流动性的增加会有利于股票市场,而流动性的减少——也就是说,货币供应量的增长速度的下降,将不利于股票价格的上涨。

货币政策工具

美联储可以通过调整货币供给的增长或者实际短期利率的水

平间接影响通货膨胀、经济增长、就业以及股票市场的走势。为了实现这些目标,美联储可以通过公开市场操作买卖政府证券或者调整贴现率。而这些操作都要通过被称为联邦基金市场的银行准备金市场完成。

第三种货币政策工具是指美联储调整银行存款准备金的能力。银行和其他存款机构依法持有特定数量的准备金。我们把以备资金突然外流之用的这部分资金称为**准备金**(reserve),银行则以其金库中的现金或者在美联储的存款持有这些准备金。银行出借的资金与其持有的准备金之间存在着一个固定的比率。美联储通过对其要求银行持有的准备金数量的调整,影响着利率和货币供给规模。美联储上调存款准备金意味着银行将要减少贷款的规模,随着贷款规模的下降,货币供给也将放缓,而利率则会在短期内上涨。反之,如果美联储宣布下调银行存款准备金,则意味着银行的贷款规模将会增加,进而向经济体系注入更多的流动性。通过这种方法,货币供给会随着人们借款规模的增加而加速。由于货币总量的增加,利率会在短期内下跌。

银行在报告时需要向美联储显示其存款准备金已经达到了适当的水平。为了达到这个标准,银行通常会从其他存款准备金比较充足的银行借入期限非常短的资金以解燃眉之急。我们将美国同业拆借市场的利率称为**联邦基金利率**(federal fund rate)。联邦基金利率之所以非常重要,是因为企业必须借入期限非常短的资金以保证其在银行账户中的存款准备金符合标准,而此时的利率则与联邦基金利率关系密切。

公开市场操作是最重要的货币政策工具,因为它是控制货币供给和利率的主要决定因素。美联储可以通过公开市场操作影响银行体系中准备金的供给,而其操作方式则是在公开市场中买卖政府证券。这些操作由纽约联邦储备银行负责执行。

假设美联储希望联邦基金利率在短期内下跌。为此，美联储需要从银行买入政府证券。（到期日低于 1 年的政府债务叫作**短期国库券**，到期日小于 10 年的政府债务叫作**中期国库票据**，而到期日超过 10 年的政府债务叫作**长期债券**。）在这之后，美联储向银行支付其购买证券的资金，银行则会增加其存款准备金。因此，银行持有的存款准备金要高于其被要求持有的准备金水平。现在，银行就可以扩大其对消费者、投资者和企业的贷款规模。所以，流动性的增加会导致联邦基金利率和其他短期利率在短期内下跌以及货币供给的增加。联邦基金利率是指商业银行之间在隔夜市场中用 100 万美元或者更多的储备金进行交易时所适用的利率。

当美联储希望联邦基金利率上升的时候，它就会重复这个过程——也就是说，美联储要卖出手中的政府债券。美联储卖出政府证券后，就会从银行获得存款准备金，而此举又减少了银行体系中的准备金供给量。由于可以用于贷款的资金减少，利率就会上升，而货币供给则开始放缓。

贴现率是美联储控制利率和货币供给的另外一种手段。银行既可以互相出借存款准备金，也可以通过联邦储备银行的贴现窗口获得资金。而银行必须为这些贷款支付的利率则被称为**贴现率**（discount rate）。贴现窗口所提供的资金规模之所以很小，是因为美联储不鼓励这种做法，除非出现临时的短期存款保证金不足的情况。贴现率在货币政策中发挥着非常重要的作用，这是因为贴现率的变动有着非常重要的影响。也就是说，贴现率的变动会向市场发出货币政策即将调整的信号。更低的贴现率意味着美联储将向银行采取更加扩张性的政策，而更高的贴现率则预示着更多限制性政策的出台。高贴现率标志着美联储不鼓励银行通过贴现窗口进行借贷活动。因此，银行必须在如何管理其存款准备金上面更加小心谨慎。

短期利率和贴现率的上涨对银行体系和股票市场的影响是巨大的。股票市场的负利率配置是指国债利率和贴现率的上升。在此期间，国债利率高于贴现率的情况是很常见的。这种迹象表明，为了试图给经济减速以及控制通货膨胀，美联储的货币政策将大幅收紧。例如，在1987年到1988年年底、1994年全年以及从1999年开始这三个时期，股票市场确实存在着非常高的风险，投资者在这种情况下势必要更加谨慎小心。由于债券市场在这一时期的疲软表现，投资者并不容易找到能够替代股票的安全资产，因此他们对行业和股票的选择就显得尤为重要。

由于贴现率代表着会员银行从联邦储备银行借入存款准备金所要支付的成本，因此，贴现率在银行决定是否从美联储的贴现窗口借款时发挥着重要的作用。例如，如果短期国债的利率高于贴现率，那么银行就会倾向于向联邦储备银行借款，而无须卖出手中的国债。同理，如果从联邦储备基金市场获得的准备金利率很高，银行就会考虑使用美联储的贴现窗口。

货币政策的收紧意味着美联储会通过公开市场操作、法定存款准备金、贴现率以及提高短期利率的方式放慢货币供给的增长速度。当美联储放松其货币政策时，其就会通过公开市场操作、法定存款准备金、贴现率以及下调短期利率的方式加快货币供给的增长速度。

金融周期

美联储能够提供的货币总量是经济和金融市场的重要驱动力

量。货币总量的变化会导致市场的巨大波动，其持续时间大约在 5～7 年，因此，货币总量的变化对我们的生活和大部分资产的价格有着显著的影响。

1960～1995 年总共出现了 7 次主要的金融周期。在疲软的经济环境下，每一个金融周期都是从货币供给量接近于 0 的低水平快速上升到 3% 开始的。在典型的金融周期里，货币供给总量的增长幅度都会先上升到 10%～15% 的水平，然后再下跌到 0～3% 的水平。一个完整的金融周期由两个连续的波谷组成，而这个时间周期大约是 5～7 年（见图 7-2）。

股票市场在金融周期前半段流动性开始增加的时候是非常好的。然而，随着流动性在金融周期后期的减少，股票市场的表现也会越来越差。

股票市场之所以与流动性的变化关系密切，是因为流动性的增加和减少主要取决于经济体系中货币量的多少。如果货币总量快速增长，那么投资者和消费者就会将这些资金中的一部分用于经济的投资，而将另外的资金投入股票市场，股票价格随之上涨。然而，当流动性下降时，投资者就会将抛售股票所获得的资金转向其他投资，股票价格随之下跌。

自 1960 年以来的第 8 个金融周期出现在 1995 年年初，当时的零期限货币（MZM）水平接近于 0。1999 年 3 月，随着货币总量的见顶以及零期限货币扩张到将近 15% 的水平，这轮金融周期的前半段宣告结束。大多数货币供给计量标准在 1999 年开始出现放缓的迹象，正如我们所预想的那样，整个市场开始变得越来越不稳定，很多股票在此期间达到了峰值。以标准普尔 500 指数为例，其股票市场平均指数在 1999 年 3 月到 2000 年 3 月就再也没有改变过。

货币总量的增加是衡量美联储向其经济体系注入流动性的标准,我们可以据此判断经济周期和金融市场正在发生的事和将要发生的事(见图 7-3)。金融周期会经历 4 个不同的阶段。

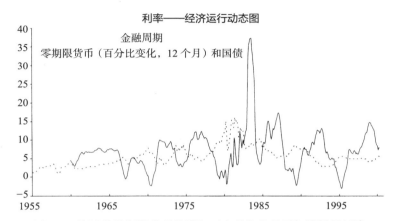

图 7-3　伴随着零期限货币的增加而来的往往是更加强劲的经济表现,而短期利率也将在此期间上涨。短期利率的上涨会减少市场对货币的需求(负反馈),从而导致零期限货币增速和经济的放缓,而这一切又将最终导致短期利率的下跌。此外,低位运行的短期利率又会导致市场对货币的需求(正反馈)以及零期限货币增速的加快

- 在第 1 个阶段,流动性的增加导致了股票市场的上涨。然而,这个时候的经济增长却是非常缓慢的,大宗商品的价格表现疲软,短期和长期利率下跌。在强劲的经济和低通货膨胀的预期下,美元在此期间会逐渐走强。

- 经济在金融周期的第 2 个阶段会以更快的速度增长。大宗商品价格、短期利率、长期利率在触底后反弹。股票市场持续上涨,美元依旧保持强势。

- 在第 3 个阶段中,经济虽然继续保持强势,但是货币总量

的增速却开始下降。利率和大宗商品的价格会随着美元的走弱继续上涨。此时的股票市场也会因为其越来越具有选择性而开始走弱,所以这个阶段对于股票市场来说是非常重要的。由于投资者已经意识到了股票市场的高风险,因此他们的投资策略也更加具有防御性。另外,在金融周期的第3个阶段,短期利率将至少上升2个百分点(200个基点)。

- 在第4个阶段中,由于受到前一阶段流动性的下降以及利率大幅上涨的影响,经济开始出现明显的下滑。随着经济的缓慢增长,利率和大宗商品的价格在见顶之后开始下跌。这个时期的货币总量增长是非常缓慢的,只有0～3%的水平。股票市场随着美元的走强而见底。利率的下跌刺激了新的借贷,而新一轮金融周期的第1个阶段也在此时悄悄地到来临了。

金融周期与主要的金融危机是分不开的,而这些危机又为投资者提供了非常好的投资机会。发生在1992～1993年的房地产危机、1997年的亚洲金融危机以及1998年的拉丁美洲和俄罗斯金融危机都与美联储采取的激进的宽松的货币政策和货币供给的强劲增长有关。当然,这里的主要原因是美联储担心大范围的金融危机会对其银行体系产生负面的影响,进而影响到全球其他的经济体。鉴于此,美联储和其他国家的中央银行都会优先考虑向其银行体系注入流动性,从而保证其经济的稳定运转。由于货币供给的增长与股票价格的上涨之间存在着紧密的联系,因此,我们经常能够看到金融危机的出现总是伴随着股票市场的强劲表现。其主要原因是注入银行体系的流动性已经超过了金融市场的承受范围，因此股票价格就存在着上行压力。1992～1993 年、1997 和 1998 年的市场表现就足以说明这一点。

货币政策的评估

从美联储的角度来说，其目标是通过实际利率和货币总量的增长解决国内和国际经济中出现的问题。我们在前面的章节中讨论过美联储运用实际利率水平控制通货膨胀压力的问题。那么，投资者应当使用哪个指标来评估美联储的货币政策呢？

工资的上涨速度、不断上涨的大宗商品价格以及更低的实际短期利率等体现经济增长和通货膨胀趋势的指标，是决定利率走向的最实用的指标。其他指标包括由全美采购经理人协会公布的相关指数。此外，跟踪制造业和非制造业报告的指数也是非常有助于我们的判断的。由全美采购经理人公布的一项重要指标是由采购代理人发布的延缓交货百分比。采购经理人指数超过 50 说明当前的经济非常强劲，短期利率上涨的概率很大。反之，当采购经理人指数低于 50 时，则预示着经济正在减速，因此，短期利率下跌的可能性就会增加。

评估货币政策的另外一个指标是美元。强势美元意味着货币政策的目标是降低通货膨胀，从而保证经济的稳定增长。如果美元走弱，将会出现两种可能性：要么美联储采取宽松的货币政策加快货币供给的速度，要么降低实际利率以实施具有通货膨胀性质的货币政策。

弱势美元表明美联储实施的是有利于提高通货膨胀率的宽松的货币政策，其特点是发生在货币供给快速增长且实际短期利率低于 1.4 的时候。然而，当一个国家在某一时期采取了收紧的货币政策时，其货币也存在走弱的可能。例如，日本央行在20世纪90年代实施了紧缩的货币政策，从而导致了该国疲软的经济环境，而日元兑美元的走弱则恰恰验证了这一点。另外，美国在20世纪70年代的宽松货币政策也导致了美元的暴跌。

评估货币政策的另外一个重要指标是黄金和大宗商品的价格。如果黄金或者大宗商品的价格走弱，美联储采取收紧的货币政策的概率就会增加。在此期间，实际利率会达到一个很高的水平，货币供给增速也趋于放缓。然而，大宗商品价格的疲软预示着低通货膨胀压力，这一点我们将在后面的内容中详细讨论。因此，美联储必然要实施收紧的货币政策。如果实际利率的水平高于其长期平均水平，那么，这个时候的货币政策就不带有通货膨胀性。但是，如果利率接近于通货膨胀，则实际短期利率就会下跌，美联储就会实施宽松的货币政策，进而导致货币供给的增加、大宗商品价格的高企以及美元的疲软。

我们也可以借助股票市场的表现判断货币政策的走向。股票市场之所以会快速上涨，是因为美联储释放的大量流动性刺激了股票价格上涨的缘故。因此，股票市场的运行趋势意味着美联储将会实施刺激性的货币政策，进而导致经济走强。然而，如果股票价格在某一价格区间振荡或者开始下跌的话，就等于向我们宣布了美联储正在采取收紧的货币政策。也就是说，美联储正在试图减少经济体系中的流动性总量，从而通过市场的下跌让经济进入非通货膨胀的节奏。

货币供给自身也是评估货币政策的重要指标。货币总量在过去的12个月当中以小于4%的速度增长意味着美联储当前采取的是收紧的货币政策。这种情况将导致经济的缓慢增长以及股票市场的表现不佳。另一方面，如果货币总量以超过10%的速度增长，则意味着美联储正在实施宽松的货币政策。当然，货币供给的不断增加说明市场的流动性也在增加，因此，美联储的宽松货币政策将导致经济的走强和股票价格的上涨。货币供给的下降是美联储收紧银根和减少向其经济体系注入流动性的信号，也就是说，美联储要放缓经济增长的节奏。

为了让本章的内容更加完整，我们把将要在后面的章节中讨论的收益率曲线在此做个介绍。收益率曲线反映的是长期利率和短期利率之间的差。短期利率低于长期利率意味着银行发放贷款的意愿是非常强烈的；此外，这还是美联储实施宽松货币政策的信号。当收益率曲线的走势比较平坦时，说明长期利率和短期利率之间的差在下降，美联储正在实施收紧的货币政策；因此，由于贷款者并没有很强的意愿去满足借款者对资金的需求，所以经济的增速会非常缓慢。

BAA 债券与 10 年期国库券之间的收益率价差同样是衡量货币政策的实用指标。该指标与货币供给的增长密切相关。两者之间价差的上升说明美联储在这段时期实施的是宽松的货币政策。两者间价差的下降则意味着目前正处于收紧的货币政策时期。

我们可以根据市场对美联储行动的反应得到货币政策走向的线索。判断货币政策走向的重要指标可以归结为以下几点：

- 实际短期利率水平；
- 货币供给的增速；
- 大宗商品、黄金和原油价格走势；
- 美元走势；
- 全美采购经理人协会价格指数；
- 全美采购经理人协会的经济活动指标以及发货指标；

- 股票市场走势；
- 收益率曲线；
- BAA债券与10年期国库券之间的收益率价差。

投资影响

收紧的货币政策意味着经济体系中流动性的下降。金融资产在此期间的表现难有起色。由于缺少流动性，企业和消费者更倾向于出售手中的金融资产，然后再将这笔收入用于企业自身的投资，从而增加企业的现金余额。

另一方面，当美联储实施货币宽松政策时，就会向经济体系注入流动性，但是，这部分增加的流动性却无法马上用于实体经济。因此，这就是股票和债券通常会在货币总量扩张的时期上涨的主要原因。

货币政策会对货币供给的增长和利率水平这两个重要的经济变量产生影响。我们在前面的章节中指出，货币供给的强势增长最终将导致经济的快速扩张以及股票和债券市场的高风险，所以，意识到这两个经济变量对经济的影响是非常重要的。伴随着经济的强势增长而来的通常是短期利率的上涨，而短期利率的上涨则会对股票的价格产生负面的影响，因此，股票市场的高风险是显而易见的。此外，强劲的经济会为企业创造很多机会，而企业也更倾向于在这个时候增加借款的规模，长期利率因此会面临着上行的压力，进而对债券的价格产生负面的影响。受这个时期通货膨胀上升的影响，债券收益率也会随之上涨。另一方面，经济增速的放缓会产生新的投资机会。当经济的增长速度低于其长期平均增长率时，利率将面临下跌的压力。因此，短期利率的下跌能够为股票市场提供非常有利的市场环境。同理，疲软的经济环境使得企业借款的意愿下降，从而导致长期利率面临下行的压力。当然，这些情况都出现在通货膨胀压力下降的时候，而通货膨胀压力的下行也将影响到债券的收益率。由此可见，这种经济环境为股票和债券市场提供了良好的投资环境。

为了与金融周期的趋势和所处阶段保持一致，投资者需要跟踪 M1、M2、M3 和 MZM 的变动情况，因为货币供给的增长幅度会告诉你经济将要发生什么。如果货币供给开始快速增加，则表明美联储的这一动作是发生在经济增长非常缓慢的时期，投资者应当预期经济将在未来 1~2 年内走强。如果货币供给以接近 15% 的速度增长，那么经济将在未来变得非常强劲。对于投资者来说，股票会因为流动性的快速增加而表现非常坚挺。

然而，有一点需要我们注意的是，货币供给的强势增长最终将导致短期利率的上涨以及股票市场的疲软，而这种情况通常会出现在两年到两年半之后。因此，货币供给对于投资者来说是非常重要的领先指标。伴随着货币供给的强劲增长而来的是经济的强劲增长，以及工业产品、收入、零售额和就业率等同步指标的上涨。广义货币供应量的涨幅应该介于 5%~7%。而高于这个涨幅水平的货币供应量将为非常强劲的经济活动创造良好的环境。如果货币供给的增速快且持续时间长，将导致诸如通货膨胀、企业成本、大宗商品和利率等落后指标的上涨。

货币的升值会让借钱的成本变得越来越高。利率的上涨会减弱企业进行投资和扩大产能的意愿，从而降低了它们对货币的需求。其结果是，货币供给下降。经济的明显走弱和利率的下跌将会鼓励企业重新开始借款的行为。在这段时期内，由于成本（原材料、工资和利率）的下降，使得企业的边际利润率得到了提升。

出于这个原因，伴随着利率的下跌而来的是货币供给的再次快速增长，而新一轮的金融周期也在悄然到来。

我们在此需要强调的是货币供给与利率之间的相互作用。它们之间的相互作用等同于领先与落后指标之间的联系。当货币供给增长见底大约两年之后，经济的增长也将触底。当经济的增长见底大约两年之后，短期利率和长期利率开始上涨。紧跟着短期利率和长期利率上涨而来的是货币供给增速的放缓。在货币供给增速下降2～3年后，利率也随之下降。而利率的下跌也将导致货币供给的快速增长。

从投资者的角度来看，只有在货币供给增速持续下降时才会出现利率下跌的情况。原因在于，在货币供给持续下降大约两年之后，经济的增长开始下滑。经济增速的放缓导致市场对货币的需求减弱，因此，利率和原油等大宗商品的价格开始下跌（见图7-4）。另一方面，货币供给的强劲增长最终将导致利率处于更高的水平。随着货币供给的强势增长，企业和消费者的贷款活动便会增加，经济的表现也会非常强劲，而利率则会面临上行的压力。

我们可以将这个过程通过领先、同步和落后指标的形式表示。正如我们所了解的那样，货币供给是领先指标。我们所说的反映了就业、生产、收入和零售额的经济是同步指标。而利率则属于落后指标。这些参数之间的联系可以归结为以下几点。

- 货币增长见底后，经济增长也将见底。
- 经济增长见底后，利率也将见底。
- 利率见底后，将迎来货币供给增长的顶峰。
- 货币供给增长的顶峰过后，经济增长见顶。

- 经济增长的峰值过后，利率水平见顶。
- 与利率的峰值几乎同时出现的是货币供给的增加。

至此，新一轮的金融周期再次开始。

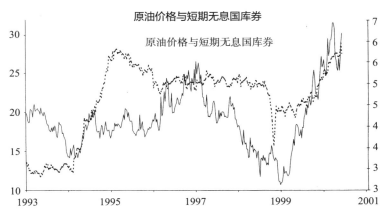

图 7-4　短期利率（13 周国债的利率）与大宗商品价格（原油）的重要转折点几乎是同步的。两者的走势全都取决于强劲的经济以及之前的货币总量扩张。这意味着美联储对利率走势的控制是十分有限的

美联储是如何在这个过程中发挥作用的呢？美联储之所以不能持续地改变利率的运行趋势，是因为利率的水平是根据货币供给的扩张速度、经济的强劲程度以及贷款活动所决定的。美联储只能通过相对于通货膨胀的利率水平影响着货币供给的增速。此处提到的这个利率是货币政策的另外一个变量——实际利率。实际利率在很大程度上受到美联储的影响，这是因为美联储控制着利率的上涨，所以利率的涨与跌都不会对经济和金融市场产生重大的影响。投资者需要谨记的是，货币供给的增长及其周期的振幅和长度，决定着金融周期的环境以及金融市场的趋势。

我们在前面的内容里指出，实际利率对通货膨胀预期和全面通货膨胀有着根本性的影响。由于实际利率影响着贷款成本、银行获得贷款的可能性以及汇率，因此，实际利率的变化影响着市场对商品和服务的需求。由此可见，实际利率是重要的货币政策工具。实际利率是根据短期利率与通货膨胀之间的差计算得出的，而名义利率体现的是未经过调整的通货膨胀水平。

1978年，名义短期利率的平均水平是8%，而当时的通货膨胀率是9%。虽然当时的名义利率水平比较高，但是货币政策出于对需求的刺激，而选择了将实际短期利率下降到-1%的水平。很低的实际短期利率说明当前的货币很便宜，美联储实施的是宽松的货币政策。这也就是通货膨胀会在这些年里飙升的原因。

与之相反的是，1998年的名义短期利率为接近5%的水平，而通货膨胀率大约是2%。3%的实际利率反映了当前收紧的货币政策。然而问题在于，名义利率自身并不能够体现货币政策的真实意图。1978年8%的名义联邦基金利率显然要比1998年年初5%的名义利率更具刺激作用。这里的原因在于，1978年的通货膨胀率已经超过了8%的水平，由于货币的实际价值已经成为负值，因此美联储决定将实际利率下调到非常低的水平，并发挥其刺激的作用。此外，1998年的利率水平是5%，而通货膨胀率则接近2%，那么，按照相对价值计算，当时的实际利率要高于1978年的实际利率水平，即实际利率是通货膨胀率的两倍。因此，1998年高企的实际利率水平是导致低通货膨胀的主要原因之一。

实际利率的下跌在导致了借款成本下降的同时，还增加了企业投资、消费者支出以及诸如汽车和新屋等耐用消费品的购买数量。当扣除通货膨胀因素之后的货币成本非常低的时候，人们对商品和服务的需求就会大量增加。可以说，在这种情况下，通货膨胀已经离我们不远了。这种额外的需求会产生通货膨胀的压力。

当实际利率位于很高的水平时,事情就会朝着相反的方向发展了。届时,借款的成本会增加,随着实际借款成本的上升,只有那些拥有高收益率项目的企业才会进行投资。

实际利率对经济的影响又表现在哪些方面呢?实际利率的下跌预示着货币不再像之前那样昂贵,因此,消费者和企业更倾向于在此期间加大借款的规模。受此影响,经济将会快速增长,通货膨胀压力上升。

实际利率和货币供给又是如何影响金融市场的呢?较高的实际利率有助于通货膨胀的控制。这一点也是股票和债券市场的长期决定性因素。从企业的角度来讲,货币供给对投资者的影响更加直接。当利率因为经济的增速放缓而下跌时,企业和消费者就会因为货币成本的下跌而加大借款的规模,进而导致信贷规模的扩张。其结果是,货币供给增加得越快,其对股票价格的影响就越正面。我们以1995年为例,当利率下跌的时候,货币供给的速度就会加快。这种情况导致了1997～2000年强劲的经济环境,而股票的价格也在1995～1999年经历了井喷的行情。

在持续的货币供给增长之后,强劲的经济和市场对货币需求的增加导致了利率面临着上行的压力。投资者在这个时候就要对股票市场的发展前景越来越谨慎了。利率的上涨会导致货币需求的下降,进而导致货币供给的下降。至于反映着流动性走势的股票市场,则会因为货币供给的下降而表现得非常糟糕。因此,这个时候比较稳妥的做法就是期望着货币供给的缓慢增长,而股票市场真正的寒冬将在利率上涨大约两个月之后到来。

此外,投资者还要牢记的是,只有在货币供给出现1～2年下降的情况下,才会导致经济增速的放缓和利率的下跌,而下一轮牛市也恰恰在此时开始了。在我看来，让投资者意识到货币供给与股票价格之间的密切联系是非常重要的。由于利率的水平和趋势影响着货币供给的增长幅度，因此，它们的变动情况也影响着股票市场的走势。然而，与大多数投资者所认为的事实相反的是，利率的上涨对股票市场的影响是间接的。我们经常会看到各种媒体的头版头条刊登着"利率的上涨导致股票市场处于高风险"这样的内容。实际上，这种形式的表述是不准确的。这是因为，货币成本的上升导致企业和消费者借款意愿的下降，进而导致经济体系中流动性总量的下降，因此，实际影响股票市场的因素是货币供给增速的下降。

短期利率上涨大约两个月之后，货币供给增速与股票价格开始下行。股票价格与货币供给增速的下行将导致经济的放缓，大约1年之后，利率开始下跌。短期利率下跌之后，货币供给的增速与股票的价格几乎会同时出现上涨。

对于股票市场而言，货币供给与股票价格之间的关系对于判断风险的动态是非常重要的。从更加专业的角度讲，货币供给的增速与股票的价格属于领先指标，经济属于同步指标，而利率则属于落后指标。根据领先、同步和落后指标之间的联系，将依次出现以下几种情况：

- 货币供给增速或者股票价格见底；
- 经济增速随之见底；
- 利率见底；
- 货币供给增速和股票价格见顶；
- 经济增速见顶；
- 利率见顶；

- 货币供给增速和股票价格见底。

按照金融周期的阶段划分,金融市场与货币供给之间的关系可以通过 4 个阶段表示。在第一阶段中:

- 流动性或者货币供给的增速上升;
- 股票市场走强;
- 经济持续下行;
- 大宗商品价格下跌;
- 利率下跌;
- 通货膨胀率下跌;
- 美元走强。

在第二阶段中,通常会出现以下情况:

- 流动性增加;
- 股票市场持续上行;
- 经济增长见底后开始上涨;
- 大宗商品价格见底后开始上涨;
- 利率见底后开始上涨;
- 通货膨胀率见底后开始上升;
- 美元持续走强。

在第三阶段中:

- 流动性开始下降;
- 股票市场下跌;

- 经济依旧表现强劲；
- 大宗商品价格持续上涨；
- 利率持续上涨；
- 通货膨胀率继续上行；
- 美元走弱。

在第四阶段中：

- 流动性，或者货币供给增速下降；
- 股票市场下跌；
- 经济疲软；
- 大宗商品价格下跌；
- 利率下跌；
- 通货膨胀率下跌；
- 美元继续疲软。

在金融周期的第四阶段中，利率的下跌触发了金融周期第一阶段的一系列事件。

需要指出的是，在金融周期的第二阶段，短期利率的水平影响着第三阶段中大宗商品价格的上涨幅度以及利率水平。我们以 1992～1993 年为例，当第二阶段的实际短期利率处于低位时，投资者需要做出大宗商品价格和利率将在第三阶段大幅上涨的预期，这一点在 1994 年得到了验证。然而，如果金融周期第二阶段的实际短期利率水平很高，例如 1996～1998 年，投资者就应当做出大宗商品价格和利率将位于其平均增长水平之下的判断。1999～2000 年发生的事情就属于这种情况。

第8章

通货膨胀与投资

随着对经济和金融指标行为分析的深入,我们发现这些指标之间的相互联系是非常紧密的。通过这些指标,我们可以了解经济和金融周期在各自不同阶段的表现。此外,细心的读者也许会发现,我们到目前为止所讨论的这些指标实际上可以分为三大类。

根据前面的内容,在经济周期中,绝大多数的经济和金融指标可以归纳为领先指标、同步指标和落后指标。对于投资者来说,了解这三种指标之间的关系是非常重要的。只要我们知道某个指标所归属的大类,就可以很容易地利用它预测和评估当前金融市场存在的风险。

在前面的章节中,我们讨论了货币供给增长和短期利率这两个重要的金融变量。其中,货币供给增长是经济周期中的领先指标,而短期利率则属于落后指标。此外,我们还提到了股票价格,由于股票价格反映了银行体系中的流动性总量,因此,股票价格同样属于经济周期中的领先指标,而通货膨胀则属于落后指标。

我们试图通过一个强有力的模型将这些重要的变量结合在一起。在这个模型中,我们可以将货币供给和短期利率等经济行为汇集在一起。在货币供给增长持续一到两年之后,经济的表现将非常强劲。经济的增长在此期间将位于其长期平均水平之上,而短期利率也将受此影响最终上涨到更高的水平。这是因为,生产能力、就业和大宗商品价格等资源曾经在一段时期内面临很大的压力。因此,信贷需求的上涨导致了短期利率面临着上行压力。

在短期利率上涨几个月之后,货币供给增长会因为信贷成本的高企而开始下降。经济也将在一到两年以后开始减速,进而再次将短期利率下调到更低的水平。在短期利率低位运行几个月后,货币总量将出现上涨。自此,新一轮的经济周期拉开了序幕。

这些指标之间的联系可以通过领先、同步和落后指标的波峰和波谷的概念表示。由于货币供给增长是领先指标,短期利率水平是落后指标,因此,我们可以将工业产品的增长速度比作经济的发展趋势。至于领先和落后指标之间的联系,则可以通过以下的顺序表示。

- 货币供给增长见底。
- 工业产品增长见底。
- 短期利率见底。
- 随着短期利率的见底,货币供给增长见顶。
- 工业产品增长见顶。
- 利率见顶。
- 货币供给增长见底。

至此，新一轮经济周期开始。

在本章中，我们将要详细讨论通货膨胀的发展过程、通货膨胀与经济周期的关系、通货膨胀是如何以及何时会成为困扰我们的问题，以及控制通货膨胀的手段。

大宗商品的价格是经济周期发展的重要指标。它的表现将为我们提供非常重要的信息。我们将在本章分析大宗商品价格会在哪些情况下出现涨跌，以及大宗商品价格水平的变动对经济周期和通货膨胀的影响。

鉴于工资水平对通货膨胀的影响，我们将单独讨论其影响以及导致工资水平具有通货膨胀倾向的原因。这个问题之所以非常重要，是因为紧俏的劳动力市场和日益增加的工资并不是导致通货膨胀的主要原因。通货膨胀的水平和发展趋势在美元相对于其他货币的价值问题上也发挥着重要的作用。由于美元价值的变动会直接影响美国海外投资的收益率，因此这个问题的重要性是不言而喻的。

最后，我们将对本章的重要内容进行概括，并且讨论如何利用这些信息制定相应的投资策略。

通货膨胀和经济周期

通货膨胀是一种主要的货币现象。也就是说，通货膨胀主要是中央银行的政策和行为导致的。在决定与通货膨胀有关的货币供给增长以及利率的水平和趋势（实际利率）时，美联储的行为起到了重要的作用（见图6-2）。

例如，发生在20世纪90年代初的储贷危机和房地产崩盘等国内外危机，迫使美联储不得不实施宽松的货币政策并且向市场注入充足的流动性以解燃眉之急。如果细心的投资者能够注意到在货币供给大量增长的同时，实际利率却处于较低的位置的话，那么他就能够意识到当前的经济到底发生了什么。从 1960 年开始，这种情况总共出现了 7 次，最近的几次分别发生在 1984 年、1989 年和 1995 年。在这些案例中，货币供给都是从低于 3% 的水平大幅上升到接近 15% 的水平，而短期利率则在不断地下跌。

在经济危机期间，实际短期利率下跌或者低于通货膨胀的水平是十分常见的。这种情况等于向我们发出了美联储决定通过宽松的货币政策缓解危机的信号。我们以 1997 年的亚洲金融危机为例。美联储当时积极地实行了宽松的货币政策，即货币供给的增加和实际短期利率的下跌。在此期间，泰国、韩国、马来西亚和印度尼西亚都在通过其廉价的劳动力以及承诺本国货币和美元之间的固定汇率吸引外国资本。这些国家的做法实际上等于消除了外国投资者的外汇风险。但问题是，这些引进的外国资本并没有改善这些国家的整体经济环境，而是投入了那些没有成效的项目。最终，大量无法偿还的贷款引发了金融危机。这些国家的货币被迫大幅贬值，进而导致本国投资者，特别是银行损失惨重。金融危机迫使美联储通过货币供给的快速增加保证国际银行体系的稳定。

有时候也会出现当经济周期放缓时，美联储通过释放流动性增加货币供给，从而使得经济周期回到正常水平的情况。在非通货膨胀预期的情况下，理想的货币供给增长水平在 5%～6%。当货币供给增长在很长一段时间里低于这个数值的时候，就会导致经济以非常低的速度增长以及失业率的上升。另一方面，当货币供给增长水平长期保持在 5%～6% 之上的时候，就会刺激经济的增长，而生产性资源的承压则会产生明显的通货膨胀风险。货币供给的强势增长是经济周期将要出现反转、经济环境得到改善的重要信号。当货币供给增长上升到10%的水平时，经济就会以超过增长潜力的速度增长，而此时的实际短期利率则会处于低位，或者低于其1.4的历史平均水平。其结果是，通货膨胀的压力上升。

美国在20世纪90年代后期经历了货币供给的快速增长以及伴随低通货膨胀出现的强劲的经济增长。导致这种情况的主要原因是实际短期利率的上涨。超过1.4水平的实际短期利率不仅意味着实际货币成本的高企，而且限制了支出和投资。然而，20世纪90年代末出现的强劲的货币供给以及强劲的经济预示着通货膨胀压力的增加，因此，美国的金融市场处于高风险的环境之中。在不断上升的通货膨胀压力下，利率开始上涨，而企业也因为更高的利率暂缓了新的投资，进而导致了货币供给在1999～2000年的下降。市场对货币需求的下降意味着货币供给扩张的放缓，从而对股票市场产生了负面的影响。这里的关键点在于，通货膨胀压力最终会对货币总量和股票价格产生负面的影响。

在第2章中，我们分析了两种衡量通货膨胀的标准——消费者价格的增长和生产者价格的增长。其中，消费者价格衡量的是消费者层面的价格上涨，而生产者价格衡量的是生产者层面的价格变化。

消费者价格和生产者价格的运行周期属于落后指标。两者之间的差异在于生产者价格的波动幅度要比消费者价格的波动幅度更大。也就是说，生产者价格的涨跌速度更快。这是因为生产者价格的变动主要受到大宗商品价格变动的影响。相对于医疗成本或者住房成本等消费者价格而言，生产者价格对大宗商品的价格更加敏感。但是，这两个衡量通货膨胀的标准的周期转折点却是相同的。这也就意味着，当强劲的经济面临通货膨胀的压力时，我们可以看到消费者价格上涨的同时，生产者价格也在快速上涨。当消费者价格下跌时，生产者价格增速开始下降。

生产者价格在通货膨胀的发展过程中是不能够提供更多额外信息的。它只能够告诉我们通货膨胀是处于上涨还是下跌中。重要的是，消费者和生产者水平所需要的商品——从食品到对医疗服务的需求，其上涨和下跌的速度是同步的。虽然它们的增长率存在差异，但是从周期时间的角度来说，二者都属于落后指标。

我们接下来将要考察的是通货膨胀在典型的经济周期中是如何形成的。当经济以非常快的速度增长或者实际利率非常低的时候，通货膨胀的风险就会开始上升。强劲的经济的特点是对资源的大量使用以及对货币的强烈需求。例如，失业率在此期间会大幅下降。市场上越来越少的掌握熟练技能的工人，导致了工资面临着上涨的压力，而且工资的上涨速度将越来越快。在这种情况下，GDP 将会以高于 2.5% ～ 3% 的速度增加。

持续下降或者处于低水平的失业率意味着劳动力市场开始收紧。在这种情况下，工资水平呈快速上升趋势。起初，企业可以通过提高生产率的方法抵消工资上涨的成本。只要企业能够满足生产能力的扩张并保证充足的劳动力，这个目标是不难实现的。然而，当企业的生产能力接近设备使用率的极限且劳动力变得稀缺的时候，其生产率就会下降。这样一来，单位劳动力成本就面临着上行压力——也就是说，工资水平会随着生产率的变化而调整。

强劲的经济所导致的另外一个结果就是市场对原材料的需求增加。原材料的价格是第一个随着经济的快速增长而开始上涨的（见图 8-1）。在原材料价格上涨的初期，这部分成本可以通过加工效率抵消。

图 8-1 在货币总量增长的情况下,大宗商品价格的重要转折点反映了由通货膨胀导致的经济环境的变化

在强劲的经济环境下,影响通货膨胀的第 3 个重要因素是对货币的需求。短期利率对信贷需求的敏感程度丝毫不亚于原材料对生产需求的敏感程度(见图 8-2)。然而,有一点要注意的是,原材料成本的上涨影响着企业的盈利能力。

图 8-2 大宗商品与短期利率的周期转折点是同步的,其波动幅度取决于领先它们的实际短期利率水平

通货膨胀的形成过程可以通过将领先、同步和落后指标相结合的逻辑模型进行表述。这里，我们把货币供给增长作为领先指标，经济增长作为同步指标，大宗商品价格以及生产者和消费者价格的变化作为落后指标，它们之间的关系可以通过以下的顺序表示。

- 货币供给增长见顶。
- 经济增长见顶。
- 大宗商品价格、生产者和消费者价格增长见顶。
- 货币供给增长见底。
- 经济增长见底。
- 大宗商品价格、生产者和消费者价格增长见底。
- 货币供给增长见顶。

至此，新一轮经济周期开始。

因此，强劲的经济会导致劳动力、原材料以及货币等资源价格的上涨。起初，企业可以承担这些上升的成本，但是随着时间的推移，企业的边际利润率开始下滑。这个时候，企业就需要将这部分增加的成本转嫁到消费者身上。劳动力、原材料和货币的成本代表着企业运营的成本，因此，这些成本的上涨将会对企业的盈利能力产生负面的影响。鉴于通货膨胀对企业盈利能力的负面影响，企业试图通过削减成本的做法以保证其盈利能力。其具体表现在：①以延迟实施计划内项目的方式减少从银行的贷款；②通过削减原材料的成本降低库存；③通过裁员减少劳动力成本。

从消费者的角度来讲，高企的通货膨胀降低了他们的实际收入以及购买力。因此，消费者对持续上涨的通货膨胀的反应就是减少其支出水平,而经济也会随之减速。

企业和消费者对通货膨胀的反应导致了经济增速的放缓。而这种情况也将持续到引发通货膨胀的因素下跌才会停止。也就是说,经济的下行会延续到不断上涨的大宗商品价格、劳动力成本和利率出现下跌为止。只有低通货膨胀才会提高消费者的收入,并且增加他们的购买力。另一方面,更低的成本会提高企业的边际利润率,从而鼓励企业实施那些因为成本不断上升导致盈利能力下降而被迫搁置的项目。

如果美联储在保持低实际短期利率的同时持续加大货币供给增长的规模,那么很有可能导致出现恶性通货膨胀。在典型的金融周期中,货币供给的增长会从低于3%的水平上升到超过10%的水平,其上涨幅度远远超过5%~6%的平均增长率。经济周期之所以会发生较大的波动,是因为急剧上升或下降的货币供给总量。美联储面临的挑战是既要保持货币供给增长尽可能地接近5%~6%的水平,又要避免流动性的规模出现大范围的波动,进而避免经济周期发生波动。对于投资者来说,重要的是根据货币政策的两个参数来判断通货膨胀周期的类型。

大宗商品与经济周期

诸如铜、天然橡胶、原油、铝和钢材等大宗商品的价格,能够为投资者提供非常实用的信息。大宗商品的价格对需求非常敏感。由于对大宗商品的需求主要取决于经济表现的强弱,因此,其价格的变动将会为经济周期的发展方向提供及时的信息。大宗商品的重要性在于其价格对需求的敏感程度。当经济环境向好时,其对大宗商品的需求就会增加,而投资者则会根据大宗商品提供的及时的、无偏差的信息了解到经济正在发生什么。如果大宗商品的价格下跌，则说明当前的经济已经不再像以前那样保持强势了。因此，大宗商品的表现从客观上为我们提供了市场是如何对经济环境做出反应的衡量标准。大宗商品的重要性不仅体现在它向投资者及时反馈了经济正在发生什么的信息，而且还体现了其作为衡量市场反馈的客观且无偏差的标准。

通常情况下，由政府汇集发布的各种经济指标都会出现至少一个月的延迟。也就是说，这些信息对于我们来说太迟了。我们每天都可以获得大宗商品的信息，因此这个数据并不需要进行修正。因此，全世界的财经类报纸都会通过大量的版面刊登大宗商品的价格信息。那些经验丰富的商人和投资者根据他们对大宗商品价格的理解做出重要的投资决策。例如，铜、铝、天然橡胶、原油、黄金、白银、钯、铂金和钢材等大宗商品的价格趋势为投资者判断经济发生了什么提供了重要的依据。CRB大宗商品指数在评估经济环境的过程中也发挥着重要的作用，这是因为该指数体现了一揽子常用大宗商品的表现。这些指数的价格的上涨意味着经济正处于强势的增长当中。另一方面，这些指数的价格的下跌则表明经济正处于明显的下跌之中。

大宗商品的另外一个重要特征是它们都倾向于朝着同一个方向移动。我们很难看到一种大宗商品走强而其他大宗商品走势疲软的情况。最终，上涨幅度过快的大宗商品的价格将会回落，其增长率也将和其他大宗商品的增长率保持一致。例如，1999～2000年，尽管原油的价格从10美元/桶飙升到32美元/桶，但是黄金的价格仍旧维持在300美元/盎司的水平，而其他大宗商品的价格也没有出现大幅的波动。这个案例说明，大宗商品价格的上涨并不具有普遍性。

虽然大宗商品价格属于落后指标,但是其在经济增长过程中的变动却不存在滞后性。因此,大宗商品价格的上涨预示着经济正在走强,而大宗商品价格的疲软或者下跌则标志着经济开始减速。

一般来说,大宗商品的价格只有在经济发展非常强势的情况下才会上涨。然而,强劲的经济表现只有在美联储实施宽松的货币政策以及实际利率走低的时候才会出现。如果实际利率走高,则大宗商品的价格很难在相当长的一段时间内保持稳定。当实际利率处于高位时,大宗商品的价格要么保持比较稳定的走势,要么出现下跌。

20世纪70年代,在货币供给强势增长以及低实际短期利率的货币宽松政策的影响下,所有的大宗商品价格出现了上涨。大宗商品价格的波动幅度要大于生产者和消费者价格。其结果是,大宗商品价格的变化为我们提供了通货膨胀未来走势的线索。如果大宗商品的价格快速上涨,则说明通货膨胀将开始上升。快速上涨的大宗商品价格是货币供给大幅增长、低实际短期利率和强劲的经济共同作用的结果。这三种因素的结合是驱动通货膨胀上涨的主要途径。如果经济减速且大宗商品价格走弱或者下跌,则意味着当前通货膨胀的力量开始减弱。特别是当经济和大宗商品价格的下降先于货币供给增长的放缓和实际短期利率的上涨时更是如此。

工资与通货膨胀

工资的增长与经济周期的表现密切相关。当经济走强时,工资水平会随着失业率的下降而上涨。随着失业率的下降,强劲的经济得到确认,劳动力市场变得越来越紧俏,工资上涨的压力越来越大。当经济下滑接近或者低于其 2.5%～3% 的长期平均水平时,就会导致失业率的上升。随着越来越多的工人涌向劳动力市场,工资增长速度要么维持在现有的水平,要么开始下跌。

作为与通货膨胀同属落后指标的工资增长速度,其在经济周期中的转折点与通货膨胀是相同的。其结果是,在经济周期的波峰和波谷,工资增长速度的转折点会出现在同步指标的转折点之后。

这一过程可以通过下面的顺序表示。

- 货币供给增长见顶。
- 经济和就业率增长见顶。
- 工资增速见顶。
- 货币供给增长见底。
- 经济和就业率增长见底。
- 工资增速见底。
- 货币供给增长见顶。

新一轮经济周期再次开始。

由于工资和通货膨胀之间存在循环关系,因此人们普遍相信紧俏的劳动力市场、强劲的经济和持续上涨的工资是具有通货膨胀倾向的。实际上,工资和通货膨胀之间并没有必然的联系。换句话说,工资的上涨并不会导致通货膨胀的发生。

20 世纪 60 年代和 80 年代,美国经济呈现出工资强势上涨和低通货膨胀的特点。实际上,美国 20 世纪 90 年代的工资增速是 3%～4%,而当时的通货膨胀只有接近 2% 的水平。尽管如此,包括部分美联储成员在内的政策制定者仍然对菲利普斯曲线坚信不疑。菲利普斯曲线认为，失业率高时，通货膨胀低；失业率低时，通货膨胀率高。政策的制定者因此得出结论，不能让失业率下降得太快；否则，通货膨胀会因为高企的工资水平而开始上升。这种想法之所以是不对的，是因为事实表明，20世纪60年代和90年代的工资上涨速度超过了通货膨胀的增长速度，而通货膨胀在此期间得到了控制。菲利普斯曲线却表明了这样一个事实：当就业率增长速度下跌时，工资开始加速上涨。然而，20世纪60年代和90年代的事实证明，工资的上涨并不一定导致通货膨胀。

那么，这种困难的局面又是如何解决的呢？为此，我们要将注意力再次转移到实际短期利率上来。实际短期利率的上升会增加企业的贷款成本，这就迫使企业去投资那些具有高收益率的项目。另一方面，消费者也会因为贷款成本的增加而减少过度消费。

从企业的角度来讲，过高的贷款成本迫使企业去投资那些具有更高收益率的项目。但是，这些高收益率的投资项目通常科技含量高且具备更高的生产率。然而，生产率增长是最容易被我们忽视的一个环节。高企的实际短期利率要求企业必须更加注重效率，从而提高了企业的生产率。企业的生产率越高，其抵消工资水平上涨的能力就越强。例如，如果工资以4%的水平增长，而企业的生产率也同样以4%的水平增长的话，则企业的单位劳动力成本为零。

工资并不是导致通货膨胀的主要因素。实际上，导致通货膨胀的主要原因是低生产率增长。然而，在高实际短期利率的条件下，通过压低价格和保持通货膨胀的低水平，可以迫使企业提高其生产率。由于企业无法在低通货膨胀时期提高价格，因此它们只有通过提高生产率才能提高效率和边际利润率。只有在生产率出现大幅下降的情况下，工资水平才具有通货膨胀倾向。但是，这种情况只有在美联储实施货币宽松政策,且实际短期利率处于或者低于通货膨胀率的时候才会发生。例如,尽管 1999 年的工人工伤补偿金因为制造业部门的强势表现实现了 5.2% 的上涨,但是单位劳动力成本(根据生产率调整的劳动力成本)却因为制造业部门 6.9% 的生产率增长而下降了 1.7%。

美国劳工统计局每个季度发布单位劳动力成本趋势和单位劳动力成本指数,该数据将企业的生产率与工人的工伤补偿金联系在了一起。投资者应当密切关注该数据。单位劳动力成本属于落后指标。该指标在经济快速增长之后上涨,在经济减速之后开始下跌。然而,如果实际短期利率依旧处于很高的水平,投资者就应当意识到单位劳动力成本不会出现强势增长,即使出现上涨,其涨幅也是非常有限的。原因在于,高实际短期利率会导致低通货膨胀。其结果是,企业不能提高价格。为了提高盈利能力,企业必须提高生产率,因为此举会降低劳动力成本。我们将在后面的内容继续讨论与大宗商品、单位劳动力成本和通货膨胀压力的趋势有关的信息,以及这些信息对制定债券投资决策的影响。

货币、通货膨胀和国外投资

通货膨胀是经济的痼疾。日益加剧的通货膨胀预示着经济的运行缺乏效率。这种情况也意味着企业为了提高自身的盈利能力,更加倾向于抬高价格而不是提高生产效率。当企业意识到通过抬高价格要比提高生产率更容易增加其边际利润率时,持续上涨的通货膨胀就会对生产率产生负面的影响。日益加剧的通货膨胀意味着那些依靠固定收入生活的人会因为外部因素的影响而耗尽自己的生活资源,从而迫使他们只能用更少的资源来维持生计。

当人们看到手中的货币由于通货膨胀的上涨开始贬值的时候，不满的情绪就会从经济和全体居民中间传出。当企业为了追求盈利而削减生产成本时，商品的质量就会下降。整个经济过程也会因此而变得无序。

随着通货膨胀的上涨，金融市场也会因为糟糕的表现而充满不确定性，正如20世纪70年代所表现的那样。日益加剧的通货膨胀会扰乱经济和金融市场。这也就是为什么美联储和世界各国的中央银行会以书面的形式承诺控制通货膨胀并实现价格的稳定。实际上，价格稳定意味着当价格缓慢上涨时，企业必须以增加生产率的方法提高边际生产利润，而增加的生产率将会导致经济周期的稳定、经济的健康发展，人们的实际收入也将随着工资水平超过通货膨胀率而增加。

不断上升的通货膨胀经常与政府在经济过程中扮演的角色有关。我们以20世纪70年代的美国为例。鉴于当时的联邦政府积极地扩张其社会发展规划，以及在不提高税收的情况下参加越南战争，从而导致美国的通货膨胀率由3%飙升到了15%的水平。由于政府的支出是通过相对于通货膨胀较低的利率来获得的，因此导致了通货膨胀的上涨，而政府则利用通货膨胀人为提高收入的方法，间接地增加了税收收入。这种做法导致了经济在效率低下的环境中运行。我们再来看看欧洲的情况。20世纪90年代的欧洲经济也是增长缓慢。在日本，由于政府和卡特尔对其经济运行方式的严密控制，日本同样在20世纪90年代经历了长期的经济衰退。

我们在第6章曾经提到，日益加剧的通货膨胀会随着企业的裁员导致失业率的上升，而经济衰退则是必然的结果。美国的经验表明，保持市场相对的自由，一个国家完全可以做到强劲的经济增长和低失业率的并存。

毫无疑问,利率会随着通货膨胀的日渐上行而上涨。考虑到通货膨胀上涨的情况,放款人会对所借出的资金寻求更高的收益率。当通货膨胀上涨时,几乎所有的事情都在朝着不好的方向发展。另一方面,20世纪60年代和80年代的事实证明,伴随着低通货膨胀而来的是经济的稳定增长。

我们可以通过一个国家的货币来反映这种现象,因为通过货币可以衡量一个国家相对于其他国家的失衡问题。强势美元意味着美国经济表现良好,通货膨胀处于稳定或者比较低的水平。而一个国家货币的疲软则说明这个国家在经济、通货膨胀和生产率方面出现了问题。也就是说,这个国家在不稳定的同时缺少解决问题的决心。

从长期来看,货币反映了两个国家之间的通货膨胀差异。通货膨胀差异衡量的是两个国家之间的相对效率。低通货膨胀国家在效率和稳定性方面要强于高通货膨胀国家。因此,货币表现疲软的国家要比低通货膨胀国家的处境更加糟糕。当投资国外的股票市场或者国外资产的时候,我们必须要评估该国货币对投资收益的影响。

例如,假设美国的投资者要在日本投资,如果日元上涨20%,那么,投资者就将获得20%的资本收益。然而,如果日元下跌20%,那么美国投资者的整体收益就是零。尽管该投资者从股票市场获利20%,但是他需要花费比20%更多的日元购买美元来收回投资。所以,他的净收益是零。

综上所述,投资者应当在那些货币保持坚挺的国家投资以规避可能出现的货币风险,因为货币的贬值会减少你在该国投资获得的收益。鉴于一个国家货币的长期趋势是由该国的通货膨胀走势决定的，因此，投资者在投资之前应当大致了解该国的实际利率水平。这样一来，投资者就会清楚他在投资过程中将会遇到哪些货币风险。因为我们知道，一个国家的通货膨胀主要取决于该国的实际利率水平。

例如，韩国的短期利率在 2000 年的时候是接近 6% 的水平，但是其通货膨胀率只有 1%。显然，韩国的货币当局实施的是稳健的货币政策。因为短期利率处于 5%～6% 的低水平，而实际利率又因为短期利率高于通货膨胀率而升高，通货膨胀从各方面来讲都处于很低的水平。因此，这些信息意味着韩国的货币是非常坚挺或者强势的。

然而，我们假设美国的短期利率是 5%，通货膨胀率是 2%。此外，委内瑞拉和墨西哥的短期利率都接近 35%，而通货膨胀率是 30%。在这个案例中，委内瑞拉和墨西哥两国都存在着货币风险。原因有二。首先，远高于 5% 的短期利率意味着该国存在着严重的结构性问题。其次，两国的实际利率相对于美国而言处于非常低的水平。我们看到，美国的利率是其通货膨胀率的两倍多。然而，委内瑞拉和墨西哥的实际利率只是其通货膨胀率的 1.2 倍。也就是说，与美国相比，委内瑞拉和墨西哥两国的货币政策可能会导致更高的通货膨胀，因此两国的货币相对于美元而言属于弱势货币。因此，投资者应当避免在这两个存在高货币风险的国家投资。这些数据可以从互联网以及每周出版的《金融时报》或者《经济学人》杂志中获取。

投资影响

通货膨胀的走势为金融市场的长期发展趋势提供了非常有用

的信息。稳定且低水平的通货膨胀体现了稳定的经济。与其他的落后指标一样，只有稳定的通货膨胀才能够为金融市场的发展营造良好的经济环境。低通货膨胀意味着稳定的经济环境，稳定的短期和长期利率又是实现这一目标的必要条件，而股票和债券市场的走势也将得益于稳定的经济环境。

然而，日益加剧的通货膨胀、快速上涨的大宗商品价格、劳动力成本和利率为投资者发出了重要的预警信号，也就是说，股票和债券市场的风险正在上升。随着落后指标的上涨，投资者应当意识到领先指标的表现将会出现反转。因此，通货膨胀、劳动力成本和利率（三者都属于落后指标）的上涨会对股票市场（领先指标）产生负面的影响。如果通货膨胀上涨，那么股票市场的投资风险就会因为利率的上涨而增加，即使股票的每股收益在此期间出现了大幅增长也是如此（见图8-3）。所以，投资者此时应当远离股票市场。在通货膨胀上涨期间，投资者可以将投资的重点转向贵金属、房地产以及能源类的股票——就像20世纪70年代那样投资硬资产。

下面的模型显示了通货膨胀和硬资产投资与经济和金融周期之间的联系。在该模型中，货币供给增长是领先指标，经济是同步指标，大宗商品和通货膨胀是落后指标，其发生顺序可以表示如下。

- 货币供给增长见顶。
- 经济增长见顶。
- 通货膨胀见顶，铜、铝、CRB大宗商品指数和房地产价格见顶。
- 货币供给增长见底。

- 经济增长见底。
- 通货膨胀见底，铜、铝、CRB 大宗商品指数和房地产价格见底。
- 货币供给增长见顶。

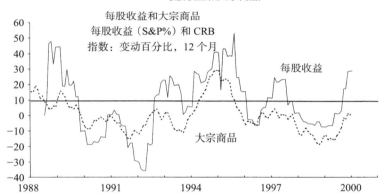

图 8-3 标准普尔 500 指数成分股的每股收益增长与大宗商品价格的周期转折点是同步的。其背后的主要驱动力量是经济的增长。强劲的经济导致了每股收益、大宗商品价格和利率的上涨，进而导致了股票市场投资环境的恶化。然而，从长期的角度来看，每股收益的增长与名义 GDP 的增长、货币供给和股票价格密切相关

新一轮经济周期开始。

当通货膨胀上涨时，短期利率也很有可能上涨，通货膨胀的上涨趋势也随之出现。在这段时期内，随着股票市场的风险逐渐加大，作为股票安全替代品的短期货币市场工具的收益率将会上涨。因此，相对于股票投资，货币市场工具能够成为那些处于风险中的资本的避风港。

当通货膨胀、大宗商品价格、利率和劳动力成本开始下降时，预示着经济将会以稳健的步伐再次实现增长。在这样良好的经济环境中，投资者应当意识到股票和债券的表现要强于房地产、贵金属和能源类股票的表现。

以下信号利好股票和债券。

- 经济增速放缓，且低于其长期平均增长率。
- 货币供给增加。
- 实际短期利率位于 1.4% 的长期平均值之上。
- 通货膨胀保持平稳或者下跌。
- 大宗商品价格保持平稳或者下跌。
- 利率保持平稳或者下跌。

出现高通货膨胀风险的情况可以归结为以下几点。

- 货币供给持续以超过 6% 的速度增长。
- 经济强劲，并且以超过 2.5%～3% 的长期平均值增长。
- 实际短期利率接近或者低于其 1.4% 的长期平均水平的时间超过 1 年。
- 大宗商品价格大幅上涨。
- 利率上涨。

我们将在下一章中详细讨论这些问题。

第 9 章

债券与经济周期

债券投资是一个非常复杂的话题。到目前为止，我们所看到的一切都对债券价格的表现产生了影响。债券价格（以及因此而衍生的利率水准）是非常重要的经济指标，因为它们可以反映金融市场的风险程度。此外，在经济周期中的特殊时期，债券还可以成为非常好的投资工具。

债券和债券投资这个问题一直是很多专著的研究主题，但它又不是光靠寥寥几页纸就能说清楚的。尽管我们不能在本书中对其进行详尽的介绍，但是我们仍然致力于捕捉债券投资的基本要素。本章旨在解释债券的含义，讨论债券投资的方法以及考察投资债券与债券共同基金之间的差异。

我们随后要考察债券收益率和经济周期之间的联系，以及当经济从缓慢增长走向强势增长，之后再回归缓慢增长时，其对债券收益率变化的影响。对于债券投资者而言，他需要了解债券的本质——即哪种债券存在风险，哪种债券更加安全，以及在经济周期的不同阶段，哪种债券蕴含着巨大的盈利潜力，哪种债券又存在着巨大的亏损风险。

此外，我们还将讨论与长期和短期利率相关的债券收益率曲线的问题。收益率曲线是指长期国债收益率与 13 周国库券的利率之间的差。该指标告诉我们当前经济的态势，以及当前环境下投资股票市场存在哪些风险。

信贷周期是另外一个影响美联储政策的因素，它是不同质量的债券收益率之间的利差的表现过程。通过分析企业债券和国库券收益率之间的差异，投资者可以发现对经济、股票价格以及整个投资策略产生重要影响的趋势。

我们将在接下来的内容里回顾这些信息并且讨论如何寻找债券投资机会，以及哪些实用的预测债券收益率走势的指标。在本章的最后，我们将要讨论这些因素所造成的投资影响。

债券的特征

当一家企业需要为大型投资融资时，他们就会向投资者出售债券。这些债券体现了借款人在若干年里向贷款人返还资金的义务。这里提到的重要的借款人是指美国政府。美国政府利用向投资者发行债券筹集的资金为其日常的运转或者重要的政府项目融资。

借款人的偿还义务取决于若干个指标。第一个指标是利率。该指标规定了借款人向贷款人偿还一定的资金，而这部分资金是贷款人事先知道的，我们把它叫作"息票"。息票的各种权利在债券的发行期内是不变的。如果贷款人承诺每张债券每年偿还 100 美元，那么，其承诺在债券的发行期内都是有效的。

债券的第二个特征是"到期日"。借款人的借款是有具体期限的，通常会在债券发行的时候进行说明。最有代表性的债券到期日是 30 年。只要债券的到期日设定完毕，一般情况下是不能进行更改的。然而，有些债券具有"提前赎回"的特征，其赋予债券的发行者在特殊环境下回购债券的权利。这种具有"提前赎回"性质的债券在其发行的时候就已经对相关的信息进行了披露。例如，当利率下跌的时候，借款人就有可能使用回购条款。通过提前赎回高利率发行的债券，然后再重新以更低的利率发行同等数量债券的方式，借款人可以降低其利率成本。从投资者的角度来看，由于手中的债券随时都有被债券的原始发行人提前赎回的可能，因此，他们的长期收益率是未知的，所以这种具有"提前赎回"性质的债券会对投资产生负面的影响。出于这个原因，带有"提前赎回"条款的债券收益率要比那些不带有此条款的息票的收益率更高。

债券的另外一个特点是**价格**。当债券发行的时候，其在报纸上刊登的价格是以票面价值计算的，通常设定为 100 美元。大多数固定收益证券是以票面价值的百分比进行报价的，这个数值通常设定为 1000 美元。例如，面值为 1000 美元的债券报价 80，意味着其价格是 1000 美元的 80%，即 800 美元。同理，报价为 110.5 美元的债券，其价格是 1000 美元的 110.5%，即 1105 美元。当证券以高于其面值的价格卖出时，说明该证券是溢价出售。如果卖出的价格低于面值，则说明这笔交易是折价出售。

识别债券的另一个因素是收益率。债券收益率是用债券的票面利率除以债券的价格得出的。其中，息票的票面利率是不能改变的。如果息票的利息是 100 美元，债券的价格是 1000 美元，那么债券的收益率就是 10%。我们也将其称为**当期收益率**。

此外，当我们购买债券的时候，**到期收益率**是另一种非常重要的收益率表现形式。到期收益率衡量的是某项投资在到期时获得的年收益率。该数字考虑的是购买债券时支付的费用、利率和到期时间。由于购买证券支付的费用与证券的面值不同，因此证券的到期收益率也不同于当期收益率。

我们在购买债券时还要关注债券价格的变动情况。假设债券的面值是 1000 美元，那么，投资者就可能会以低于或者高于 1000 美元的价格买入该债券，这是因为利率总体水平的变化取决于经济正在发生什么。因此，当长期利率发生变化时，投资者就需要按照更高或者更低的利率购买债券。

假设债券的息票是 100 美元，长期利率的总体水平是 10%。因此，由市场决定的债券价格就是 1000 美元，该债券的当期收益率是 10%。

如果利率水平上升到 15%，那么投资者就会因为利率的上涨开始出售债券而买入证券，并且将这种行为一直持续到收益率达到 15%。换句话说，市场的参与者会持续卖出债券，并且买入那些收益率更高的债券。这样一来，债券的价格就必须下跌到能够让 100 美元的息票实现 15% 收益率的水平。因此，债券的价格将下跌到 667 美元。实际上，只有在 667 美元这个水平上，债券的当期收益率才能够达到 15% 的水平。15% 的收益率是通过用 100 美元（息票）除以 667 美元（债券价格）得出的。这里的重点在于，利率的上涨导致了债券价格的下跌；换句话说，长期利率上涨，债券价格下跌。

现在，我们假设利率从 10% 下降到了 5%。那么，债券的价格就会上涨到 2000 美元。在这个价格水平上，我们用 100 美元的息票除以 2000 美元的收益率，就会得出 5% 的当期收益率。我们看到，长期利率的下跌导致了债券价格的上涨。在这种情况下，投资者因为意识到债券收益率的下跌而积极买入债券以锁定更高的收益率。因此，投资者买入债券的行为会导致债券价格面临上行的压力。我们需要牢记的是，由于息票的利率是由借款人在合同中确定的，因此，长期利率的上涨会导致债券价格的下跌，反之，长期利率的下跌会导致债券价格的上涨。随着债券的价格以及因债券的价格而导致的长期利率走势的变化，投资者将从中获利。我们先来分析经济周期对长期利率趋势的影响，然后再讨论如何利用债券价格的周期性变动制定相应的投资策略。

借款人的**资质**是债券的又一个显著特征。这是因为债券的价格行为取决于借款人的资质是否良好。债券的质量反映了借款人的信用等级。例如，美国政府债券的信用等级是最高的。

信用评级机构会提供企业借款人资质的相关信息。例如，AAA级债券属于信用等级最高的企业债券，BAA级债券的信用等级次之，而BBB级债券则属于投资等级最低的债券。不同的评级机构使用的评级标志也不相同，这就要求投资者在投资之前必须要对标的债券有所了解。

流动性也是投资者买入或者卖出债券的时候应当考虑的重要因素。正如我们所看到的那样，流动性在决定债券价格时发挥着重要的作用。债券的流动性反映了该债券发行数量的多少，美国政府债券市场具有充足的流动性。投资者可以在任何交易日中的任何时间买入或者卖出美国政府债券。

然而，有些规模比较小的企业只发行数量有限的债券，因此买方和卖方都很难找到这种债券的交易对手方。缺乏流动性的债券对债券的价格会产生很大的影响。这也就是信用等级比较低的债券会拥有更高收益率的原因之一。换句话说，如果发行机构发行的债券规模很小，那么只有为数不多的投资者可以买到这些债券。其结果是，如果投资者需要卖出手中持有的部分债券，那么他就会因为市场的限制而很难找到对手方。有些时候，投资者可能需要马上卖出手中的债券。在这种情况下，投资者为了加快其持有的头寸的流动性，往往会在价格上做出一些让步。正是出于这种风险，流动性低的债券为了保证其流动性，通常会出现溢价。

债券的主要特征可以归结为以下几点。

- **息票**。息票代表着投资者每年可以获得的固定美元金额。
- **到期日**。到期日表示借款人在规定的日期所偿还的本金。
- **价格**。由市场决定的债券的价值。
- **当期收益率**。息票的票面利率除以债券的价格。
- **到期收益率**。衡量的是债券到期时的年收益率。
- **资质**。反映了借款人的信用等级。
- **流动性**。借款人发行的债券的数量。
- **提前赎回**。赋予借款人赎回债券的权利。

债券收益率与经济周期

为了将长期利率或者债券的收益率与经济周期联系在一起，首先要把债券收益率的表现归结为落后指标是非常重要的。这是为什么呢？当经济在持续的低迷过后开始以更快的速度增长时，领先指标就已经开始了上涨，而货币供给也已经连续几个月加速增长了。当美联储为了向其经济体系注入必要的流动性而实施宽松的货币政策时，实际短期利率会因为经济的缓慢增长而处于较低的水平。此时,企业开始出现复苏的迹象,其边际利润率也会因为成本的下降而得到提升。企业现在获得的新订单使得库存得到了补充,生产规模开始扩大。消费者信心随着就业率的增长开始上升。在此期间,低速的经济增长与低通货膨胀共存,大宗商品价格疲软,企业因为没有积极投资的意愿而减少了对货币的需求,因此,债券的收益率将会下跌。

随着经济的走强,企业这时的借款行为还不是十分强烈,但是企业会随着新经济机会的出现开始加大借款规模。经济从一个缓慢增长的时期开始加速增长,其发出的一个信号就是短期利率和长期利率因为借款的逐渐增加而保持在稳定的水平。这个时期的失业率也会下降,工资的增长稳定。随着生产率的提升,大宗商品的价格在保持稳定的同时还会出现上涨。通货膨胀停止下降并保持稳定。

当经济逐渐走强且增长位于其长期平均水平之上时,经济周期的压力开始显现。企业订单增长强劲,消费者信心、支出和收入达到很高的水平,生产率和就业率持续创出新高。大宗商品价格开始大幅上涨。

企业试图通过积极扩大产能的方式满足市场的强烈需求。因此,不断加大的贷款规模将导致生产能力、工资和大宗商品价格的持续上涨。此时的通货膨胀压力已经显现,而长期利率也会因此面临上行压力。对货币的需求反映了这样一个事实,贷款人现在试图通过包含在债券收益率中的通货膨胀溢价来保证他们的资本不会受到通货膨胀上涨造成的影响,所以,债券的价格必然会上涨(见图9-1)。债券收益率的上升意味着债券的价格开始进入下行周期。现在,所有的落后指标都处于上涨之中。落后指标的上涨意味着企业的成本对其盈利能力产生了下行压力。因此,企业会在必要的时候选择更加保守的策略并且开始削减成本。其结果是，长期利率的高企导致了原材料的订单减少，雇用工人的数量下降，失业率上升，企业通过结构调整提升边际利润率，库存下降，投资减少。

图 9-1 债券收益率与通货膨胀的周期转折点同步

随着包括长期利率在内的落后指标处于很高的水平，经济周期进入了减速阶段。这种情况会一直持续到经济增长位于其 2.5%～3% 的长期平均水平之下的时候。当经济增长因为投资计划、雇用人数的减少以及库存的增加而下降或者走低时，通货膨胀也随之走低。当通货膨胀下降时，债券的收益率也会跟随着企业的整体成本下降，债券的价格见底。对货币需求的减少意味着贷款人正在降低包含在债券收益率中的通货膨胀溢价，从而导致债券的收益率下降。随着成本的下降，企业的盈利能力将最终得到改善，而企业也将借此机会再次加大贷款规模，新的经济周期即将到来。

当经济出现过热，工资水平和通货膨胀加速上行，大宗商品价格持续上涨时，长期利率就会像所有的落后指标表现的那样，开始上涨。当商业减速，经济、工资水平、贷款规模和通货膨胀开始下降时，债券的收益率就会像所有的落后指标表现的那样，开始下跌。

我们不禁要问，什么时候才是买进债券的最佳时机呢？答案是，当经济和所有的指标因为货币供给和大多数领先指标的持续下降而放缓或者下跌时。当经济增长位于或者低于其长期平均增长率之下，以及通货膨胀保持稳定或者开始下跌的时候，债券的价格上涨。当货币供给快速增长和通货膨胀压力凸显造成强劲的经济环境和日益加剧的通货膨胀时，债券的收益率会上涨，因此，这个阶段并不是投资债券的最佳时机。

债券的收益率或者长期利率与经济和金融周期之间的联系可以通过以下的模型表述。我们的模型仍然使用领先、同步和落后指标。在这种情况下，货币供给增长是领先指标，工业产品的增长是同步指标，债券的收益率和通货膨胀是落后指标。这些变量之间的先后顺序可以归结如下。

- 货币供给增长见顶。
- 工业产品增长见顶。
- 通货膨胀和债券的收益率见顶。
- 货币供给增长见底。
- 工业产品增长见底。
- 通货膨胀和债券的收益率见底。
- 货币供给增长见顶。

新一轮经济周期再次开始。

影响债券价格波动的因素

固定收益证券的价格波动幅度是由 3 个主要因素决定的。第 1 个因素是债券的到期日，第 2 个因素是息票利率，第 3 个因素是波动开始时的实际利率水平。每一个因素或者几个因素的组合都会影响债券价格的波动幅度。我们将分别考察每一个因素是如何发挥作用的。这些信息在投资者制定债券投资策略的过程中起着非常重要的作用。

我们首先考察债券的到期日。债券的到期日越长，其价格的变化和波动幅度也就越大。假设债券的收益率从 7.11% 上涨到 9.48%，或者说上涨了 1/3。那么，息票票面利率 8% 且到期期限为 5 年的债券价格将下跌 9%。如果到期期限是 20 年的话，则债券价格将下跌近 21%。同理，到期期限为 30 年且票面利率是 8% 的债券，其价值将下跌 23%。换句话说，假设债券与长期利率在等级、收益率和变动等方面相同的话，则债券的到期日越长，其价格下跌的幅度越明显。

债券的这个特点为我们提供了重要的投资原则。如果预计利率上涨，投资者为了将资本的损失控制到最低，应当持有短期债券。实际上，当长期利率因为强劲的经济和高企的通货膨胀而上涨时，投资者最理想的策略是持有到期期限最短的货币市场票据。即将在近期到期的货币市场票据是不容易导致资本损失的。这些短期借据对利率变化的敏感程度几乎可以忽略不计，这是因为借款人需要在很短的一段时间，通常是几周的时间里向贷款人偿还本金。

如果利率下跌，投资者可以考虑投资到期期限最长的债券。因此，如果预计利率下跌，为了实现收益的最大化，投资者应当持有到期日最长的任何类型的债券。例如，到期日为30年的政府债券。

导致债券价格波动的第二个因素是息票利率，或者是息票债券发行时其面值的收益率。息票利率越低，债券价格的波动幅度越大。假设债券的收益率从7.11%上涨到了9.48%。那么，到期期限为20年且息票利率为8%的债券价格将下跌近21%。到期日为20年且息票利率为4%的债券价格将下跌近24%。显然，低利率息票债券的价格波动更大。如果预计利率下跌，则那些息票利率最低的债券通常会出现最大的盈利机会，这是因为这种债券对市场利率的变化更加敏感且波动更加剧烈。

当执行基于债券的投资策略时，我们就需要考虑另外一个重要的因素。如果预计利率上涨，那么投资者最好持有息票利率更高的债券。在这种情况下，为了避免资本的损失，投资者最好不要持有任何债券。然而，如果预计利率下跌，那么投资息票利息更低的债券，则可以实现利润的最大化。

决定债券价格波动的第三个因素是波动开始时的实际利率水平。收益率水平越高，债券价格的波动幅度越大。例如，如果投资者在利率为15%的时候买入了债券，那么债券价格的波动幅度要大于那些在利率为8%或者6%的时候买进的债券。1982年，当10年期国库券的收益率达到15%的峰值时出现了买入的最佳时机，因为当人们在这个时点买入债券的时候，其收益率是从当前到20世纪结束时最高的。实际上，债券整体收益率（利率加资本收益）在其开始下跌的第1年的表现要好于股票的表现，这是因为自利率从很高的水平开始下跌，投资者就能够获得很好的资本收益。

此外，决定债券价格波动的另外一个因素是债券的等级。相对于到期日相同但等级更低的债券而言，更高等级的债券往往拥有更低的收益率。低等级的债券之所以会拥有更高的收益率，是因为投资者在将资金出借给等级较低的借款人时会要求一定的溢价。其结果是，到期日相同的债券更倾向于以更低的价格出售，因此，其包含在债券中的风险溢价就会推升债券的收益率。由于低等级债券的高风险属性，投资者认为这些债券的波动幅度比高等级债券的波动幅度更大。

我们在前面的内容里指出，美国政府债券是等级最高的债券，它与其他债券的衡量标准是不同的。很多衡量债券等级的评级标准包括：①债券发行人任何现有债务的数量及其构成；②发行人现金流的稳定性；③债券发行人履行偿还利息和本金的义务的能力；④资产保障；⑤管理能力。

流动性是决定债券价格波动的又一个因素。债券的流动性或者流通性影响着其支付利率，以及债券与其他证券之间的利差。债券的流通性由两个要素组成：①在没有明显影响债券价格的条件下，债券在某一时点的买卖数量；②完成预期交易所需要的时间量。在所有条件不变的条件下，流通性差且交易清淡的债券，其收益率要比流动性更强的证券的收益率更高。流动性强的证券可以在很短的时间内完成大量的买卖交易，而流动性差的债券在发行规模相等的条件下，需要花费大量的时间或者打折，或者同时采取两种方法，才能够完成交易。因此，我们有理由相信，高流动性债券要比低流动性债券在价格上的波动幅度小。从某种程度上讲，流动性差的债券之所以存在更高的风险，是因为这种类型的债券不能够做到及时的买卖。

投资者在买卖债券时还应当把"赎回保障"因素考虑在内。投资者可能会在债券到期日之前赎回某些长期证券。通常情况下，投资者并不热衷于这种具有提前赎回性质的债券，这是因为借款人经常会在利率下跌之后赎回债券，然后再以更低的利率发行新的债券。借款人赎回已经发行的债券的目的在于以更低的利率重新发行新债券，我们把这种行为称作"替代"（用较低利率发行的新债券替代旧债券）。

在市场利率变动的作用下，影响债券价格波动的主要因素可以归结为以下几点。

- **到期日**。债券的到期日越长，其价格波动越大。
- **息票利率**。息票利率越低，价格波动越大。
- **收益率水平**。债券的收益率水平越高，其价格波动越大。
- **等级**。债券的等级越低，其价格波动越大。
- **流动性**。流动性的不足将加大债券价格的波动。

收益率曲线

利率及其与经济周期的关系是最复杂的研究课题之一。到目前为止，能够真正理解这个微妙且复杂问题的人非悉尼·霍默莫属。当我们谈论利率的时候，必须要把短期利率和长期利率区分开来。

短期利率与长期利率之间的关系为我们提供了包括金融市场和经济前景的联系与风险在内的重要经济信息。由于短期利率比长期利率的波动幅度大，因此，短期利率的涨跌速度要比长期利率的涨跌速度快。

我们将不同到期日的债券收益率之间的联系称为**利率的期限结构**，而表示两者间关系的曲线则称为**收益率曲线**。我们用纵轴代表收益率,用横轴代表距离到期日的年限。当短期利率低于长期利率时,收益率曲线向上倾斜。当短期利率与长期利率基本持平的时候,收益率曲线的走势是平坦的。此外,短期利率高于长期利率的情况比较少见,只是在20世纪70年代和2000年的时候出现过。在这种情况下,收益率曲线是向下倾斜的。收益率曲线的每日变动信息可以从彭博(Bloomberg)的官方网站获取。

从经济周期的角度来讲,收益率曲线的倾斜程度为我们提供了经济周期未来趋势的重要线索。我们可以通过衡量长期利率和3个月期国库券利率之间的利差或者比率,来衡量收益率曲线的倾斜程度。当两者之间的利差缩小时,收益率曲线的走势是平坦的。然而,随着利差的扩大,收益率曲线变得陡峭(见图9-2)。

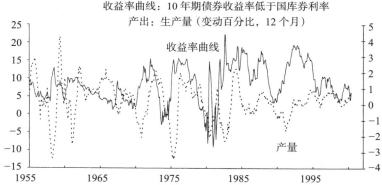

图9-2 衡量短期利率与长期利率之间利差的收益率曲线的倾斜程度属于经济周期中的领先指标。利差的缩小将导致经济增长的放缓,而利差的扩大将导致经济活动的快速增加

我们发现,长期利率高于短期利率意味着未来经济的良好增

长以及稳定的金融市场,通过对经济周期中位于不同时点的收益率曲线的分析,我们得出收益率曲线向上倾斜的结论。

当利率上涨的时候,长期利率与短期利率之间的利差就会缩小,我们将会得到一条平坦的收益率曲线,这意味着经济开始从最初的快速扩张进入减速阶段。当短期利率高于长期利率时,经济开始衰退,随之而来的是收紧的信贷环境和高风险的金融市场。我们此时将得到一条向下倾斜的收益率曲线。在此期间,信贷紧缩、经济萧条、通货膨胀上涨以及金融机构的财务问题都将出现。这种情况大多发生在20世纪70年代。

这些事情不太可能发生的原因在于20世纪70年代的特殊性。在这些年中,由政府不断加强的监管、货币供给总量的强劲增长以及实际短期利率长期低于其历史平均水平是产生通货膨胀的主要原因。除非这些几乎不可能出现的情况再次发生,否则就不会出现金融不稳定的情况。

历史的经验表明,收益率曲线是经济增长过程中非常重要的领先指标,其通常领先经济周期的重要转折点几个月的时间。

短期利率与长期利率之间的利差之所以会成为领先指标,其中的一个原因是长期利率与短期利率之间的差意味着贷款人出借资金以及向借款人提供贷款的意愿。

银行从消费者那里收取资金,并且向消费者支付与90天国库券利率挂钩的存款利率。随后,银行再将这笔资金放贷给消费者或者企业去投资长期项目,从而按照长期利率收取费用。当长期利率远远超过短期利率时,银行就可以从这笔交易中获得很高的利润。换句话说,当收益率曲线陡峭的时候,贷款者更愿意出借手中的资金,从而以增加流动性的方式刺激经济。当短期利率和长期利率之间的利差缩小且收益率曲线走势平坦时,银行的利润空间就会受到挤压。随着收益率曲线的平坦走势以及短期利率和长期利率之间的利差缩小，贷款者的利润空间就会变小。随着收益率曲线因为刺激规模的减小而变得平坦时，贷款者会因为收益率曲线过于陡峭而减少对企业和消费者提供信贷。随着收益率曲线走势的平坦，企业和消费者可获得信贷的减少最终会导致经济的减速。

当收益率曲线随着短期利率高于长期利率而出现反转或者向下倾斜时，贷款者出借资金的意愿已经越来越小甚至完全没有了。这是因为贷款者投资国库券所获得的收益比向企业贷款获得的利润多。这也就是信贷危机通常会出现在这个时期的原因。贷款者此时已经不再具有出借资金的意愿了。然而，随着收益率曲线的走势越来越陡峭，贷款者出借资金的意愿会越来越强烈，经济也会因此而重拾升势。

收益率曲线（领先指标）、工业产品增长（同步指标）和短期利率（落后指标）三者之间的联系可以通过以下的先后顺序表现。

- 收益率曲线走势平坦。
- 工业产品增长放缓。
- 短期利率见顶。
- 收益率曲线走势陡峭。
- 工业产品增长加速。
- 短期利率上涨。
- 收益率曲线走势平坦。

至此，新的周期再次开始。

信贷周期

我们在前面的内容里了解到，到期日相同的债券会因为等级的不同而拥有不同的收益率。低等级债券的收益率之所以更高，是因为贷款者需要从这种类型的债券上面获得一定的溢价；因此，它们的利率会更高。我们可以通过两种基本的方法计算证券收益率之间的利差。第一种方法是计算两种证券之间收益率的差。第二种方法是计算两种证券收益率之间的比率。例如，如果 BAA 级债券的利率水平是 8%，10 年期国库券的收益率是 7%，那么，两者间利率的差就是 1%（计算两种证券收益率的差），如果按照计算比率的方法，则两者间的比率是 1.4。

导致利差变动的驱动力量是经济周期的走强以及对信贷的需求。在到期日相同的情况下，企业债券的收益率通常要高于国库券的收益率，这是因为国库券是安全性最高且流动性最强的工具。美国政府的支持是这种债券具有很高安全性的强大后盾。出于这个原因，使用收益率比率的方法计算企业债券和国库券之间的利差通常都会大于 1。

作为经济周期中的领先指标，利差的表现为经济和金融市场的健康发展提供了更多的信息。利差的扩大是由于企业看到了新的投资机会而加大借款规模导致的。货币需求的增加是通过更高的利差和货币供给的加速体现的。由于流动性的扩张，经济开始走强，从而增加了对信贷的需求。随着利率的下跌或者趋于稳定，利差和货币供给将持续增加。利差随着经济的走强扩大是因为大量的边际借款人为了新的投资而进入市场寻求资金导致的。当然，不断上升的信贷风险要求市场在面对这些边际借款人时获得更高的利差。因此，在强劲的信贷需求与日益增长的信用状况不佳的借款人的共同作用下，低等级与高等级债券之间的利差不断扩大。最终，由强劲的经济引起的利率上涨将进一步减弱信贷需求的增长。随着货币供给的下降，利差也随之缩小，而经济也会最终因为流动性和投资的减少而放缓（见图9-3）。例如，1995年，信贷需求因为利率的下跌而再次开始扩张。

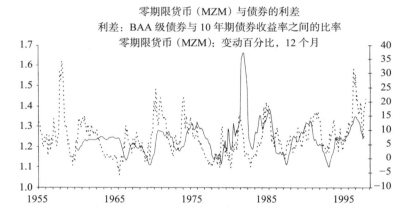

图9-3　零期限货币的增长与BAA级债券和10年期国库券收益率的周期形态同步。投资者可以根据债券收益率的利差判断货币供给增长的趋势

在当时，货币供给的增长是非常缓慢的，而BAA级债券与10年期国库券收益率之间的利差正位于1.2的周期低点（该比率通过两种债券收益率之间的比率获得）。随着货币供给增长在1999年上涨到了15%的水平，以及BAA级债券和10年期国库券收益率之间的利差上升到1.6的水平，自1960年以来的第8个金融周期正在形成。当利率在1998～1999年开始上涨的时候，信贷需求开始下降，其结果是，货币供给增长和利差双双见顶。

在经济疲软的情况下，利率只有在企业重新找到符合其自身能力的新投资项目时才会停止下跌。此时，利差停止下跌，货币需求上升，从而导致货币供给增长的快速增加。因此，新一轮的信贷周期开始。

需要重点留意的是，股票价格的上涨是与货币供给增长和收益率利差扩大同步的。收益率利差是经济中的领先指标，其转折点与货币供给增长和股票价格的上涨是同步的。我们可以这样理解，利差的扩大意味着市场对货币的需求增加，进而推动利率的上涨。因此，收益率利差越高，货币供给增长的速度就越慢，从而影响着经济的增长。

债券收益率的预测

当我们预测债券的收益率时，不得不提到长期利率这个落后指标，因为它只有在经济活动持续很长一段的强势表现之后才会上涨。此外，由于收益率反映的是贷款者的通货膨胀预期，所以收益率与通货膨胀的未来走势是同步的。对于所有的落后指标来讲，对未来的预测是从考察诸如货币供给增长、收益率曲线、BAA级债券和10年期国库券收益率的质量利差以及消费者情绪等领先指标的趋势开始的。

伴随着持续数月上涨的领先指标而来的，是就业、收入、零售额或者生产量等同步指标的上涨。在同步指标强势上涨若干个月之后，落后指标见底。此时，债券的收益率止跌，窄幅震荡的大宗商品价格、通货膨胀和劳动力成本开始缓慢上涨。

债券的收益率和落后指标也会上涨，并且在领先指标和同步指标持续下跌几个月之后见顶。换句话说，债券的收益率只有在货币供给增长下跌至少 12 个月且同步指标出现明显疲软的情况下才会出现周期性顶部。

货币供给和经济的强势增长、不断上涨的大宗商品价格和通货膨胀，为债券的走势奠定了熊市的基础。投资者应当在此期间抛售手中的债券。另一方面，货币供给的持续下降将导致经济和大宗商品价格的进一步疲软，以及更低的通货膨胀，这种情况意味着债券即将迎来牛市行情。投资者应当在此期间买入债券。

预测债券收益率走势的一个非常实用的指标是实际债券收益率。实际债券收益率是用长期国库券的收益率减去通货膨胀得出的。当实际债券收益率低于其历史平均水平时，通货膨胀的倾向显现，这是因为相对于通货膨胀来讲，货币在此期间是贬值的，进而导致信贷的需求过旺、经济强势以及日益加剧的通货膨胀。这对于债券来说是相当不利的。当实际债券收益率高于其历史平均水平时，债券的收益率会倾向于下跌或者维持在一个稳定的水平上。如果实际债券收益率超过 4.0%，债券就将迎来牛市。如果实际债券收益率低于 2.8%，则意味着债券的熊市即将到来。在衡量实际债券收益率的过程中，我们建议投资者利用 10 年期国库券收益率减去通货膨胀率——也就是说，消费者价格指数（CPI）在过去 12 个月中的增长。

全美采购经理人协会价格指数是评估债券收益率走势的另外一个实用指标。该价格指数显示的是采购经理人支付更高价格的百分比。当该百分比超过 50% 时，意味着通货膨胀的压力非常大，因此对债券形成了利空。另一方面，当该价格指数跌破 50% 时，通货膨胀的压力下降，此时的经济环境有利于债券的走势。

全美采购经理人协会每个月都会发布采购经理人指数，投资者可以通过互联网获取这些信息。该指数围绕着 50% 这个数值震荡。当该指数超过 50% 时，说明经济正在强势增长，而债券的收益率在此期间上涨的概率很大。当该指数向下接近或者低于 50% 时，债券的收益率很有可能下跌，从而有利于债券的投资。

货币供给增长和名义 GDP 增长之间的关系同样可以为判断债券的收益率走势提供线索。货币总量的增长（例如，零期限货币）大于名义 GDP 的增长意味着信贷扩张的速度要大于经济增长的速度。这种具有通货膨胀倾向的环境有利于提高债券的收益率。投资者应当在此期间抛售手中的债券。另一方面，当货币供给增长低于名义 GDP 的增长时，经济将会减速且通货膨胀压力下降。这种走势最终会导致更低的债券收益率，投资者应当在此期间买入债券。5 年期国库券的收益率将紧随 GDP 增长（见图 9-4）。

图 9-4　债券的收益率水平取决于名义 GDP 的增长（在通货膨胀之前）

另外，大宗商品价格也是衡量债券收益率趋势的重要指标之一。通常情况下，大宗商品价格会在长期利率之前启动。根据黄金、原油以及铜和铝等原材料的价格变化，我们可以判断经济，特别是制造业部门的发展是否强劲。当大宗商品价格上涨时，债券的收益率将会上升。另一方面,当经济疲软且大宗商品价格下跌时,债券的收益率保持稳定或者下跌的概率就会加大,从而开启了债券市场的牛市行情。

债券投资者还需要注意的一点是,债券的收益率具有很强的周期性。每年的 11 月底到第 2 年的 5 月底是债券有可能上涨的时间段。在每年的 6 月到 11 月底的这段时间里,债券的收益率主要是以下跌或者维持在一个稳定的水平上为主。这个结论是经过多年的历史数据验证得出的。债券的收益率具有周期性的主要原因在于,企业在每年的夏季发展速度减缓,并没有很强的融资意愿。其结果是,货币需求下降,债券收益率的表现更加稳定。

由于债券的收益率和通货膨胀同属落后指标,我们因此可以通过领先指标、同步指标和落后指标之间的关系预测债券收益率的未来趋势。为此,我们将货币供给增长、收益率利差和收益率曲线设定为领先指标,工业产品增长设定为同步指标,通货膨胀和债券的收益率设定为落后指标。它们之间的关系可以通过下面的顺序表述。

- 货币供给增长、收益率利差和收益率曲线见顶。
- 工业产品增长速度下降。
- 通货膨胀和债券收益率下跌。
- 货币供给增长、收益率利差和收益率曲线见底。
- 工业产品增长速度见底。
- 通货膨胀和债券收益率见底。
- 货币供给增长、收益率利差和收益率曲线见顶。

新一轮经济周期开始。

投资者还可以利用实际债券收益率来判断债券收益率上涨和下跌的程度。伴随着低实际债券收益率而来的往往是债券收益率的大幅上涨。另一方面，高实际债券收益率预示着债券收益率即将见顶。当然，实际短期利率对整体通货膨胀发展趋势的影响也是我们在预测过程中需要考虑的问题之一。

投资影响

当经济增速放缓、货币供给下降、实际收益率高企、采购经理人指数跌破 50% 以及大宗商品价格疲软时，债券的投资吸引力就会大大增加。投资者在这种经济环境下应当买入长期债券或者投资标的是长期债券的共同基金。

然而，只要经济出现走强的征兆，比如说，货币供给的持续增加、不断上涨的大宗商品价格、加速生产的工业产品、日益上升的消费者信心、低实际债券收益率以及采购经理人指数突破 50% 等，投资者就应当意识到债券的收益率很有可能在本轮经济周期中见底。鉴于短期债券具有价格波动小的特点，投资者为了保证自己的投资组合不受到冲击，应当采取将货币转换为短期债券的方式来缩短其投资组合中债券的到期日。

当经济发出走强的信号时，债券投资者务必要采取防守策略，并且尽可能地缩短债券的到期日。作为替代策略，投资者可以减少在债券上的投资金额，转而增加货币市场工具或者货币市场共同基金的投资规模。

运用灵活的投资策略对于一个成功的债券投资计划是至关重要的。当债券的收益率位于稳定的水平或者处于下跌过程中时，投资者需要逐步加大投资组合中债券到期日的期限。然而，为了将投资损失最小化,债券的到期日应当随着收益率的上升而缩短。

当信贷周期随着利差的扩大而处境十分糟糕的时候,投资者可以选择买入低等级的短期债券,因为相对于国库券而言,低等级的债券能够获得更高的收益率。我们也可以因此锁定高利率。在这个阶段,最安全、谨慎的投资策略就是利用信贷周期的特点买入短期债券实现收入的增加。

此外,债券的价格变化也是需要考虑的重要因素,因为债券收益率的上升会造成债券投资者的资本损失。另一方面,经济减速是投资债券的绝佳机会。在此期间,投资债券可以获得可观的资本与利息收益。

如果我们预期债券的收益率将会上升,就应当逐步减少对债券的投资,转而加大对短期债券、国库券或者货币市场共同基金的投资规模。如果投资者利用债券的周期价格变化投资债券共同基金,那么此时就应当抛售债券共同基金并买入国库券或者货币市场共同基金。

债券有两种投资途径。第一种选择是购买实际的债券,其购买程序与股票类似。第二种途径是购买以债券投资为主营业务的共同基金。

由于这两种投资工具的风险和收益率都不相同,因此,投资者在这两种投资途径的选择上就显得至关重要。当投资者买入债券的时候,他们必须确认自己能够在债券到期时按照债券的票面价值收回资金。这种债券投资的方法一直被视为是安全的。如果债券到期时没有造成投资者的资本损失,则说明它是高等级债券。

然而,买入并持有策略会对整个债券投资组合的收益率产生不利的影响。如果利率上涨,那些投资短期工具的投资者将会获得更高的收益率。如果利率下跌,这些投资者则会重新进行债券投资。买入并持有策略虽然是一种比较安全的投资策略，但是其收益率显然要比那些根据经济和金融周期制定的投资策略的收益率低得多。

债券投资的第二种途径是购买共同基金。这种投资方式没有票面价值的概念，我们能看到的只是共同基金的净资产价值随着利率的涨跌而变化。共同基金的净资产价值在利率上涨时下跌，在利率下跌时上涨。显然，投资债券共同基金要比买入实物债券的风险更大，这是因为资本的价值是波动的，它并不能保证投资者在未来能够获得事先预测的收益率。这也正是债券共同基金没有到期日的原因。

债券投资在降低投资组合的波动幅度方面起到了缓冲的作用。然而，当利率下跌的时候，投资者却无法利用其他投资形式提供的投资机会盈利。此外，买入并持有策略会导致你错失在重要的利率周期转折点投资债券所获得的高收益。降低投资组合价值的波动并不完全取决于你所持有的债券的数量，而是取决于你在面对金融周期波动时所采取的策略。

第10章

股票市场与经济周期

在上一章中,我们了解到经济指标、金融指标以及风险的变化是如何在评估风险方向上发挥作用的。为了更好地理解风险的含义,我们必须要清楚各种经济指标之间的内在联系。为此,我们通过简单的经济周期来表述它们之间的关系。在对经济周期和金融周期进行分析之后,我们将大多数指标归纳为领先指标、同步指标和落后指标三大类。

在我们的模型中,这三种指标之间的关系可以按照下面的先后顺序表述。

- 领先指标增长率先见顶。
- 同步指标增长见顶。
- 落后指标增长见顶。
- 领先指标增长见底。
- 同步指标增长见底。

- 落后指标增长见底。
- 领先指标增长见顶。

新一轮经济周期再次开始。

最重要的领先指标包括：

- 货币供给增长；
- 股票价格；
- BAA 级企业债券收益率与美国国库券收益率之间的质量利差；
- 收益率曲线；
- 美元走势。

最重要的同步指标包括：

- 工业生产指数；
- 收入；
- 零售额；
- 就业率。

最重要的落后指标包括：

- 短期利率和长期利率；
- 单位劳动力成本的变动情况；
- 消费者价格的变动情况；
- 生产者价格的变动情况；
- 大宗商品价格的变动情况；

- 企业库存的变动情况；
- 消费者分期付款信贷的变动情况。

众所周知，领先指标的强势上涨预示着强劲的经济即将到来，而这一切最终会通过同步指标的上涨来体现。随着领先指标和同步指标的强势上涨，落后指标的大幅上涨意味着金融市场的风险开始显现。由于股票属于领先指标，那么，当通货膨胀、债券收益率、短期利率和单位劳动力成本等落后指标开始上涨的时候，股票市场很有可能会出现一定的震荡。因此，投资者应当把落后指标的上涨视为股票市场风险上升的信号，进而采取以防守为主的投资策略。另一方面，落后指标的下跌则预示着股票市场风险的降低以及股票价格的上涨。

此外，我们还考察了经济的长期趋势及其对实际短期利率水平产生的影响。低实际短期利率会产生通货膨胀的压力，而高实际短期利率则与稳定或者下降的通货膨胀共存。鉴于实际短期利率的重要性，我们还回顾了美联储在控制利率水平和影响货币供给增长方面所起的作用。除了对经济和金融市场有着非常重要的影响的这些因素，我们还讨论了大宗商品、通货膨胀的产生过程以及它们对美元走势的影响。

通货膨胀的趋势是决定长期利率走势和债券收益率的重要因素。我们利用这些信息制定了在通货膨胀上涨或者下跌的过程中通过债券收益率的变化实现盈利的策略。我们证明了债券的投资策略与经济周期的变化密切相关的事实。强劲的经济往往与更高的长期利率联系在一起，而与疲软的经济共存的则是因为对长期资本需求的减弱而出现的低水平的长期利率。

上面提到的这些因素都对股票市场有着相对的或者重要的影

响。在接下来的两章里，我们将重点讨论这个问题。本章的内容旨在考察经济周期中出现的各种因素对股票产生的影响。此外，我们还将重点回答以下几个问题：投资者应当增加还是降低所持股票的风险？现在是进入股票市场的最佳时机吗？

我们接下来将利用前面各章学到的知识来回答这些问题。

股票的长期收益和投资策略

在这部分内容里，我们将详细讨论长期投资的真正含义以及这样做的意义。目前主流的观点之所以认为进行长期投资的投资者会获得丰厚的回报，是因为整个市场的趋势是向上运行的，而且在这种环境下，投资者能够获得将近7%的资本增值和大约3%的股息，整体的收益率可以达到10%～11%的水平（7%已经接近货币供给增长的平均长期水平）。

有观点认为，投资者不应该进行波段操作，因为从长期来看，市场能够产生极具吸引力的收益率。然而，这种情况只有在全世界处于一个非常理想的状态中，且任何事件都能够提前预知的前提下才会出现。让我们来看看其中的缘由。

我们首先来看看"长期"的含义。实际上，"长期"意味着一切都是在事情发生之后才看到的。我们以一些历史时期的表现为例。例如，道琼斯工业平均指数在1900年是77.60点，而该指数在1922年的时候只有63.90点，到了1932年，道琼斯工业平均指数是50.16点。显然，在1900年进行投资的投资者的情况并不会十分乐观，这是因为他必须忍受股票的平均价格长达32年的下跌。如果这位投资者计划在这32年内退休的话，那么他的投资结果将会非常糟糕。

我们再来看另外一个例子。1928年，标准普尔500指数是17.66点。到了1949年，该指数位于16.76点的位置。如果投资者选择在1928年进入股票市场，那么，他投入的资本在这21年当中是不会出现任何增长的。发生在最近的另外一个例子是1968年之后的这段时间。标准普尔500指数在1968年位于100.53点，而当时的短期利率是5%。到了1982年，标准普尔500指数上涨到了109.65点，而此时的短期利率的收益率却达到了接近20%的水平。由此可以看出，如果采用买入并持有策略，则投资者在这14年里的收益率是非常低的。当短期利率在这段时期的平均收益率接近10%，且在20世纪70年代末达到了将近20%的时候，股票并不是最理想的投资品种。

上面的案例告诉我们，所谓的"长期"只是人们心中理想的世界。而现实是市场在长达20～25年的时间里没有为投资者带来任何收益率。股票市场只有在1945～1968年和1982～1999年获得了将近20%的收益率。因此，我们所看到的平均长期收益率实际上是指股票价格上涨20%的那段时间和大部分没有上涨时期的平均值。在20世纪中，股票市场几乎在50%的时间内没有获得任何收益率。

我们进行这些分析的目的是想告诉大家，投资并不是一件容易的事情，投资者必须时刻面对变幻莫测的投资环境。如果股票市场的表现像20世纪上半叶那样，而投资者又计划在15年内退休的话，那么，他的退休生活会因为股票市场糟糕的收益率而大打折扣。世界上根本不存在什么简单的赚钱模式，投资者能够做的就是时刻关注金融和经济气候的变化，并据此制定明智的投资决策。风险和使用哪种投资的概念也是必须要重点考虑的。例如，现金和硬资产成为20世纪70年代的投资首选。原因是美联储实施了宽松的货币政策，从而导致通货膨胀处于失控的状态。由于日益增长的通货膨胀，包括房地产、艺术品、硬币、黄金和其他大宗商品在内的有形资产价格开始飙涨。与此同时，股票和债券的价值随着利率创出历史新高而大幅下跌。

本章的目的旨在讨论投资的时机问题。你的期待是什么？你应该寻找哪些股票？你正在面临的风险都有哪些？投资者在面对金融市场的时候往往会提出两个问题："我到底应该更加激进一些，还是更加保守一些？""我们到底生活在一个怎样的时代？"我们将在下面的内容里尝试着找到这些问题的答案。

股票价格和经济周期

为了更好地理解股票市场与经济周期之间的关系，我们需要将股票市场比作一个充满流动性的蓄水池——也就是说，股票市场好比一个拥有大量货币的蓄水池，投资者可以随时从中提取自己需要的那部分资金。当投资者不需要货币用于消费时，他们就可以将这部分货币投入到股票市场这个蓄水池中，从而增加股票市场的资金总量。当投资者需要进行投资、消费以及其他活动时，股票市场的资金总量就会下降。

我们可以将经济环境的发展趋势看作股票市场资金水平的调节器。当经济状况得到改善并且开始走强时，企业就需要大量的资金扩张其生产能力，或者购买新的程序提高生产率，因此，投资机会将随着企业盈利能力的提升而增加。在这段时期内，企业投资的收益率可以达到40%～50%，这一水平远远超过了股票市场的收益率。因此，当经济走强且企业的状况得到很大的改观时，投资者需要将资金从股票市场这个大蓄水池中抽出，转而投入实体经济。

随着经济的减速以及投资机会的减少，经营者、投资者和消费者就会将资金投入股票市场。在好的投资机会再次出现之前，他们会将这部分资金一直"存放"在股票市场中。这也就是股票市场总是在经济增长强劲时期表现疲软，以及在经济减速且缓慢增长时获得超过平均收益率的回报的原因之一。当经济开始以超过3%～4%的速度增长时，投资者即将迎来股票市场的高风险期，其具体体现在股票市场震荡加剧且只有少数行业板块保持上涨的趋势。另一方面，当经济不景气且增长低于其长期平均水平时，货币就会大量涌入股票市场，从而带动股票价格的上涨，股票市场也将因此而成为极具吸引力的投资领域。最后，我们还要讨论如何评估股票市场的风险与机会。

有些分析师对股票市场持看多的观点。传统的观点认为，股票市场往往在经济增长疲软的时候有不错的表现，这是因为市场普遍具有经济将在未来走强且能够获得更高收益率的预期。这个观点显然具有误导性，因为市场的走势是投资者共同选择的结果，而事实证明，大多数的投资者在判断究竟是经济还是股票市场走强的过程中都不会有太好的表现。那么，在没有市场参与者的情况下，市场又是如何看多的呢？

股票市场根据经济环境的变化自动调节也许是对这个问题最合理的解释。当实体经济不能提供更好的投资机会时，资本就会从实体经济转向股票市场。同理，当投资某一个特定的行业能够产生更高收益率的时候，资本流动就会重新回到实体经济。

收益率的增长幅度与名义GDP的增长幅度是相同的——也就是说，与经济的增长率是相同的。自1946年以来，名义GDP的增长幅度一直保持在接近7.5%的水平。而股票价格的上涨幅度则与 GDP 的增幅同步，这反映了同一时期内经济总量的增长情况。收益率正好是这种情况的真实写照。

股票市场接近 8% 的长期增长率反映了整体经济 8% 的增长水平。企业收益以相同的增长率上涨的事实，验证了由企业活动创造的财富的整体上涨趋势。需要注意的是，企业收益与股票市场的表现之间并不存在因果关系。流动性整体增长趋势和企业自身的情况是驱动收益率和股票价格走势的主要因素。

问题是，企业收益会对股票价格造成短期的影响吗？当零售额快速增长且成本得到较好的控制时，企业收益连续 1～2 年的强势增长正是强势经济的体现。我们以 1994 年为例。当时的经济表现得非常强劲，标准普尔 500 指数成分股的每股收益大幅上涨了 34%。市场走强已经成为当时的主流观点。然而，凡事不要仅仅依据推测就妄下结论。同年，大宗商品价格飙涨，债券收益率高企，国库券收益率大幅上涨。尽管由于企业扩大的经营活动导致了大宗商品价格和利率的上涨，或者收益率的上升，但实际上股票市场却下跌了 4%。

我们再来看看 1998 年究竟发生了什么。在这一年中，标准普尔 500 指数成分股的每股收益下跌了 6%。受亚洲金融危机的影响，大宗商品价格和利率下跌。疲软的经济所导致的差强人意的每股收益并没有影响股票市场的表现。实际上，股票市场在这一年中飙升了 31%。

我们通常将强劲的收益率与强势的经济联系在一起（此处我们要注意"蓄水池"这个概念），即投资者在此期间将资金从股票市场转移到实体经济。因此，抛开收益率的表现，股票市场在强劲的经济环境下将会走弱，而在经济疲软的情况下表现强势（见图 8-3）。

难道收益率的表现真的是无关紧要的吗？当然不是。它的重要性体现在对股票的选择上。我们将在下一章中详细讨论这部分内容。然而，投资者利用收益率来证明市场正处于上升趋势的观点是错误的，而且在此观点之上制定的投资策略的正确性也是值得推敲的。我们需要牢记的是，企业强劲的收益率是和强势的经济联系在一起的，因此，一个生机勃勃的股票市场是不太可能出现的。

股票市场衡量的是流动性，它是经济中非常重要的领先指标。我们之所以说强劲的股票市场也意味着强劲的经济，是因为市场中已经有大量的流动性准备进入实体经济。表现羸弱的股票市场预示着经济的减速，以及经济体系中的流动性正在减少。落后指标的上涨才是我们真正担忧股票市场走势的时候。也就是说，经济在这个阶段的强劲表现意味着经济过热，投资者应当考虑将资金从股票市场转移到实体经济中去。

另一方面，只要落后指标下跌或者维持在一个稳定的水平，就说明经济的增长还没有出现过热的迹象，其增长处于稳定的范围之内，从而为股票市场奠定了非常牢固的基础。

评估股票市场的风险

评估股票市场风险最重要的因素并不是我们缺少有关经济和金融发展的及时信息，而是我们的情绪。这部分内容旨在向投资者提供评估股票市场风险的方法。然而，最困难的事情是如何才能让投资者相信我们的观点。实际上，这些问题都是由人们的贪婪导致的。"我为什么要在股票市场大幅上涨的时候开始抛售股票呢？我为什么不选择放手呢？毕竟，如果坚持的话，我无论如何都会成功的。"（然而，事实并非如此。）我们面临的主要问题是要客观地理解如何按照信息的指示进行下一步的操作。对合理预期的敏感程度和专业性是控制风险的重中之重。

我们接下来就要介绍衡量风险的一些基本思路。它们会有助于投资者回答以上的问题：现在是否应该持有100%的股票呢？请记住，显示你应该继续留在股票市场的指标越多，你越应该将资金转移到货币市场工具上来，比如13周国库券或者货币市场共同基金。

1. 经济

以低失业率为特征的强劲经济通常领先于货币供给的强势增长，这对于股票市场风险的上升是最严重且最值得信赖的预警信号（见图10-1）。当经济的增长高于同步指标（经济）和领先指标（货币供给增长）的平均增长水平时，则预示着经济将继续保持强劲的增长势头，进而导致"过剩"的问题出现。当经济增长低于其增长潜力水平时，失业率开始上升，人们的情绪也随之波动。此时的报纸上充斥着大量关于"软着陆"和衰退风险的报道。这一时期通常领先于领先指标的持续下跌。

2. 金融周期

根据不同货币供给衡量标准（M1、M2、M3和MZM）在过去12个月的增长情况，以及过去几十年经过调整的货币基数的增长情况，我们可以了解金融周期的周期性。将衡量货币供给增长的某个指标与领先指标、同步指标和落后指标结合起来，你会发现经济和金融周期是非常活跃的，股票价格和货币供给之间的关系可以通过比较过去12个月中标准普尔500指数和货币供给的变动率得出（见图10-2）。

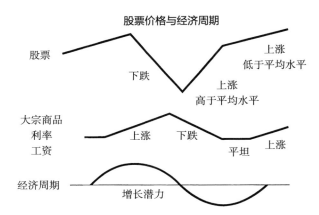

图10-1　股票市场与经济周期、大宗商品和利率的走势密切相关。强劲的经济通常会伴随着大宗商品价格和利率的上涨以及股票价格的下跌。经济活动的疲软、大宗商品价格和利率的下跌往往会导致股票市场有着上佳的表现

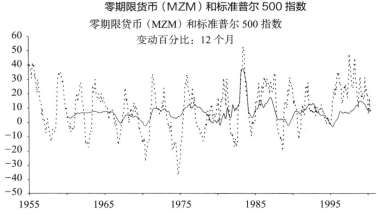

图10-2　货币供给增长与股票价格的上涨密切相关。货币供给增长的下降会导致股票市场走弱

另外一组重要的因果关系可以参见货币供给增长和短期利率在过去 12 个月中的变动情况。我们发现，伴随着短期利率下跌而来的是货币供给的增长，这种情况对股票形成了利好。然而，短期利率的上涨通常会导致货币供给增长的放缓，从而对股票产生负面的影响。

从投资策略的角度来看，货币供给增长上升时期对股票投资者的风险要比其下降时期产生的风险小得多，具体内容请参见本书第 7 章的内容。这些数据可以从圣路易斯联邦储备银行的官方网站获取。它们的 FRED 数据库可以提供你所需要的全部数据。

3. 短期利率

稳定或者下跌的短期利率是经济以接近或者低于 2.5% ~ 3% 的速度增长以及经济减速的标志。股票市场在这一时期的风险相对较小，投资者可以积极进场交易。由于股票市场的上涨是非常显著的，因此投资者不用担心买不到好股票。当经济持续活跃且短期利率开始上涨时，股票市场的风险就会显现。股票市场在此期间更加具有选择性，买入具有吸引力的股票已经变得越来越难了。为了谨慎起见，投资者最好在这段时间以持币观望为主。在短期利率上涨 2 ~ 3 个月之后，投资者应当降低手中持有股票的风险敞口。而且，在这段时间内，现金比股票的收益率高是很正常的。保守的投资者会发现，将资金 100% 地投入货币市场工具能够获得平均的或者是更高的收益率，而股票市场的整体表现却不尽如人意。在短期利率上涨的这段时间里，相对于股票市场的波动而言，这种策略体现了良好的安全性。

由于利率属于落后指标，其波谷领先于股票市场（领先指标）的波峰。当利率水平朝着相反的方向运行时，我们会发现反转走势的利率水平是领先于股票价格的波峰和波谷的。当利率的变动率（反向）与股票价格变动率进行比较时，这种领先的情况就会一直持续下去。

4. 大宗商品

大宗商品价格的走势，即 CRB 工业原料指数（现货）决定着短期利率的运行趋势。因此，短期利率与大宗商品价格的同时上涨意味着当前的经济非常强势，其对股票市场将会产生消极的影响（见图 10-1）。

另一方面，如果短期利率和大宗商品价格同时下跌，则说明经济开始减速并且逐渐走弱。这种情况预示着股票市场即将再次走强。如果大宗商品价格在经历了一段时间的下跌后企稳的话，那么，经济的表现将会得到改善并且越来越强势。在这种情况下，我们会看到短期利率也会同时企稳。大宗商品价格的走势通常用来确认短期利率的趋势。此外，如果实际短期利率处于很高的水平，那么不论是大宗商品价格的上涨，还是高企的价格对通货膨胀的威胁都不会显著增加。

5. 通货膨胀与债券收益率

通货膨胀对股票有着非常重要的影响。无论从长期还是短期来看，发生在 20 世纪 70 年代的一切已经证明了这一点。如果我们看到单位劳动力成本或者通货膨胀快速上升的话，那么这对于经济来说绝对不是什么好消息。也就是说，此时的经济已经有了过热的迹象，这种经济环境通常会对股票市场产生消极的影响。这是因为日益加剧的通货膨胀会导致债券的收益率走高，从而造成更高的通货膨胀溢价。同短期利率的情况一样，不断上涨的债券收益率将会导致股票价格见顶。

另一方面，通货膨胀与债券收益率的下跌意味着经济已经走弱，通货膨胀问题正在得到有效的解决，因此，这种经济环境是非常有利于股票市场的。从经济和金融周期的角度来讲，这些因素之间的关系可以通过下面的先后顺序进行表述。

- 货币供给增长和股票价格（同属领先指标）见顶。
- 经济增长见顶（同步指标）。
- 通货膨胀和债券收益率见顶（同属落后指标）。
- 货币供给增长和股票价格（同属领先指标）见底。
- 经济增长见底（同步指标）。
- 通货膨胀和债券收益率见底（同属落后指标）。
- 货币供给增长和股票价格见顶。

至此，新一轮金融周期开始。

债券收益率的走势是股票市场中非常实用的领先指标。债券收益率的波谷领先于股票价格的波峰；而债券收益率和通货膨胀的波峰又领先于股票价格的波谷。这就是领先指标（股票市场）与落后指标（债券收益率和通货膨胀）的典型关系。

6. 债券收益率与市盈率

正如我们看到的那样，债券收益率的走势影响着股票的价格。因此，债券收益率的水平决定着股票市场究竟是被高估还是被低估。

债券收益率和市盈率（PE）之间的历史关系在我们评估估值水平的过程中发挥着重要的作用。我们通过图表来衡量它们之间的关系。横坐标轴代表 10 年期国库券收益率，纵坐标轴表示标准普尔 500 指数的市盈率。如果我们将过去 20 年中每个月的标准普尔 500 指数市盈率与 10 年期国库券收益率的每一个水平点的对应关系绘制成图表的话，就会得出两者历史联系的散布图（见图 10-3）。

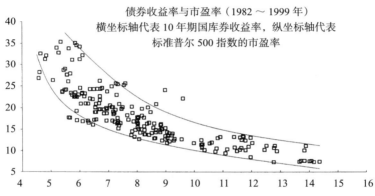

图 10-3　标准普尔 500 指数的市盈率与 10 年期国库券收益率水平密切相关。在 10 年期国库券收益率的任意水平点上，投资者可以评估市场是被高估还是低估

通过两者之间的关系我们看到，债券的收益率越高，股票市场的市盈率越低。反之，债券的收益率越低，股票市场的收益率越高。这里的重点在于，债券的收益率越高，股票市场的公允价值就越低。同理，债券的收益率越低，股票市场的公允价值就越高。

债券收益率和市盈率之间的逆向关系的原因有以下几个：高债券收益率反映了高通货膨胀和经济不确定时期的经济状况，就像 20 世纪 70 年代所经历的那样。在这段时期内，市场的参与者并不愿意为 1 美元的收益支付更高的价格，这就导致了市盈率的下跌。由于市场的参与者看到市场中存在着很多风险，所以他们会因为经济的高度不确定性而忽视收益率水平的价值。另一方面，债券收益率的下跌会导致健康稳定的经济环境，所以市场的参与者会因为预期的低风险而愿意为更高的市盈率支付更多的资金。

10 年期高收益债券与市盈率之间关系的散布图显示，当债券的收益率接近 12% 时，市盈率的历史范围位于 9～14 倍。在这种情况下，当市盈率接近 9 倍时，市场是被低估的。这个时期正是对股票进行积极投资的时候。另一方面，当市盈率为 14 倍时，市场是被高估的。纵观历史，市场之所以被高估，是因为当债券收益率达到 12% 时，市场上的市盈率从来没有超过 14 倍。因此，当市盈率接近 14 倍时，投资者应当更加小心谨慎。

历史上还出现过另外一种情况，当债券收益率达到 10% 的时候，10 年期国库券收益率与市盈率之间关系的散布图显示，在此期间可以被接受的市盈率在 11～20 倍。换句话说，当债券收益率为 10% 且市盈率为 11 倍的时候，市场是处于被低估状态的；当市盈率接近 20 倍的时候，市场被高估的可能性越大，风险也就越大。

当债券收益率接近 8% 时，市盈率则会位于 13～25 倍。也就是说，当债券收益率为 8% 时，由于 13 倍的市盈率对于市场来说显然是被低估的，投资者积极买入股票的行为因此是正确的。当市盈率开始上涨并接近 25 倍的时候，越来越昂贵的市场就会充满风险。因此，通过观察债券收益率和市盈率的历史关系，我们可以衡量市场是被高估还是被低估，从而判断当前的风险程度。

在 20 世纪 90 年代末，市盈率达到了 33 倍的水平，而当时的债券收益率只有 6%。这显然是一个被高估且充满风险的市场，在此期间的投资都是具有高风险的。市场之所以被高估，是因为之前从来没有出现过这种情况。当市场相对于 10 年期国库券收益率处于被高估的位置时,投资者应当减少对股票的配置。另一方面,当市场相对于 10 年期国库券收益率处于被低估的位置时,投资者应当加大对股票的投资规模。

7. 收益率曲线

短期利率和长期利率的相对运动为判断股票市场的风险与机会提供了重要的线索和信息。我们通过短期利率和长期利率之间的利差得到收益率曲线。当利差扩大时,收益率曲线呈陡峭的走势。当利差缩小时,其走势变得平坦。收益率曲线的形态应当配合货币供给增长的分析结果使用。

陡峭的收益率曲线是重要的领先指标,代表着经济的强劲表现。出现在强势经济下的陡峭的收益率曲线意味着高风险的股票市场环境。

另一方面,平坦的收益率曲线说明短期利率和长期利率之间利差的缩小,经济增速因此而放缓,股票市场的风险下降。因此,平坦的收益率曲线预示着股票价格在低风险的市场环境下将会上涨。例如,10 年期债券收益率与短期无息国库券收益率之间的利差在 1994 年至 1995 年年底就形成了一条平坦的收益率曲线。伴随着平坦的收益率曲线而来的是经济在 1995 年的减速,此后,短期利率经历了一段平稳和更低水平的时期。这种经济环境导致了股票市场在 1995 年的繁荣。

此外,在 1998 年年底至 1999 年年中的这段时间里形成了一条非常陡峭的收益率曲线,而紧随其后的则是非常强劲的经济和短期利率的上涨,进而对股票市场在 1999 年的大部分时间和 2000 年的表现产生了消极的影响。

8. 美元

正如我们之前所提到的那样，一个国家的货币体现了该国经济的健康与否。坚挺的货币体现了这个国家坚实的经济环境，具体表现在低通货膨胀、稳定的经济环境以及更高的实际利率水平。股票价格也会受这种经济环境的影响而有着上佳的表现。另一方面，疲软的货币反映了该国存在着经济的不稳定性、结构性问题以及日益加剧的通货膨胀——这种经济环境对于股票市场的繁荣发展是非常不利的。因此，在我们制订股票的投资计划时，务必要时刻关注美元的走势。

如果美元相对于欧元或者日元等世界主要货币保持强势的话，则意味着美国经济的稳定以及股票价格的上涨。然而，由日益加剧的通货膨胀和过热的经济环境所导致的弱势美元则预示着当前的经济环境不利于股票市场的发展。当美元相对于另外一种货币表现疲软时，说明我们需要花费更多的美元来兑换1单位外国货币。换成另外一种说法就是，我们只需要用更少的1单位外国货币就能够兑换1美元。例如，如果日元从120日元兑换1美元上涨到110日元兑换1美元，则说明美元出现了贬值，这是因为人们只需要用110日元就能够兑换1美元了。对于美元投资者来说，避免美元贬值的唯一方法就是在那些货币更加坚挺的国家寻找投资机会。此外，投资者还可以购买大宗商品以及硬资产等通货膨胀对冲工具。

因此，美元的走势是投资者在制定股票投资策略过程中需要重点关注的一项指标。例如，如果投资者预期股票市场将会大幅下跌，但是美元却保持着强劲的走势且再创新高的话，那么无论股票价格的走势多么惨淡，这一切都将只是暂时的，而股票市场也将很快重拾升势。

另一方面，如果市场上充斥着牛市情绪且投资者预期股票价格会再创新高，而美元相对于其他世界主要货币走势疲软的话，那么股票市场将很快进入盘整和修正的阶段。投资者在此期间最好减少对股票的配置。

9. 公用事业

由于公用事业类股票的投资重心集中在装备和基础设施上，因此，这类股票对利率的走势是非常敏感的。如果经济和货币状况具有加息的倾向，公用事业类股票就会通过先于整体市场下跌的方式提前启动。另外，如果降息的概率增加，公用事业类股票就会通过先于大多数股票上涨的方式确认这一趋势。

公用事业类股票的趋势是衡量市场风险的重要指标。如果公用事业类股票相对于整体市场表现疲软，那么股票出现高风险的概率就会加大，投资者此时应当保持谨慎。然而，如果公用事业类股票表现强劲且处于明显的上升趋势中，则意味着股票市场的基础非常牢固，投资者投资股票的做法是正确的。

10. 成交量

成交量是判断股票市场趋势最重要也最可靠的指标。它从市场内部的视角为我们提供了有关市场稳定性的信息。当成交量放大时，股票市场开始上涨。成交量代表着买方的力量，只有当成交量放大且创出新高时，股票才会上涨。

成交量的减少意味着市场参与者的热情和购买力的下降。因此，它是市场即将进入盘整和修正期的重要信号。如果成交量下降而股票市场继续上涨，则意味着市场将在不久之后见顶。成交量下跌的幅度越大，股票价格下跌的幅度也就越大。

有这样一种情况，成交量在股票持续下跌了很长一段时间后突然放大。这种抛售的行情预示着买入机会的确认。因为当恐慌的投资者开始抛售股票时，那些理性的投资者正在悄悄地进场。成交量放大之所以是重要的买入信号，是因为市场的支撑水平已经形成。重要的是，当股票市场处于成交量放大期间，任何新的买入行为都是正确的。此外，成交量下跌期间是不适于买入股票的，这是因为逐渐下跌的成交量意味着股票还将继续其跌势。

11. 波动

市场波动是衡量市场参与者心理的重要指标。市场波动的加剧意味着市场参与者对金融市场的现状并不满意，因此，他们积极的交易导致了更大的市场波动。另一方面，不明显的市场波动表明市场的参与者对当前的经济环境和金融市场的认可，从而有助于股票价格的上涨。不断减小或者很低的市场波动显示了投资者对股票升值的信心。然而，不断加剧的市场波动是市场风险上升的标志。

每周出版的《巴伦周刊》会刊登表示市场波动的波动率指数（VIX index）。当波动率指数位于 15～22 时，说明市场的波动幅度处于比较低的水平。然而，当波动率指数上升到 40～45 的水平时，市场的风险开始升高。

技术因素

从 20 世纪 80 年代中期开始，科技股便开启了其牛市行情。纳斯达克指数从 20 世纪 80 年代中期到 1999 年年底上涨了 10 倍的事实足以看出科技股的强势。纳斯达克指数的飙涨在很大程度上是因为科技股的权重很大，而令专家们感到困惑的是，他们仍然对这个市场的持续性表示怀疑。我们可以通过两种方式来解释科技股的强势表现。

首先，科技股在通货膨胀从 15% 下降到大约 3% 的时候开始走强。企业发现它们在这种经济环境下无法为了改善边际利润率而提高价格，这与 20 世纪 70 年代的情况是截然相反的。日益下降且低水平的通货膨胀迫使企业只能维持稳定的价格。因比，替代通过提高价格改善盈利能力的方法就是重组、削减成本以及严重依赖技术来提高企业的效率和盈利能力。这种技术层面的转变需要大力发展计算机、软件、电信和电子设备。企业的强大需求让那些技术公司持续盈利，销售额以每年 40%～50% 的速度增长。如此惊人的财务业绩吸引了投资者的注意力，从而导致了科技股的股价像火箭一样大幅飙升。支持这种观点的人认为，正是因为通货膨胀的下降才会导致技术的繁荣发展，而这种趋势只要通货膨胀继续保持在 3% 以下就会一直延续下去。例如，当科技股占很大权重的纳斯达克指数在 1990～2000 年上涨了 10 倍时，以多样化著称的道琼斯工业平均指数和标准普尔 500 指数只上涨了 4 倍。

20 世纪 70 年代之所以没有出现技术的繁荣发展，是因为当时的企业发现通过涨价提高盈利能力是非常容易的，那时根本不需要对技术投资做出沉重而又昂贵的承诺。

技术繁荣发展的第二种观点是建立在新兴的生命周期的基础上的。为了解释科技股和互联网股票走强的原因，我们必须将这两种技术与一些新兴事物的发展进行比较。我们以铁路行业的发展为例。蒸汽机和铁路网络最终将会与数字网络紧密相连。

由于人们很难接受建设复杂的基础设施以支持铁路发展的需求，因此，铁路最初的发展遇到了很多非常严重的问题。最终，人们达成的协议十分有限。尽管蒸汽机诞生于 1826 年，但是铁路真正快速发展的阶段则要等到 80 年后。

此时，消费者和企业才真正意识到在合理的成本范围内长途运输大量货物的优势。最终，基础设施建设的完成促成了蒸汽机的成功诞生。届时，铁路拓展了新的疆土，人们与铁路的联系越来越紧密，铁路事业因此得到了迅猛的发展，商业活动无处不在。

就像其他产品和发明一样，铁路的发展由快速增长阶段进入了成熟阶段。企业在这个阶段的增长数量几乎和人口的增长速度同步，企业之间的竞争达到了白热化。电力和电灯泡、汽车和轮胎以及其他很多产品都拥有了各自的"生命周期"。

毫无疑问，数字网络还处于初始阶段。电脑和互联网也已经面世，但是，现在仍然有很多人还不知道这个系统是怎么一回事。实际上，互联网的出现要比个人电脑早得多，而互联网最初只应用于军事领域。20 世纪 80 年代，个人电脑及其粗糙的软件正式面世。由于软件仍然处于初始阶段，用户仍然要支付一定的费用来"维持"他们的系统。

个人电脑目前还没有得到广泛的使用。⊖虽然大多数企业还不知道如何利用这种优势，但是互联网的飞速发展却是不容置疑的。我们现在还不能够确定哪种通信基础设施能够最终脱颖而出。这种系统能够做出更快的决策吗？它能够为我们带来快乐吗？它能够以不同的方式管理企业吗？它可以作为广告媒介吗？它能够将这些功能都集于一身吗？我们期待的这个东西到底是什么呢？

⊖ 本书英文版初版于 2001 年。——编者注

在现阶段，数字网络还没有进入快速发展期；新的通信标准还没有完全形成规模。但是投资者一定要相信，这种创新的快速发展阶段很快就会到来。为了支持互联网自身生命周期的快速发展，在不久的将来肯定会出现我们无法想象的新型的市场和产品。

当我们心中持有这种信念的时候，我们很难做出科技股被高估的结论，这是因为我们还没有进入科技快速发展的阶段。在我看来，这个阶段至少会持续20年的时间，而那些重要的创新则会借此机会产生质的变化。

在技术发展的现阶段与互联网最终成为产品的这段时间内，各种创新的发展可以说是现象级的。然而，我们又将如何利用这些优势呢？哪一家科技类公司又将最终脱颖而出呢？至少现在我们还不知道这个执牛耳者会花落谁家。也许这个人现在还没有出生呢。即使像微软这样重要的软件公司也已经进入了其生命周期的成熟阶段。通用汽车能否在重获新生之后再次成为新时代的翘楚？

投资者现在应当做些什么呢？最好的方法就是在其投资组合中配置不同类型的科技股。由于这种投资方式并不适用于普通的投资者，而投资那些业绩优良的科技共同基金就成为明智的选择。我们还是让那些投资组合的管理者为我们揭晓互联网领域最后的赢家吧。

投资者应当投入多少资金呢？理想的办法是用少量的资金为新的投资计划进行铺垫，然后再逐步增加自己的投资规模。根据我们的判断，科技股不会出现一条直线式的拉升行情，但是它的业绩肯定要强于整体市场的表现。

投资影响

确认市场风险等级的重要性在于它在将投资者损失最小化的同时降低其收益率的波动幅度。为了评估市场的风险，认识到经济周期和金融市场所处的阶段是至关重要的。

我们知道，货币供给的增长意味着信贷需求会随着股票市场的走强而不断扩张，而股票市场的繁荣将导致更加强势的经济活动（见图 10-2）。强劲的经济具体表现为不断上涨的大宗商品价格以及短期利率和长期利率的上涨。大宗商品价格、短期利率和长期利率的上涨预示着股票市场的风险正在增加，股票价格很有可能开始下跌。

伴随着股票价格下跌而来的是货币供给增长的下降，而经济也会因为信贷需求和投资的减少而走弱。只要大宗商品价格、短期利率和长期利率持续下跌，经济就会一直维持疲软的走势。短期利率和债券收益率的下跌意味着经济已经明显走弱，但是，随着利率越来越低，信贷需求的扩张速度会越来越快，货币供给增长也将以更快的速度上升，进而促进股票价格的上涨。这样一来，新的金融周期即将开始。

投资没有捷径，但是能够清楚地认识到当前经济和金融周期所处的位置，是我们将风险控制到最低并且管理好自己的投资组合的第一步。

我们或许会问，现在是否应该持有 100% 的股票？根据我们目前所掌握的知识来看，当出现以下情况时，投资者应当 100% 地持有股票：

- 经济疲软；
- 货币供给增长速度加快；

- 短期利率下跌或者维持在一个稳定的水平；
- 大宗商品价格下跌或者维持在一个稳定的水平；
- 通货膨胀和债券收益率下跌或者维持在一个稳定的水平；
- 债券收益率与市盈率之间的关系显示，市盈率明显处于被低估的水平；
- 收益率曲线走势陡峭；
- 美元走强；
- 公用事业类股票上涨；
- 市场成交量放大；
- 市场的波动幅度减弱或者降低。

此外，投资者在出现下面的情况时应当减持手中的股票：

- 经济强劲；
- 货币供给下降；
- 短期利率持续上涨2～3个月；
- 大宗商品价格持续上涨；
- 通货膨胀由于单位劳动力成本、大宗商品价格和原油价格的上涨而上涨；
- 债券收益率上升；
- 债券收益率与市盈率之间的关系显示，市盈率明显处于被高估的水平；
- 收益率曲线走势平坦；
- 美元走弱；
- 公用事业类股票表现疲软；

- 市场成交量下降或者处于很低的水平；
- 市场的波动幅度加剧。

低风险与高风险之间存在着两种极端的情况。当经济指标显示风险上升时，投资者应当减持手中的股票，并且采取保守的策略投资货币市场工具。具体的投资金额取决于投资者承受风险的程度、纳税情况和年龄。投资比例从 100% 到 50% 不等，或者更少。当经济指标显示风险下降时，投资者应当加大股票投资的规模。需要牢记的是，投资组合的管理并不是单纯的买入或者卖出，而是通过不断变化的股票配置来调整投资环境的风险。

第 11 章

股市趋势技术分析

股票市场是经济和金融体系不可或缺的一部分。当经济从低速增长进入快速增长，随后再次回归低速增长时，企业和消费者就会向市场释放各种影响金融和股票市场的力量。我们发现，货币供给增长或者股票市场等金融指标的下跌会对企业的经营活动产生消极的影响。因此，我们不能孤立地看待股票市场，而要把它视为经济和金融体系的一部分。股票市场影响着经济体系，而经济体系又反过来作用于股票市场。本书的目的旨在帮助投资者分析它们之间的内在联系。

这对于那些使用股市趋势技术分析的投资者来说又是另外一回事儿了。技术分析最初依靠的是一个重要的假设，该假设认为所有关于股票市场的信息都能够从市场自身获得。从表面上看，仅仅关注股票价格的行为似乎显得有些狭隘；然而，技术分析着实能够为投资者提供很多实用的方法。至于进场或者离场的时机，确实是一个让人左右为难的问题。技术分析能够提供更多的市场信息，严谨的投资者绝对不能忽视这个重要的分析工具。

在接下来的内容里，我们将重点介绍一些最重要且最常用的技术指标以及它们各自的利与弊。目前，还没有哪种理论体系能够为成功投资给出最终的答案。投资需要我们获得大量的信息，做大量的工作、分析以及了解市场和经济正在发生着什么。它需要我们将这些内容综合起来考虑。我们将在本章为大家提供一些技术分析方法，从而让投资者能够更准确地评估股票市场的风险。

技术分析的主要目标是利用内部市场数据提供有关市场的信息。该观点认为市场本身的行为足以向投资者提供及时的投资决策。投资者可以使用很多种指标进行内部市场的数据分析。在接下来的内容里，我们将会对这些指标进行阐述、说明和定义。

"市场"是什么

当记者们每天晚上谈论市场当天的表现时，他们通常会报道道琼斯工业平均指数、标准普尔 500 指数以及纳斯达克综合指数这三大股指的走势情况。道琼斯工业平均指数有着 100 多年的历史，但是它很难对股票价格进行复杂的计算。正是出于这个原因，该指数只包含了 30 只蓝筹股，它们是美国规模最大、业绩最好的大公司的代表。人们习惯于将道琼斯工业平均指数称为一个市场。起初，该指数只关注工业类股票。然而，随着时间的推移以及科技公司的蓬勃发展，道琼斯工业平均指数逐渐改变了其对"大烟囱工业（重工业）"的偏好。由于道琼斯工业平均指数的创建时间早于电脑的问世，因此该指数的计算非常"简单"。查尔斯·道在创建该指数的初期所利用的方法是将 30 只股票的价格相加，然后再用总和除以 30。若干年后，由于股票拆分和成分股变动等原因，道琼斯工业平均指数的成分股数量越来越少。然而，如今的道琼斯工业平均指数依然延续着其100多年以前的计算方法。正是因为计算的特殊性，道琼斯工业平均指数是一个价格加权平均数。其结果是，大企业对该指数的影响力非常大。通用电气就是道琼斯工业平均指数中最具影响力的企业之一。因此，通用电气股票价格的变动对道琼斯工业平均指数的走势有着重要的影响。

标准普尔500指数是另外一个被大众所熟知的指数，它是通过对该指数中的股票的市值进行加权计算出来的。因此，像通用电气、思科和微软这种大市值的企业在标准普尔500指数中的影响力是非常大的。标准普尔500指数是由麦格劳－希尔公司旗下的一个名为标准普尔的部门所挑选的500只股票组成的。该指数中的成分股都是美国各个行业的龙头企业。标准普尔500指数所代表的是那些拥有国际影响力且增长稳定的企业。标准普尔500指数的这个特点使其成为反映大企业股票走势的一面镜子。

纳斯达克综合指数由将近5000只股票组成。这些股票全部在纳斯达克市场进行交易。纳斯达克综合指数主要由计算机、电信和生物科技公司类的股票构成，这些公司的市值大约占整个指数的75%。与标准普尔500指数类似，纳斯达克综合指数也是通过对该指数中的股票的市值进行加权计算出来的。诸如思科、微软和英特尔等大市值科技股对纳斯达克综合指数的走势有着非常重要的影响。

此外，股票市场中还有其他衡量行业走势的专业指数。投资者可以通过任何一份报纸的财经版面获取这些分类指数的信息。虽然我们介绍的这三大股指并不能代表整个"市场"，但是通过这些市场我们可以知道市场中正在发生什么。技术分析的目标是理解这些指数的走势行为，并且判断股票市场未来大致的运行方向。

为了实现这个目标，其他的指标也是我们必须要考虑的。

每天收盘之后，投资者可以根据几组统计数据了解纽约证券交易所和纳斯达克市场的表现。第一组数据是了解市场上有多少只股票上涨、有多少只股票下跌以及有多少只股票平盘（平盘意味着该只股票的收盘价相对于前一个交易日的收盘价没有发生任何变化）。另外一个重要的数据是当日上涨、下跌股票的成交量以及特定股票交易所的整体成交量。

我们将在下面的内容里向大家介绍一些非常重要的技术指标。为了让这部分内容通俗易懂，我们将以标准普尔 500 指数为例，向大家展示如何利用这些指标从市场的走势中获取更多的信息，以及如何判断当前市场的风险程度。

移动平均值

当我们观察股票市场的价格走势时，很难根据股票价格在一周或者一个月当中呈锯齿状的走势判断其运行趋势。目前被广泛使用的稳定股票价格运行的技术是移动平均值。移动平均值是平均价格的一种方法，根据这个平均值得到的平滑曲线为我们提供了关于市场走向的信息。**简单移动平均**是指在一定时期内，比如说 20 个交易日，那么其计算方式是用这 20 个交易日的市值相加得到的总和再除以 20 得出的。我们将接下来新一周的数据和之前的数据相加，但是要把之前第 1 周的数据减去，最后再用重新相加的结果除以 20。计算一段时期内 N 个交易日的移动平均的公式如下：

$$简单移动平均 = (P1+P2+\cdots+Pn)/n$$

式中，P 表示股票价格。

如果 $n=10$，则说明在第 10 个交易日，将之前 10 个交易日的股票价格相加，然后用得出的总和除以 10。如果今天是第 11 个交易日，那么，就将包括今天在内的前 10 个交易日的股票价格相加，再除以 10。假设我们每天或者每周重复这种做法，就能够得出 10 周的移动平均线。

然而，简单移动平均值有时候会出现不稳定的情况。原因是它对每条信息都做出了两次反映：也就是说，当新的信息被添加进去以及被剔除时，这组数据会被应用两次。当更高的价格被剔除时，移动平均线就有可能下降。另一方面，当更低的价格被剔除时，移动平均线就有可能上升。虽然当天的股票价格出现上涨，但是其总体的值要小于下跌的值。我们可以通过**指数移动平均线**来解决这个问题。

指数移动平均赋予最新的数据更多的权重，其对股票价格变化的速度要快于简单移动平均。与此同时，指数移动平均不会对被剔除的数据做出回应。其中的原因是由于它不同于简单移动平均的计算方法。指数移动平均赋予最新的数据更多的权重，而过时的数据的权重比例则会减少。指数移动平均（EMA）的计算公式如下：

EMA= 当天的股票价格 $\times K+$ 前一个交易日的 *EMA* 值 $\times (1-K)$

式中，$K=2/(N+1)$，N 表示 *EMA* 的周期。

与简单移动平均的计算公式类似，指数移动平均的公式也是一个具有"持续性"的公式。也就是说，在每天最新的价格数据被加入到公式中的同时，那些过时的数据也会被从中剔除。此外，鉴于指数移动平均计算方式的特殊性，这些过时的数据就不再显得那么重要了。

移动平均相对于股票市场来说具有一定的滞后性。然而，投资者之所以必须接受这个结果，完全是因为移动平均的平滑效应。移动平均线的运用是双重的。首先，移动平均能够在视觉上起到直观的判断股票市场趋势的辅助作用。

其次，移动平均在市场的实际价值低于移动平均线价值的时候才会发挥作用。特别是在使用 40 周移动平均线的时候，这一点是绝对不容轻视的。实际上，移动平均所持续的时期越长，市场在突破或者跌破移动平均线时发出的信号就越重要。例如，如果我们使用 40 周移动平均线，且市场的走势低于这条移动平均线时，则意味着当前的市场运行趋势将发生明显的转变，或者说我们将这种情况视为市场转弱的重要信号。另一方面，相对于 40 日移动平均线在上涨和下跌途中的震荡幅度而言，10 日移动平均线在这方面表现出的重要性就要稍逊一筹。

使用这种技术分析的风险在于，投资者可能会遭受双重损失（因急欲补偿损失低价出售同一种证券而招致双重的损失）。例如，当市场的走势跌破移动平均线时，就会发出卖出的信号。但是此后市场突然出现了反转走势，并且在多个交易日或者几周之后再次站上了移动平均线，并且发出了买入信号。因此，根据我们到目前为止所学到的知识，投资领域根本就不存在哪种简单且可靠的交易法则。每一种信号在不同的环境下所表现出的重要性也不尽相同。所以，投资者需要将大量的信息进行整合才能做出最终的投资决策。

很多网站都会提供股票市场的走势图，以及与移动平均相结合的个股走势图，而投资者则可以根据个人的需要设置移动平均的范围。目前最流行的是 40 周和 50 周，或者范围更广的移动平均线。与此同时，10 日或者 25 日移动平均线也得到了广泛的应用。

移动平均线交叉点

我们通过比较发现，20 周移动平均线比 40 周移动平均线的移动速度更快。运用快速和慢速移动平均线可以获得更多有关股票市场运行的信息。通过计算快速和慢速移动平均线之间的差离状况，我们可以获得一条围绕着数值 0 上下运行的震荡指标。当该指标位于 0 之上时会发出买入信号，位于 0 之下时会发出卖出信号。我们将这种方法称为平滑异同移动平均线（MACD）。通过使用移动平均指标，快速移动平均和慢速移动平均线之间的差离会进一步平滑地延伸下去。

利用移动平均线交叉点这一技术获得的指标被称为 MACD 震荡指标。我们可以通过短期和长期指数移动平均值计算这个震荡指标。MACD 指标可以在 ClearStation.com 和 BigChart.com 的官方网站上免费下载。

使用移动平均线的趋势指标

在得到一只股票的价格或者一种股票市场指数的比率及其移动平均值后，我们可以获得围绕着数值 1 震荡的指标（见图 11-1）。在对市场进行了几个月的观察之后，我们能够发现更高值与更低值这两个极端值之间的震荡比率。该指标反映了市场或者个股的运行趋势。当这个比率值接近更高值时，说明市场保持着非常强势的运行趋势。然而，当这个比率值下跌到靠近更低值的区域时，则表明当前的市场非常疲软，其消极的势头正在形成。

当市场维持强势且趋势指标靠近更高的区域时，说明市场已经经历了大幅上涨的阶段，其接下来的走势将开始放缓，甚至会出现下跌的行情。当然，市场仍然有可能在很长一段时间内保持强劲的势头，而震荡指标也有可能会长期位于更高的区域。不过，这种情况向我们发出的信号是，市场已经涨幅过大，接下来将会放缓当前的走势或者发生相反的走势。趋势指标从高位下跌意味着市场或许正在进入调整阶段。

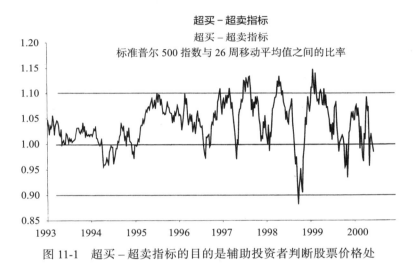

图 11-1　超买－超卖指标的目的是辅助投资者判断股票价格处于更高还是更低上涨的时期

同样的情况也会出现在趋势指标下跌到更低区域的时候。此时，市场已经发出了明显下跌的信号。对于投资者来说，趋势指标下跌到低水平区域意味着市场很有可能接近其趋势反转点了。当然，在熊市中，由于市场已经长时间处于超卖状态，因此投资者应当对此格外谨慎。

通过使用快速和慢速移动平均值，我们还可以获得另外一种趋势指标。该趋势指标的走势更加平滑，而它的使用方法却是相同的。

市场宽度指标

市场宽度指标为我们提供了有关市场整体强度的信息。特别是当道琼斯工业平均指数、标准普尔500指数等重要的股票市场指数再创新高而其他大多数股票下跌形成顶部时,这种情况出现的概率就会增加。这是因为市场只是在少数股票的带动下上涨,而其他大部分股票已经进入了熊市行情。这种背离的走势为我们提供了市场的强度及其是否健康的重要信息,而市场宽度指标则是衡量这个标准的重要工具。

我们利用交易日当天或者当周上涨和下跌股票的数量就可以计算出市场宽度指标。这些数据可以在任何报纸的金融版面中找到。

涨跌趋势线(ADL)是目前最流行的市场宽度指标之一。该指标的计算方法是:从每周上涨的股票当中减去下跌的股票,然后再将最后的差进行累计。当上涨的股票数量超过下跌的股票数量时,涨跌趋势线指标就会呈上升走势。

此外,当大多数股票的价格下跌时,涨跌趋势线指标就会呈下降走势。涨跌趋势线指标之所以先于股票市场见顶,是因为当市场越来越接近其顶部时,这就是一个充满选择性的市场。也就是说,这时的投资者更关注那些为人熟知且流动性好的股票,而忽视其余的股票。涨跌趋势线指标在市场的底部很难发挥其作用,这是因为当整个市场见底时,该指标通常会上涨。因此,涨跌趋势线指标只能够在市场的顶部发挥作用。

运用涨跌比技术可以在衡量市场宽度的同时获得趋势指标。如果市场保持强势且上涨的股票多于下跌的股票,则涨跌比就会快速增加并达到更高的水平。

此外，如果市场下跌且下跌的股票多于上涨的股票，那么该指标就会下降到更低的水平。由于涨跌比指标的波动幅度比较大，因此 13 周移动平均值可以有效地消除这种波动。当涨跌比指标快速上涨并达到新的高度时，则说明市场的上涨速度过快，它需要适时休息一下。此时，股票价格的上涨速度就会放缓，甚至有可能出现下跌。

另外，当涨跌比指标下跌到更低的水平时，市场中下跌的股票明显要比上涨的股票多，其运行趋势显然是向下的，但是，这种情况意味着市场距离见底已经不远了。因为涨跌比和其他的趋势指标一样，有可能在上涨的行情中上下移动，从而使得该指标长期处于超买区域（接近顶部）或者超卖区域（接近底部），所以投资者在这个时候务必要稳字当头。

我们可以通过 Investors Intelligence 发布的数据获得另外一个重要的趋势指标。该数据主要关注的是纽约证券交易所中站在 30 周移动平均线和 10 周移动平均线之上的股票的百分比。这两个指标之所以重要，是因为当大部分股票站上其 30 周和 10 周移动平均线时，市场将出现强势的上涨。它们的极限值位于 65%～70%，通常出现在市场中的大部分股票都出现了明显回升的时候。这个时候意味着市场将会进入盘整阶段，股票价格的上涨速度放缓。

当 30 周和 10 周移动平均线之上的股票的百分比下跌到 30%以下的时候，或者说当市场上只有 30%甚至更少的股票站在 30 周和 10 周移动平均线之上时，说明市场已经经历了大幅的下跌，只有少数的股票仍然处于上涨趋势当中。这意味着市场现在处于超卖状态，只要这些指标中的任何一个上涨，则标志着市场将会触及明显且重要的底部。

用市场指数的变动率作为趋势指标

技术分析的一条重要法则是有关市场正在发生什么的信息都来源于市场本身。市场指数的变动率就是获得这些信息的途径。目前最常用的是 13 周的市场变动率。例如，标准普尔 500 指数在 13 周期间的变动率。当市场上涨到更高的水平时，投资者应当在该变动率下跌的同时获利了结。同理，当市场下跌且变动率下降到很低的水平时，新的投资者就应当在变动率上涨的时候进场。

13 周市场变动率的震荡区间为 −10% ～ +10%。换句话说，当市场在过去 13 周里下跌 10% 时，市场处于超卖状态，新的投资者进场交易的概率就会增加。另外，当市场在过去的 13 周里经历了大幅上涨，且股票价格上涨了 10% 时，那些已经获利的投资者就会选择获利了结，这也就意味着市场处于超买状态。

同样的方法也可以应用于纳斯达克指数。通过计算纳斯达克指数在过去 13 周里的变动率，我们发现纳斯达克指数的变动率比标准普尔 500 指数的变动率的波动幅度更大，而且纳斯达克指数的变动率的震荡区间是在 −25% ～ +25%。这些数据已经达到了极端的水平。当纳斯达克指数在过去的 13 周中上涨了 25% 时，市场面临着强大的抛售压力。此外，当纳斯达克指数在过去的 13 周中下跌了 25% 时，由于市场已经处于了超卖状态，新的做多者将会进场交易。实际上，这个范围区间具有一定的主观性，且取决于投资者的投资期限。因此，我们在使用这些指标时必须进行仔细分析，才能满足个人的需求并收获信心。

技术图形

对股票市场的运行或者股票价格的图形分析可以为投资者提供有关盈利潜力的重要信息。为此，我们在进行图形分析时首先要做的就是判断趋势。股票或者指数是处于上升、下跌还是盘整的趋势呢？上升趋势中的股票价格图形的特点是股价屡创新高，且股价的底部稳步上移。一般情况下，价格创新高的股票回调的低点通常位于前一个低点和高点之间 50% 以上的位置。

下跌趋势中的股票价格图形的特点是股价屡创新低，且每次反弹的高点都低于前一个高点。处于盘整阶段的股票则表现为股票价格在一个价格区间运行，其底部和顶部通常在一个非常明显的区域内。（这种图形通常具有很大的盈利潜力。但前提是，我们需要配合成交量来使用这种方法。）

对于盘整阶段的股票而言，其股价的顶部也称为**阻力位**，而其股价的底部则被称为**支撑位**。这是因为当股价上涨且触及顶部时，那些认为股价或者市场被高估的做空者就会进场抛售手中的筹码。在这种情况下，市场或者股价就会触及阻力位。此外，当股价下跌到更低的水平时，那些坚信股票已经显现投资价值的做多者就会进场。在这种情况下，市场或者股票就会触及支撑位。这种多空双方的争夺就形成了这只股票的交易区间。

我们可以以将股价的高点和低点分别用一根直线连接起来。这样一来，投资者就会很容易地判断股票的运行趋势。上涨股票的轨道是向上倾斜的，而下跌股票的轨道是向下倾斜的。当股价触及其轨道线的高点或者低点时，则表明这只股票的超买或者超卖状态。如果上涨趋势的股票价格跌破了其轨道线的低点，则预示着当前的趋势将要发生改变，我们需要重新绘制轨道线了。此外，如果下跌趋势中的股票价格突破了其轨道线的高点，则说明这只股票的趋势将出现反转。

由股票趋势的变化延伸出来的重要技术图形是双重顶和双重底。我们先以双重底为例，这种图形通常出现在股票的下跌趋势当中；股价的轨道线向下倾斜并创出新低。不过，当这只股票突然出现强势反弹时，其股价会刺穿并沿着更高的轨道线运行。趋势就此发生转变了吗？这个结果只有在股价再次出现新的底部时才能揭晓。如果股价的下一个底部没有跌破前一个底部，则表明这只股票暂时得到了支撑，而其之前的底部还将接受新的检验。

双重顶通常出现在股票经历了一波强势上涨的行情之后。当股价触及这个顶部时，就会掉头向下。随后，做多的投资者会再次买入这只股票，并且将股价再次拉起。然而，这波涨幅的高点并没有能够突破前期的高点。此时就形成了典型的双重顶形态。此时，这只股票的趋势由上涨转变为下跌的概率就会加大。

然而，为了最终确定股票运行趋势发生反转的可能性，我们需要把成交量这个因素考虑进来。

成交量

纽约证券交易所和纳斯达克市场的成交量水平及其运行趋势是评估股票市场风险的重要指标之一，但是该指标有时候也会被忽视和产生误解。投资者和分析师所谈论的交易量，是指某个重要的证券交易所的所有股票在某个交易日或某一周里的全部成交量。成交量表示任何一只股票买与卖的总量。

为了理解成交量这个概念的含义以及重要性，我们将成交量视为买方力量。根据字面的意思，上升的成交量意味着市场中做多者数量的增加。也就是说,这些投资者看到了市场中的投资机会,并且开始加大买入股票的规模。另一方面,成交量的下跌代表着买方力量的枯竭。投资者不再像以前那样积极地买入股票,其买入量呈逐渐减少的趋势。

对于投资者来说,成交量之所以是重要的技术指标,是因为它能够为投资者提供非常实用的信息。成交量通常领先于股票市场几周(使用周成交量时)或者若干天(使用单日成交量时)的时间。使用 13 周或者 17 周移动平均线能够获得平滑的周成交量走势图。运用该指标的标准普尔 500 指数可以根据成交量的特点清楚地显示重要的市场转折点。成交量的下跌领先于股票市场的下跌,而成交量的增加则预示着股票市场底部的到来。

如果成交量在重要的股票市场下跌期间仍然维持低位并且低于前一个高点的话,那么该市场将会继续下跌,这是因为还没有买方力量介入市场。成交量只有在市场下跌期间开始增加的时候才会形成市场的底部。投资者通常把这种行情称为恐慌性抛售。然而,与之相反的行情则被称为跳空上涨。也就是说,股票在市场下跌的最后阶段由弱势转向了强势——对于那些信心坚定且洞察到应当加大买入规模的理性投资者而言,他们认为此时的股票已经到了跌无可跌的程度,而新的投资机会已经出现。

当股票市场开始上涨而成交量却一再萎缩时,则说明买方力量正在减弱,市场已无力再继续上攻了,投资者必须保持警惕。因此,成交量的下降向我们发出了市场将进入盘整期的信号。此外,当成交量在市场下跌 10%～15% 之后出现大幅增长时,则强烈地预示着一个重要的底部正在形成。

成交量与盘整形态的结合使用是非常实用的技术指标——也就是说,当股票价格在支撑位与阻力位之间运行时,最好配合成交量指标一起使用。例如，当一只股票在 30 ～ 45 美元的价格区间进行盘整时，成交量就可以为我们提供重要的投资参考。如果成交量在股票盘整期间放大的话，则预示着这只股票很快就会迎来上涨行情。

如果成交量在每一次触及盘整区间的底部时都出现放大的情况（假设这个价格是 30 美元），那么这只股票的成交量在接近其盘整区间高点（即 45 美元）时就会逐渐减弱（见图 11-2）。当投资者在 30 ～ 45 美元的价格区间交易 3 ～ 4 个月之后，成交量将会缓慢增加，并且会在 45 美元的阶段高点放量突破，从而形成了典型的盈利形态。这就是重要的牛市信号。然而，当股价在此之后再次下跌并重新考验 45 美元的支撑位时，这种情况会非常普遍。

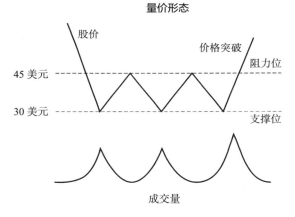

图 11-2　当股价大幅下跌且成交量的增长高于其平均水平时，盈利的量价形态就形成了。需要注意的是，价格区间的突破往往伴随着成交量的放大

如果成交量增加且继续保持强势，那么成交量就会逐渐突破这个价格区间，这是因为现在已经积累了大量的股票，市场只需

要很小的需求就能推动股价继续上涨。此外，如果成交量持续减弱且股价越来越靠近价格区间的底部，比如说 30 美元，那么股价就会缩量跌破该区间的底部这个重要的支撑点。

情绪指标

有些机构会测量专业与非专业投资者对股票市场的乐观情绪。他们通过对市场参与者和给出投资建议的撰稿人的调查，得出持有牛市、熊市和中性观点的投资者的百分比。持有牛市观点的投资者的百分比为我们提供了有关市场持仓量的重要信息。当这部分投资者的百分比非常高的时候，意味着当前的市场非常强劲，投资者坚信市场将来必定上涨。显然，当时的大部分投资者已经满仓，而此时的风险在于已经没有新的资金可以进入市场了。那么，市场在这个时候出现盘整甚至下跌的概率就非常大了。

当持有牛市观点的投资者的百分比很低的时候，大部分投资者已经抛售了他们手中的股票，市场上也没有多余的股票可以卖出了。这种极端的情况表明，由于市场上已经没有更多做空的投资者，因此，买入的机会就出现了。在这种情况下，买方力量就会拉抬股价，从而诱导其他的投资者卖出手中的股票。

最重要的情绪指标可以参见每周出版的《巴伦周刊》，而我们将在本章讨论的其他大部分数据也可以在上面找到。我们所说的情绪指标实际上是指"相反意见指标"。换句话说，当每个人的观点都相同时，事情朝着相反方向发展的概率就会增加。当投资者都在期望牛市的到来时，理智的投资者就会进行逆向思维——也就是说，市场将会下跌。此外，当投资者都在说熊市离我们不远时，我们就应当期待着市场见底后的上涨。

美国个人投资者协会每周发布其会员中持牛市观点人数的百分比。有记录显示，当该百分比上升为50%～55%时，市场很有可能会进入盘整期，甚至出现下跌行情。另一方面，当该百分比下降为25%～30%时，市场见底的可能性就会加大，特别是当该指标开始从底部上涨时更是如此。

另外一个重要的情绪指标是由《投资人情报》发布的所有投资顾问中持有牛市、熊市和中性观点人数的百分比。其中，当牛市百分比超过55%时，预示着市场已经接近见顶。这种乐观的情绪通常会与动荡的市场并存。另外，当牛市百分比接近30%～40%时，则说明市场已经处于超卖状态，市场的底部即将到来。

另外一种衡量市场情绪的方法是利用《投资人情报》发布的牛、熊百分比计算牛市与熊市之间的比率。根据我们得到的情绪指标显示，当牛市的比率是熊市的两倍时，投资者应当保持警惕。如果两者之间的比率基本持平，比如说该比率接近1%，那么市场将出现非常明显的底部（见图11-3）。

图11-3　牛市情绪高涨时，市场的表现通常不佳。而低水平的牛市情绪则领先于强势的市场表现

Consensus of Kansas City 也提供牛市百分比的数据。该数据提供的是专业投资者中持有牛市观点人数的百分比。当该指标位于 70%～75% 的水平时，市场则处于超买状态。当牛市百分比下降到低于 40% 的水平时，则意味着市场距离底部越来越近了。情绪指标是投资者必备的工具。该指标的重要性在于，它为我们提供了其他投资者正在想什么的信息，而且通常情况下，投资领域是不能出现随大流或者从众心理的。因此，知道大多数人的想法然后反其道而行才是正确的盈利策略。

移动平均线通道和布林线

我们不仅可以利用直线来绘制股价的运行通道，而且还可以通过移动平均线更加直观地观察股价的趋势。例如，用标准普尔 500 指数的 40 周移动平均线替代其成交量。我们将这条移动平均线称为"M"。然后，我们再在之前的那条移动平均线值的基础上增加 10% 来获得另外一条移动平均线"U"。这条移动平均线就会与之前的移动平均线平行并且位于其之上。接下来，我们在移动平均线的中心线的基础上减去 10%，从而得到另外一条移动平均线"L"。这样一来，移动平均线通道就完成了。它包括一条穿过市场平均值（移动平均线称为"M"）的移动平均线，以及另外两条将标准普尔 500 指数数值包络起来的移动平均线。其中，移动平均线"U"位于通道线的上端，而移动平均线"L"则位于通道线的下端。

移动平均通道线的使用方法与由趋势线确认的通道的使用方法相同。当市场接近通道线的上端时，市场处于超买状态。当然，这个信号并不表示市场一定会下跌，因为强劲的市场会沿着通道线的上端运行很长一段时间。同理，当市场接近通道线的下端时，市场处于超卖状态。当然，这个信号并不表示市场一定会上涨，因为疲软的市场会沿着通道线的下端运行很长一段时间。当市场处于超卖状态时，其距离转折点也就不远了。然而，即使是在这种情况下，市场仍然有可能继续下跌并且在接近通道线下端的位置停留。

布林线是移动平均通道线的变体，是由约翰·布林格（John Bollinger）创建的。布林线是在移动平均线上下轨的标准差的基础上绘制而成的。由于标准差衡量的是市场的波动情况，因此布林线具有自动调整功能。当市场剧烈波动时，布林线就会变宽。当市场走势比较平稳时，布林线就会收缩。所以，我们对布林线的基本解释是，股票价格将在布林线的上轨和下轨之间运行。布林线的典型特点是其上下轨之间的距离会随着股价波动的幅度而变化。此外，虽然布林线的计算比较困难，但是大多数网站都会提供在显示股市走势图的同时绘制布林线的功能。

周期性

如果股票的价格具有周期性的特点，那么我们在判断其走势时就会花费相当大的精力。股价会在某个特殊的时期上涨吗？股价会在某几个月或者某个时期内出现较大幅度的上涨吗？"一月效应"（January barometer）是最重要的周期性指标之一。也就是说，股价在1月份的表现预示着其一整年的走势。"一月效应"的主要思想是说，1月份是每年的第1个月，如果投资者认为1月将走出牛市行情，那么这种走势就会贯穿全年，这是因为他们看到了有利于股市走势的积极因素。

虽然目前进行"一月效应"的研究很多，但是所发布的研究报告都存在不同的缺陷。大多数报告都把1月份纳入了股票全年的表现当中。然而，如果我们利用1月份作为预测全年走势的标准的话，那么这个月的市场收益率就不应当包括在内。例如，假设股票市场在1月份上涨了4%，而在本年度余下的时间里上涨了5%，就不能表述为全年5%的涨幅是由1月份上涨的4%再加上余下时间上涨的1%组成。实际上，1月份上涨的4%是应当从全年的收益率中剔除出去的。因此，股票市场在一年中剩余时间内的涨幅是1%。所以从现实的角度出发，1月份的市场表现是无法对全年的行情做出预测的。尽管这个"理论"具有一定的误导性，但是1月份所具有的预测能力仍然成为华尔街坊间的谈论热点。

其他对周期性研究的报告显示，一个月的最后4天和下个月的前5天是市场盈利能力最强的时期，也就是说，剔除节假日和周末因素，投资者在这8~9个交易日里能够获得超过市场平均值的收益率。虽然我们很难把这个观点视为投资法则，但是它却传递了这样一种信息：如果投资者想卖出股票，那么最佳的卖出时机就是每个月的第1个星期；如果投资者想买入股票，那么每个月的月末将是最佳的盈利买入点。

另外一个众所周知的股市周期性趋势理论是，每年的10月底到第2年的5月底是股票市场表现强劲的时期。相反地，每年6~10月是市场表现疲软的时期。该理论为我们提供了相对可靠的投资参考：即投资者应当在每年的11月到来年的5月加大投资规模，而在6~9月卖出表现疲软的股票并持币观望。

道氏理论

道氏理论是查尔斯·H. 道（Charles H. Dow）在20世纪的

世纪之交时提出的。查尔斯·H.道去世后，威廉·汉密尔顿（William Hamilton）和罗伯特·雷亚（Robert Rhea）继承了道氏理论。我们现在使用的道氏理论是在对道琼斯工业平均指数、道琼斯运输平均指数和道琼斯公用事业指数三大股指分析的基础上得出的改进版本。

道琼斯工业平均指数是利用美国最大且在行业中占统治地位的公司的股价计算得出的。这些大公司是美国主要的商品和服务供应商。道琼斯运输平均指数包括全美最大的多家运输公司的股票——其主要负责国内人口和商品的运输工作。道琼斯公用事业指数的特征是它与利率的关系非常紧密，这是因为从事公用事业的公司都持有长期债务，利息费用是其财务状况中最主要的成本项目之一。同样地，公用事业类公司的股票在利率下跌期间的表现是非常强劲的，这是因为公司的盈利能力得到了提升。另一方面，当利率上涨时，公用事业类的股票往往由于公司盈利能力的下降而表现不佳。

道琼斯工业平均指数与道琼斯运输平均指数密切相关。道琼斯工业平均指数的上涨反映了当前强劲的经济，以及工业企业强劲的零售额和盈利能力。此外，强势的市场往往伴随着道琼斯运输平均指数的上涨，而该指数的上涨则意味着大量的人和商品由于经济环境的改善而往来于全国各地。从某种程度上说，道琼斯运输平均指数决定着道琼斯工业平均指数的走势。

道琼斯公用事业指数是反映经济环境是否健康的重要指标。良好的经济环境意味着利率处于平稳或者下行的阶段，因此，道琼斯公用事业指数的走势就会非常强势。其结果是，当道琼斯工业平均指数、道琼斯运输平均指数和道琼斯公用事业指数三大股指都创出新高时，就会为我们营造出良好的市场环境。这种局面反映了经济和企业的强劲发展，以及在稳定的通货膨胀和利率的条件下日益增长的商品和服务需求，进而导致了道琼斯公用事业指数的上涨。

当道琼斯工业平均指数创出新高，而道琼斯运输平均指数或者道琼斯公用事业指数并没有对此进行确认的时候，市场就很有可能发生趋势上的改变并且接近盘整阶段。这就说明经济体系在某些环节上面出现了偏差。从某种程度上讲，是因为运输公司并没有在此期间运送同等数量的商品和服务，或者说运输公司的运营成本出现了大幅的增长。

公司运营成本的上升是原油价格大幅上涨的结果。实际上，公用事业公司并没有确认道琼斯工业平均指数的走势与高通货膨胀和利率的上涨有关。从投资者的角度来讲，道氏理论的主要作用在于观察道琼斯工业平均指数、道琼斯运输平均指数和道琼斯公用事业指数三大股指的走势是否合拍。道琼斯工业平均指数创出的新高必须得到道琼斯运输平均指数或者道琼斯公用事业指数创出的新高的确认。当道琼斯工业平均指数的上涨与其他两大指数的上涨不同步时，投资者就要加倍小心了。此时市场的参与者减少且市场的上涨幅度越来越小，利率和通货膨胀也会出现不同程度的变动。因此，在没有确认三大股指的确切动向时，投资者应当保持谨慎。

投资影响

股市趋势技术分析在判断市场风险水平、市场是否处于超买超卖状态以及市场未来发展前景方面具有很大的使用价值。通过运用本书前面介绍的经济和金融周期的概念，这些信息将有助于我们准确判断市场的走向。我们要重点关注市场的超买、超卖和情绪指标。例如，当市场维持上涨格局并且处于超买状态长达几个月之久时，并不意味着投资者就要卖出手中的股票。

同理，当市场的超卖状态持续了很长一段时间并且仍在下跌时，并不意味着这个时候就是进场的最佳时机。然而，如果经济和金融周期的基本面表明市场的风险很高或者很低时，我们就要通过技术分析确认已经到来的买入或者卖出点。也就是说，理智的投资者会利用两者之间的互补关系获得可观的收益。

第 12 章

股票投资组合风险管理

成功地管理资金是一件既艰巨又花费时间的事情。如果你正在寻找致富的财富公式,那么你很有可能会大失所望,因为无论你怎么寻找这个公式,到头来终将以失败告终。成功地管理资金是一个严谨的过程,它需要占用你大部分的时间。你在这方面付出的努力越多,成功的可能性就越大。

本书的主要目标之一是为你的决策提供一个框架和具体的方法,进而帮助你制定风险管理的策略。你最终接受的过程和方法论都是与你的个性相匹配的。因为没有人会告诉你什么才是你最需要的,因此,你,也只有你自己才能做出最后的决定。

本章的内容旨在解决当你买卖股票时如何选择股票投资组合、在这个过程当中应当保持什么样的心态以及如何管理风险等每个投资者都要面对的问题。

任何投资计划的成功都取决于对信息的积累和解读这些信息的过程。其中一个关键的方面是观察这个信息被查阅的频率。每天花费 24 小时管理资金的专业人士可以吸取来自市场和经济每分钟发出的信息。他们每分钟都在问自己当前的形势如何，接下来应当采取哪些动作以及这些信息会对当下的投资组合产生哪些影响。请记住，这些人就是你将要面对的交易对手方——即那些运用复杂的模型、方法和选股技术的人。他们几乎可以对市场的变化做出瞬间的反应。

因此，这一切都取决于每一位投资者考察其投资策略的时机和频率。投资者对其投资组合及其业绩的关注度越高，他获得理想收益结果的概率就越高。赚钱并不是一件轻松的事儿——没有人能够轻松地解决这个问题。

思想框架、投资风格和风险管理

大多数成功的投资者认为，在资金管理的过程中，一个人的思想框架是投资过程中最重要的因素之一。由于你的交易对手方是专业的投资人，因此你就要像专业的投资人那样管理你的投资组合。

首先，我们要将管理投资组合的过程分开来看——正如专业的投资人那样，不要带有任何的个人情绪。当你被糟糕的情绪所干扰时，你做出的决策也注定是非常糟糕的。当你正在承受巨大的压力时，情绪会左右你的决策。当你过于情绪化时，你需要进行自我控制，因为过分的情绪化会增加你亏损的概率。亏损会在很大程度上对投资组合的长期业绩产生不利的影响。请牢记下面的等式：+15%+15%+15%−15%=6% 的年收益率。换句话说，如果你的投资组合连续 3 年都以每年 15% 的比率增长，而在第 4 年损失 15%，那么你的投资组合在这 4 年中的整体收益率刚刚超过

6%。可以说，一次亏损就会将这些年积累起来的利润全部抹平。

控制情绪和避免做出草率决策的唯一办法就三思而后行。这对于投资组合的管理来说是最重要的概念——即行动放缓和且深思熟虑。当一个人决定买入或者卖出股票时，不论他是否是这方面的专业人士，都要将情绪问题考虑进去。正因为如此，为了将损失最小化，重要的是在进行较小数量买卖交易的同时，制订具体的买卖计划。请注意，**三思而后行仍然是我们投资的关键**。

克服情绪是这个过程中最困难的一部分。你必须远离糟糕的情绪。重要的是，投资者不要总是想着当前正在发生着什么，而是要把你的投资组合当作赛场上的赛马。如果你的投资组合表现良好，你就会非常高兴。那么，如果它们的表现非常糟糕，你又该怎么办呢？当然，你会放弃这匹输掉比赛的赛马。你要把投资组合的组成部分视为积累财富的工具，而不是个人的私有财产。有些时候，当人们谈论起自己持有的股票或者投资建议时，都会带有明显的个人情绪。当你做出和钱有关的决策时必须保持冷静和独立的思想，并且喜怒不形于色。因为投资组合的业绩表现才是最重要的事情。

一些非常有名气的交易者对冥想和禅等东方哲学很感兴趣，因为他们认为这种思想可以让人得到放松，并且有助于自己判断当前的经济环境。**不作为**是人类的情绪状态中最危险的因素。禅的教义中最重要的一点是，当你发现自己处于进退两难的境地时，你必须要有所行动，也就是说，你必须马上做出决策。尝试着迈出第一步，千万不要等到亏损到无法弥补的时候才追悔莫及。因此，你一定要做些什么才行。这关键的第一步将会引导你继续走下去。当然，这其中的关键是你必须先做出决定。

你要时刻问自己一个问题：我的目标是什么？如果你决定投

资股票并建立自己的投资组合,那就必须给自己设定一个目标:你的投资组合的表现要强于市场。否则,你就要转而投资在美国证券交易所交易的指数基金或者蜘蛛基金[注](代码:SPY)。换句话说,当你买入这只证券时,你的收益率就与市场的收益率非常类似了。因此,当你决定投资股票时,你必须对股票市场的表现有个明确的目标。

你要设定的第二个目标是将市场的波动最小化。蜘蛛基金的走势几乎与股票市场是一致的。然而,如果市场下跌20%~30%,你的资本就会遭受重大的亏损。一个人之所以要主动地管理自己的资金,是因为他要避免损失且不愿意看到自己的账户缩水。因此,获得高于市场表现的收益率和将波动最小化这两个目标,是投资者愿意管理其股票投资组合的主要原因。

你将如何控制股票投资组合的规模呢?实际上,那些有上佳表现的投资组合往往只持有少数几只股票。这里需要投资者注意的是,那些每次都要为你提供投资建议的人的话是有待于我们做进一步考证的。在你的投资组合中,最好以10只股票为限,最多不要超过15只股票。这样做便于你对这些股票的追踪。此外,这样做的好处还体现在其便于管理与监控,而且还有利于你对它们的表现进行评估。

如果你的投资标的过于多样化,你将无法准确跟踪这些资金,以及投资组合中各只股票的表现情况,因此,过于庞大且不便管理的投资组合的业绩是无法与你在这上面投入的时间形成正比的。这里的关键之处不在于你到底持有了多少只股票,而在于你是否

[注] 复制标普500指数,它追踪几乎涵盖美国股市总市值2/3的标普500指数。——译者注

有时间去管理它们。

管理投资组合的另外一个目的是控制风险，即对波动幅度的控制。处理这个问题的最佳方法不是总想着应该买入还是卖出，而是要考虑买卖一只股票所占用的资金量。

有些时候人们会抓住一只涨幅空间巨大的好股票，但是它们又不能确定（情绪再次波动）是否应当将其卖出以锁定利润。这里请牢记**缓慢**且**分批**的交易法则。例如，如果投资者持有 100 股股票，为什么不先卖出 10 股看看行情再说呢？如果这只股票继续上涨的话，先卖出 10 股的好处在于，你的大部分资金，确切地说是 90% 的资金，仍然投资在这只股票上面。另一方面，如果这个时候股票开始下跌，则证明了投资者认为这只股票被高估的观点，从而为他们大规模抛售股票提供了机会。为了做到这一点，你必须要控制好自己的情绪，然后等待市场告诉你应该怎么做。

同样的方法也适用于股票开始上涨的情况。你会在这个时候买入股票吗？当然，如果市场或者股票继续稳步上涨的话，你是无法做出决定的。为什么我们不买入一定数量的股份，而非要将大量的资金投入到单一的头寸上呢？如果股票正如你预想的那样上涨的话，那么你的决定就是正确的。因为你有足够的资金去买入更多的股票。另外，如果你的判断失误，股票开始下跌，你也会因为只持有少量的股份而不会出现明显的亏损。

不急于做出决定和分批买卖股票的做法是我们控制风险和收益率的波动，以及在做出决定时控制情绪的有效方法。其要点是不要总是纠结于买卖股票和什么时候进场或者离场，而是要考虑在增加或者降低风险的同时如何增减手中的头寸。

实际上，投资和打扑克牌的道理是一样的。扑克牌玩家也是在赢得比赛的概率增加时才会逐步加大其赌注，而在胜出无望的时候把牌面朝下放以示退出的。这一过程与投资者买卖交易头寸的过程是非常相似的。当市场上赚钱的机会增加时，投资者的投资规模也将随之加大。反之，当市场上赚钱的机会减少时，投资者的投资规模也将随之下降。在盈利的可能性微乎其微的情况下进行投资是毫无意义的。

记者和分析师们有时候会谈论有关投资风格及其对收益率产生的影响的问题。事实上，投资风格在某些情况下是能够发挥作用的，但是，当市场环境发生变化时，它们的作用就不再那么明显了。因此，投资者最好不要过分依赖某一种投资风格。对小盘股、大盘股、成长与收益型股票、买卖指标、相对强度指标以及平衡型投资组合等投资风格的偏好或早或晚都将成为主流，这是因为它们在特定和暂时的市场条件下都能够发挥各自的作用。然而，如果市场环境发生改变，则投资的结果就会出现一定的偏差。只有在经济和金融周期的风格保持不变的情况下我们才能获得有关风险以及哪种资产具有最佳收益率的信息。因此，顺势而为才是投资的正确方式。

天下没有一夜暴富的财富公式。而你需要做的就是让自己的投资方法保持一定的灵活性。如果你选择的投资方法没有获得相应的收益，你就应当意识到这一点，并且通过逐步地改进使它成为行之有效的投资工具。如果市场或者股票的走势与你的预期背道而驰，你必须马上做出相应的决定，而不是犹豫不决。此外，你必须行动起来并且对你的投资决策进行不断地修正。如果你采取的投资方法不见效果，不要天真地认为它早晚会见效，因为这种事情是根本不可能发生的。我们之所以把一段糟糕的投资经历视为机会的流失，是因为如果你在此期间投资不同的资产或者运用其他方法，你就有可能获得更好的投资收益。

现在就来看看你的投资组合吧。如果那些大公司的股票没有上涨或者其表现不及股票市场的整体表现，你就要逐步卖出这些股票并减少手中的头寸。然后，请将你的资金投入到那些投资方法起作用的领域。实际上，投资就是将那些表现不佳的资产转换成其他表现良好的资产的持续转换过程。虽然说投资者要对没有达到预期的结果做出快速的反应，但是这个转换的过程却是要循序渐进的。

选择股票：你的投资组合有哪些偏好

如果你的目标是依靠收益率的低波动性跑赢大盘的话，那么你对投资组合的偏好这个问题就很好回答了：你偏好的是那些正在上涨、市场需求量大、不断创出新高的股票。当你观察这些股票的走势图时，你就会知道那些成交量放大且股票价格在上升通道中稳健上涨的股票才是你的选择。

如果你采取这种方法挑选股票，那么对于你来说，那些期望着手中又创新低的股票能够反弹获利的投资者的做法几乎是不可理解的。显然，你不会选择那些表现疲软或者跑输大盘的股票。我们不妨从专业的角度来看这个问题。假设医生发现你的身体出现了问题，他是绝对不会向你隐瞒事实的。他会告诉你应该怎么做，因为这才是你真正关心的事情。如果你手中的头寸表现糟糕，你必须将其剔除，或者减少它的头寸。因为这关系到你的利益，因此这种做法是毫无疑问的。

选择股票的方法有两种——即从上涨或者下跌的股票中挑选。虽然这种方法很平常，但是投资者却很少使用。选择那些正在下跌并期望着它能够走出反转走势的股票，对于任何一个投资者来说都是个巨大的挑战，但问题是，从这种股票身上获利的可能性实在是太低了。

当然，经验丰富的投资者会投资正在拉升的股票。处于上涨趋势中的股票有三种类型：上涨幅度低于市场走势的股票、与大盘走势同步的股票以及具有跑赢大盘可能的股票。显然，你的主要任务是寻找那些具有跑赢市场潜力的股票。如果你的目标是跑赢整个市场，那么这些股票无疑是你的投资组合中最好的选择。

此外，你还可以选择大盘股和小盘股。大盘股是由那些规模相对较大的公司发行的股票，而小盘股则是由规模更小的公司发行的股票。小盘股虽然是我们优先考虑的对象，但是其较大的波动幅度却提高了投资组合的风险。大盘股的波动虽然不大，但是其上涨速度和风险程度却低于小盘股。我们到底应该如何选择呢？

这完全取决于你自己。你需要做的就是通过灵活的策略挑选出符合市场主流的股票。通过对市场中表现强劲的板块过去3个月或者6个月的分析，我们就可以发现这些股票。比如BigCharts.com就会发布对强势板块详细的分析报告。对于投资者来说，他们肯定希望投资大多数投资者都想投资的股票，他们也希望自己手中的股票属于最吸引市场参与者的板块。因此，你首先应当从表现强势的板块中挑选股票，因为它们继续保持强势的可能性非常大。

此外，你需要在表现强势的板块中挑选出领涨股。因为这些股票通常都会创出新高，所以这对于选择股票来说是非常好的开始。你还可以选择那些股性非常活跃的股票。因为成交量的增加意味着股价运行的背后做多者的介入。

当你把符合条件的股票挑选出来之后，再从中寻找那些具有收益和销售增长势头迅猛、能够生产独特的产品、在行业中具有排他性且有很强的创新管理能力等特点的股票。然后，再对这些股票的 K 线图进行分析。除了要观察它们是否正处于明确的上涨趋势外，还要观察哪只股票的波动幅度更小——也就是说，这些股票的上涨趋势是平滑的，它们沿着趋势上涨的可能性要大于其他波动幅度较大的股票。如果你选中了波动性比较大的股票，则很难找到确切的进场时机，这是因为你很有可能位于这只股票阶段性的高点，而这只股票在经历了一段时间的盘整后便会突破这个高点，从而产生赚钱效应。

当你选中了波动幅度不大的股票后，再来观察它的表现。符合我们选股标准的是在过去的 3～12 个月当中上涨幅度超过市场同期表现的股票。决定哪只股票应当逢低买入的重要因素是成交量。如果一只股票放量上涨，但是其成交量却呈现出逐步萎缩的态势，则说明这只股票已经非常接近其峰值了，而你要做的只有耐心等待。

如果股价在某一价格区间运行，但是其成交量在该区间的底部突然放大，则说明买方力量正在聚集。如果股价放量突破并且站上该区间的上方，那么这个时候就是绝佳的买入时机。

在经历了这些选股步骤后，投资者的投资组合中最终留下的就是那些表现强势的公司的股票，即那些拥有强大的创新和管理能力的公司的股票。它们的产品领先于同行业的其他产品，这一点从其两位数的收入和销售增长中就可见一斑。当然，你为这一切所要支付的价格取决于这家公司的市盈率，而这个市盈率则远高于市场的市盈率。在这个例子中，市盈率是指投资者要为每一美元的收益支付的美元，它是用股票价格除以每股盈利得出的。因为你买到的是最好且最具吸引力的股票。

择机卖出

投资组合的绩效及其风险的管理不仅取决于你的买入策略，更取决于你采取什么样的卖出策略。首先，市场的风险程度是你卖出股票的主要原因，因为 80% 的股票的走势都是和市场的整体走势相一致的。当市场上涨的动能出现明显的下降时，经济环境和经济指标就会发出风险上升的信号，投资者此时要做的就是开始抛售手中的股票。将风险和损失最小化的唯一途径就是持币观望，没有其他选择。

投资者卖出股票的第二个原因是股价的表现非常疲软。当一只股票跑输大盘时，投资者势必会在逐步减持手中头寸的同时寻找更好的投资机会。

当股票的价格下跌 10%～15% 时，是投资者抛售股票的另外一个原因。这种幅度的下跌预示着该股的上涨格局行将结束。也就是说，股价出现这种幅度的下跌是由于上市公司出现的某些问题并没有向广大的投资者公布，因此，市场的参与者已经决定将重点转向其他行业的股票。10%～15% 的跌幅意味着这只股票在未来几个月中只能产生非常有限的收益率。总之，股价突然且快速的下跌为我们发出了减持股票的信号。

在做出最终卖出股票的决定之前，观察这只股票的成交量是非常重要的。如果股票下跌但成交量超过其平均水平，说明该股已经发出了强烈的下跌信号，投资者此时应当静观其变，并耐心等待其下跌到出现极具吸引力的价格水平时再做决定。通常情况下，该股在经过几天或者几周的盘整后，将会重拾升势。然而，如果该股继续无量下跌，投资者应当果断地清仓。

由于分析和决策的过程是管理风险的一部分，因此我们能够很容易看到持有太多头寸的弊端。实际上，如果一只股票的表现优于另外一只股票，那么我们同时持有两只股票的原因又是什么呢？虽然这个问题属于极端情况，但是它向我们提示了将资金集中在表现最好的股票上的重要性。投资者应当朝着这个方向管理自己的投资组合。

投资组合管理策略和股市周期

遵循制定好的投资策略能够让投资者将投资组合的波动幅度控制在有限且合理的范围内。当然，投资者的个性和心理是实现这个目标的主要因素。在我们制定投资策略的过程中，意识到当前的股票市场正处于哪个阶段是最重要的。我们在前面的章节中已经详细讨论过以下问题：现在的市场是否处于牛市行情的初始阶段呢？牛市的震荡幅度是否会很剧烈呢？牛市是否已经走到头了呢？

股票市场第一阶段的明显特征主要体现在：

- 市场表现疲软或者持续下跌了几个月的时间；
- 经济在经过几年的强势增长后开始减速；
- 货币供给增长在经历了一年多的下跌后开始上涨；
- 短期利率在经历了一年多的上涨后开始下跌；
- 通货膨胀和债券收益率在一年多的上涨后开始下降；
- 大宗商品价格在持续了一年多的强劲上涨后表现疲软；
- 市场参与者在意识到新的机会和流动性扩张后促进了成交量的扩大；

- 伴随着低通货膨胀而来的强劲的经济环境导致了美元的强势；
- 估值指标显示市场的价格较几个月之前更加合理。

在这些指标出现后，我们就可以建立相应的投资组合了，这个组合以 10～15 只股票为宜。我们选择的每一只股票都应该是市场中表现最强势的板块中的龙头股。这些股票应当来自不同的板块，而且投资的总额也不宜过大。在我们开始建仓的时候，每一只股票最初始的投资比例不要超过全部资金的 2%～3%。然而，如果市场和股票处于上涨趋势，满仓的操作也是可以的。这是因为，在低比例持仓的条件下，如果我们的进场时机判断错误，那么我们的损失也不会太大。此外，如果市场正如我们预料的那样开始上涨，我们也可以陆续加大投资组合的持仓比例。另一方面，我们之所以要从不同的板块挑选股票，是因为我们要使投资多样化，避免因为某一类股票的整体波动而增加投资组合的风险。

在股市周期的第二个阶段，股票价格开始上涨，且很少出现回调的走势。股市在此期间表现活跃，投资者应当尽可能地参与其中。股票市场第二阶段的特征主要体现在：

- 经济表现稳定并进入快速增长阶段；
- 当企业和消费者需要为消费和投资进行信贷融资时，货币供给增长开始持续增加；
- 随着经济的快速增长，短期利率在持续下跌后企稳；
- 随着投资的增加，通货膨胀和债券收益率在持续下跌后企稳；

- 由于强劲的经济导致了企业对原材料需求的增加,大宗商品价格在持续疲软后企稳;
- 市场成交量与前期的高点基本持平;
- 美元的强势反映了经济环境在非通货膨胀压力下得到改善;
- 市场的估值水平仍然维持在其历史范围内,并没有表现出被高估的迹象。

在股市周期的第二阶段,投资者需要重新配置其投资组合的持仓比例,并且保持完全投入的状态。投资者在卖出那些表现疲软的股票的同时,要将全部资金重新投入到那些强势板块中的强势股上面。这样一来,我们就可以更加直观地观察每一只股票相对于整个投资组合与股票市场之间的表现。如果投资组合接下来的表现没有达到预期,投资者就要将这些股票从投资组合中剔除,从而达到更好地管理投资组合绩效的目的。

在此之后,股票市场将迎来其运行周期的第三阶段。因为这个阶段充满了不确定性,所以投资也变得越来越困难。股票市场在这个阶段的典型特征有:

- 经济依旧保持高速增长;
- 随着信贷需求的萎缩,货币供给增长开始下降;
- 当美联储向公众表达了对经济过热的担忧之后,短期利率在见底后的上涨时间超过了两个月;
- 随着通货膨胀压力的加大,通货膨胀和债券收益率开始上涨;这主要是因为供不应求的劳动力市场导致了大宗商品价格、原油价格和工资的上涨;
- 主要的大宗商品指数快速上涨;

- 市场成交量开始下降；
- 通货膨胀的加速导致了美元的疲软；
- 市场估值处于其历史水平的上端。

投资者在这个阶段的主要任务是制定让投资组合保值的策略。此外，投资者在尽量避免新的投资的同时，还要将那些走势很弱的股票逐步清仓，因为我们会在股票市场周期的第一阶段重新开始时以更低的价格重新买回这些股票。除了卖出股票，投资者还要控制好自己的情绪，避免因为一时的冲动而做出鲁莽的决定。正如在股票市场周期的第一阶段逐渐加仓那样，投资者现在也要逐渐减持手中的股票。我们如果在落袋为安的同时还要持有股票，仍然要以强势板块中的强势股票为主。投资者在这个阶段的策略主要是通过卖出不断下跌的股票逐渐积累现金。需要注意的是，我们在这里提出的投资策略并不是建立在做出买入或卖出的决定之上的，而是以通过股票市场各个阶段之间的持续转换逐渐增加或者减少手中的头寸为基础的。

税收问题是投资组合管理过程中通常会遇到的问题。投资者必须根据自己的风险预测和税务情况做出是以保守的方式增加现金，还是留在市场中看着投资组合不断缩水的决定。

投资要点

传统的观点认为投资者可以通过不同的途径管理自己的投资组合。实际上，每一种方法都是通过简单的公式运行的。然而，这些方法所产生的各种问题则是这部分内容分析的重点。

方法 1：多样化

很多股票评论员提出，最大限度控制风险的唯一途径就是投资多样化。也就是说，投资者应当购买不同的资产来减小投资组合的波动幅度。不过，多样化投资的问题在于，投资组合的绩效通常会和市场广义的平均值有关。因此，投资者为了节省交易佣金，可以选择投资共同基金。此外，如果市场下跌的话，你的投资组合也将随之下跌，所以多样化投资并不能消除波动与风险。投资者最终还要自己管理他们的投资组合。

方法 2：平均成本法

当我们在市场下跌时仍然坚信它会重拾升势的时候，以低于平均价格买进股票就是我们的投资策略。但是这种方法存在很多问题。我们选择股票的目的是持有那些具有增值潜力的股票。按照正常的逻辑来说，如果我们买入了这只股票，那么它的运行方向应该是上涨，而不是下跌才对。但问题是，我们为什么要在一个亏损的头寸上面不断投入资金呢？这样做显然不是增加财富的途径，但我们为什么还要持有这家公司的股票呢？此外，我们的资金又从哪里来呢？

如果投资者希望跑赢大盘，那么他就必须持有上涨、而不是下跌的股票。他们显然希望自己的股票连创新高，而不是屡创新低。如果你把资金投入了不断下跌的股票，那么等待你的只有亏损，因为你原本可以将这笔钱转投其他资产或者那些不断上涨的股票。

实际上，平均成本法类似于拿了一把烂牌还要加大赌注并相信最终会赢的扑克牌玩法。然而，我们没有见过哪个扑克牌玩家会因为遵循了这个策略而赚了大钱。

方法3：买入并持有策略

如果一个人知道自己能够长命百岁，并且相信在自己的有生之年能够看到自己持有的股票体现出真正的价值，那么买入并持有策略就是他的最佳选择。在股票市场中，"长期"这个术语是一个非常模糊的概念。采用买入并持有策略的前提是你坚信股票市场会持续上涨，但是从历史数据来看，一个人在熊市中能够忍受的股价最大跌幅是30%～40%。鉴于此，买入并持有策略没有想象中那么容易。从历史的角度来说，市场每年的平均涨幅只有8%左右。然而，这8%只是市场上涨20%或者更多，以及横盘和下跌期间的平均值。

上面提到的3种方法再次验证了管理资金绝不是依靠哪种简单的公式就能成功的事实，特别是当我们控制风险时更是如此。正如投资者必须管理其投资组合的风险那样，企业的领导者也要通过对组织结构风险的管理来提高股东持股的价值。这个问题就是我们下一章的主题。

第13章

提高股东持股价值

我们在前面的章节里讨论了两个主要话题。我们首先对经济和金融周期进行了动态分析，然后又考察了影响经济增长和金融市场的各种因素的表现。当经济和金融周期从一个阶段进入下一个阶段的时候，各种重要指标之间的因果关系就会产生作用。这些经济指标之间的内在联系在20世纪30年代末正式被官方认可，而这套经济指标多年以来一直由美国经济咨商局进行维护。领先、同步和落后指标综合指数的增长变化共同构成了大多数重要的经济力量的动态行为。

中央银行，特别是对美联储的作用和目标的讨论为我们介绍金融周期的表现提供了机会，从而让我们研究金融变量和市场之间的内在联系成为可能。当我们把经济和金融周期放在一起考虑时，下面的列表为我们展示了金融周期和市场在每一个阶段的主要特征。

金融周期的第一个阶段

- 货币供给增长上升。
- 股票市场上涨。
- 美元升值。
- 生产率增长上升。
- 经济增长（收入、生产、销售额和就业）见底并开始回升。
- 大宗商品价格下跌并见底。
- 短期利率下跌并见底。
- 通货膨胀下降并见底。
- 工资水平增速下降并见底。
- 长期利率下跌并见底。

金融周期的第二个阶段

- 货币供给增长上升并见顶。
- 股票市场上涨并见顶。
- 美元升值并见顶。
- 生产率增长上升并见顶。
- 经济持续增长。
- 大宗商品价格上涨。
- 短期利率上涨。
- 通货膨胀上升。
- 工资水平上升。
- 长期利率上涨。

金融周期的第三个阶段

- 货币供给增长下降。
- 股票市场下跌。
- 美元贬值。
- 生产率增速下降。
- 经济增长下降。
- 大宗商品价格上涨并见顶。
- 短期利率上涨并见顶。
- 通货膨胀上升并见顶。
- 工资水平上涨并见顶。
- 长期利率上涨并见顶。

金融周期的第四个阶段

- 货币供给增长下降并见底。
- 股票市场下跌并见底。
- 美元贬值并见底。
- 生产率增速下降并见底。
- 经济增长下降。
- 大宗商品价格下跌。
- 短期利率下跌。
- 通货膨胀下降。
- 工资水平下降。
- 长期利率下跌。

在讨论这些因素运行原委的同时，我们需要了解投资者是如何利用这些因素的走势为我所用的。

因此，我们分析的第二个目标就是如何认知风险与机会，以及让不同等级的资产更具吸引力的经济环境。这个目标意味着在与经济和金融周期一致的情况下，投资者如何管理资产才能够让自己的投资组合实现利益的最大化。

本章的目的是通过对影响投资者制定决策时的因素的分析，来讨论企业如何进行有效的管理以提高股东的持股价值。通过这种方式，领导者能够将企业的绩效最大化，并且提高对投资者的回报率。为了实现这个目标，我们将讨论企业的主要职能和决策规划过程，以及首席经济学家在企业中应当发挥的作用。最后，我们还要考察企业如何利用在经济和金融周期的作用下形成的不可变更的力量。我们为什么不利用这些随时都有可能发生的资源呢？

由于这些因素会随着经济和金融周期进入不同的阶段而发生变化，因此企业可以利用这些因素提高股东的持股价值。当然，这主要取决于我们对经济和金融周期每个阶段的特点的利用。

当企业所有的职能单位都是基于相同的经济周期假设运行时，这家企业就可以实现利润的最大化。首席经济学家的作用就是在得到了公司管理层的授权后，与各个职能单位一道提出并且讨论这些假设。因此，本章的重点是向投资者提供一个组织并解读信息的方法。最后，我们还要讨论管理层为了实现股东持股价值最大化而进行决策的过程。

决策的制定

我们首先回顾一下企业的主要战略职能以及责任义务。这种方法可以让我们更清楚地了解企业高管、首席经济学家以及通过对经济周期发展的解读择机实施企业战略之间的内在联系。

董事会主席主要负责制定企业的发展蓝图和方向。他要对影响企业产品的经济气候非常敏感，并且带领整个企业朝着能够实现快速增长的领域前进。董事会主席的领导力主要取决于协调政治和市场约束，以及驾驭管理才能的能力。

企业的总裁主要负责企业经营的平稳运行以及实现董事会主席制定的目标。此外，总裁还要具体负责所有职能部门的工作及其绩效。

财务总监和财务主管的职能是收集公司的数据流并将其与企业的财务和管理报表进行整合。从企业运行的角度来说，财务总监和财务主管的作用是与银行机构保持密切的联系，从而为董事会通过的投资项目安排融资事宜。从另外一方面来讲，他们的责任也在于通过调整固定债务与浮动债务的比率来管理企业的债务。此外，财务总监和财务主管的另外一项工作职能是对冲由外汇和利率的波动而引发的风险。

采购部门是企业的另外一个重要组成部分。负责采购业务的副总裁，其职责类似于财务总监和财务主管的职能，只是他要和供应商保持联系并且确保用于生产的原材料能够及时地补充到位。采购副总裁的其他职责在于管理好商品的库存比例，从而做到成本最小化以及抵消由于商品价格的涨跌所引起的波动。

销售副总裁的主要职责是以适当的价格将正确的产品组合投放市场。因此，销售副总裁是连接市场和生产部门的纽带，他需要向生产部门提供有关生产品种、品质以及市场定价等方面的必要信息。

主管生产任务的副总裁负责按照市场和控制库存的需要规划

产品的生产，并且根据市场部门的需求保证产品从工厂到市场的有序供应。

负责工程技术的副总裁主要负责采购机器设备、产能扩张的设计和提高生产率等方面的工作，因此这个部门也是企业不可或缺的一部分。

这些部门的负责人通常每个星期举行例会，会上由董事会主席介绍每个部门重要项目的运行情况。有些企业将这个由董事会主席领导的、具有重要责任的小组称为政策委员会，委员会的成员通过制定具体的行动规划来实现董事会主席提出的发展目标。

运用管理层战略决策提高股东的持股价值

管理企业和提升股东持股价值的方法有很多种。例如，战略联盟、并购、产品开发和领导力等都能够让销售和盈利实现超过平均水平的增长，从而让企业牢牢占据市场的主导地位。不论我们采取哪种方式，管理层都可以通过战略决策来进一步提高股东的持股价值。具体内容请参见图13-1。

不论企业的经营者是否关注经济和金融周期，他们都会以其强大的力量直接或者间接地影响企业的运营。那么，我们为什么不在此时利用经济和金融周期来使股东的持股价值最大化呢？

下面的讨论概述了企业必须面对的主要战略决策：

- 并购和资产剥离；
- 产能扩张；
- 生产力改进流程；
- 引进新的人才；

第 13 章 提高股东持股价值 283

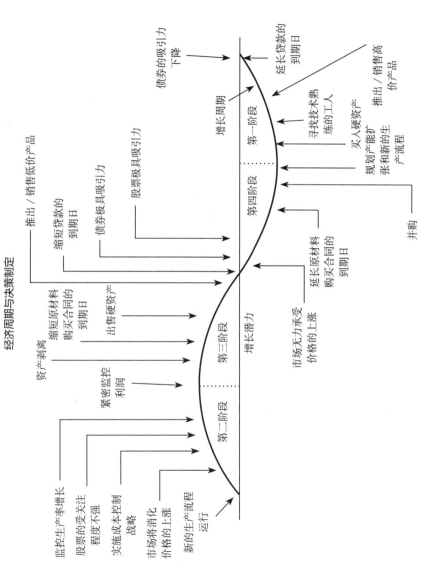

图 13-1 根据经济和金融周期的不同阶段制定管理层决策，能够大幅提高股东的持股价值。在调整风险的基础上制定投资决策，能够增强投资的绩效水平

- 采购；
- 财务；
- 产品定价；
- 生产与存货控制。

并购和资产剥离

我们通常会出于重要的战略因素而组建一家新的公司或者出售企业的某一个部门。组建新的公司往往是出于需要将业务拓展到具有更高增长潜能的新产品领域。市场份额的增加以及企业在市场中的地位通常需要企业采取领先于竞争对手的战略决策。有些企业则认为被动地成立新企业以提高产能的做法无论在成本还是时间上都是得不偿失的。

一般来说，企业将现有的某块业务进行剥离的做法通常是为了削减业务部门的数量，进而更好地集中精力从事核心业务的发展。但在其他时候，资产剥离的原因是由于该块业务的业绩没有到达预期以及无法得到改善的盈利能力很难再让华尔街的投资者找到支持其股价的理由。因此，将该块业务出售可以为公司注入新的资本。

不论资产剥离或者并购的初衷是什么，在理想的时机实施这些决策以及充分利用经济周期的影响对于企业来说都是非常重要的。当经济快速下行、大宗商品价格和利率下跌、通货膨胀调头向下、企业的边际利润率由于整体经济环境的低迷而出现下行压力的时候，就是成立一家新公司的最好时机。这个时候也正是那些管理不力的企业被迫抛售资产以求自保、以及那些资金链紧张的企业为了筹集现金只能出售资产而别无他法的时候。而这个时候对于那些运营良好的企业来说，正是其并购那些具有一定价值的公司，进而提高自己股东持股价值的好机会。正因为如此，运营良好的企业往往会在经济减速的阶段储备充足的现金进行投资，并且等待好的时机收购优质的资源。在经济处于低谷且重新走上正轨之前实施买入策略，为企业提供了增加投资收益率的机会，而且随着经济的逐渐走强进一步提高了所购资产的价值。

与成立新公司截然相反的是，企业寻求在适当的时机剥离资产或者某个业务部门。当经济走强、大宗商品价格上涨、短期和长期利率上涨到更高的水平、工资增长加速以及通货膨胀压力上行的时候，企业往往会从出售资产的交易中获得不菲的收益。由于销售和利润比平时强劲，企业在此时出售资产通常会将收益最大化，从而也加大了买方获得优质资产的可能性。此外，买方也有可能借此机会提高自身的生产能力，从而在达成收购协议的过程中多增加了一层紧迫感。

产能扩张

选择产能扩张的时机是企业最难做出决策的事情之一，因为它需要管理层具有很强的前瞻性。当生产迅速发展且生产成本飙升时，企业往往会考虑扩张产能的可能性。对于运营经理来说，这是证明对新产能的需求并将该计划上报管理层的最佳时机。显然，由于机器设备和劳动力的缺乏，这些产品暂时还不能够生产。

然而，这也是管理层最难做出决策并投入资本使之成行的时刻。因为上马如此大的项目势必需要时间进行筹划，而且问题在于，如果新厂房在投入运营时恰逢经济减速，那么此时做出产能扩张的决定就不合时宜了。

因此，当经济增速缓慢、大宗商品价格下跌、利率和债券收益率加速下行、失业率上升以及美元贬值的时候，就是企业制定并实施产能扩张计划的理想时机。每当这种情况出现时，也正是货币供给增长快速增加，并在大约两年的时间里实现经济强劲增长的时候。在这种经济环境下，强烈的市场需求和企业日益增加的成本就会促进新增产能的发展。

从不同的角度来看，在经济增长缓慢的时期做出扩大产能的决策是相当明智的选择。企业这个时候会发现供应商都愿意尽最大的努力来帮助企业实现扩大产能的目标。与此同时，企业的融资成本也会因为低利率水平而降到最低。此外，由于失业率的上升和工资水平的下降，企业可以很容易地从劳动力市场雇用符合产能扩张需求的工人。

生产力改进流程

生产力改进流程的实施是每个企业都在持续进行的第一要务，特别是当生产成本飙升的时候。在货币供给增长上升大约两年以后出现的经济繁荣时期进行成本削减是非常有必要的。因为在此期间，企业的生产率速度肯定是要超过其成本增长的——换句话说，也只有这样，企业的生产成本才不会影响到其盈利能力。

假设企业的生产成本在经济繁荣期间上升到4%的水平，那么当经济的增长位于其2%～3%的长期平均增长率之上的时候，如果企业不希望单位成本对其盈利能力产生影响的话，其生产率增长（也就是说，增加每人每小时的产出）至少要达到4%才行。做出并执行生产力改进流程决定的最佳时机是在经济增长非常缓慢的时候。其理由请参见产能扩张这部分的内容。

引进新的人才

引进新的人才是企业最重要的长期战略决策之一，它是任何一家企业的人力资源部门都要花费大力气才能实现的目标。当劳动力市场供大于求时，正是企业吸收新人，特别是那些拥有一技之长和特殊才能的人才的时候。执行该策略的最佳时机是当经济增长缓慢且位于其长期平均增长率之下、工资增长水平下降和失业率高企的时候。在此期间，大宗商品价格和利率都呈调头向下的走势。

当经济繁荣发展、工资水平上涨、失业率创下新低时，企业是不宜做出引进新人才的决定的。与此同时，大宗商品价格也会随着利率的高企而水涨船高。因为在这样的经济环境下，企业不但很难找到拥有与之完全匹配技能的人，也很难说服这类人才改换门庭。

采购

保证原材料的有序供应是企业采购部门的重要工作职责。采购部门的主要任务是在质量要求的范围内以最低的成本购买原材料。为了实现以低成本买入原材料的目标，采购部门必须将需要购买的原材料作为一个投资组合来管理，这些原材料的价值相对于市场上的最新标价应该是最低的。

当经济下行且增长低于其长期平均增长率时，企业应当意识到它们可以拿到绝大多数原材料的最低价。这个阶段正是失业率上升、利率下跌以及媒体开始渲染经济软着陆或者有可能出现衰退的时候。

为了让原材料的价格在未来几个月中维持现价不变，企业的采购部门应当在经济增速放缓的阶段向供应商提出延长采购合同到期日的要求。当原材料价格开始上涨的时候，企业在确认经济即将反转且大宗商品价格接近见底之后，要果断地执行延长到期日的策略。

当经济在繁荣发展的阶段发出将在未来几个月走弱的信号时，企业应当利用大宗商品价格下跌的时机缩短采购合同的到期日。采购部门处理采购合同到期日的例子与财务部门管理负债的情况非常类似。

财务

企业的财务部门负责与银行签订协议并且保证企业与银行之间的融资关系，从而让企业能够以最低的利率实现投资和支出的目标。毫无疑问，企业借入浮动利率债券可能会增加利率成本的波动性，但是历史数据显示，在短期货币市场借入资金是成本最为低廉的融资方式。然而，由于短期利率的波动，几乎所有的企业都决定将其一部分债务锁定——也就是说，以长期负债的方式借入资金。

因此，企业的财务主管具有管理债务组合的职责，他必须决定持有多少比例的流动负债（短期）和固定负债（长期）。需要指出的是，财务主管与采购部门所面临的问题几乎是一样的。

当经济开始下行，并且通过强有力的证据表明经济的增长将低于其长期平均增长率时，企业的财务主管应当增加流动负债的比例。在此期间，利率下跌、失业率上升、通货膨胀下降、大宗商品价格表现疲软。

当有实证表明经济的增长将超过其长期平均增长率且大宗商品价格已经见底时，企业的财务主管应当减少流动负债的持有比例，转而延长债务组合的到期日。这种情况通常发生在货币供给增长持续快速增加和失业率调头向下的时期。

产品定价

对于任何企业来说，变更产品价格是非常重要的企业决策。这是因为错误的定价会对消费者产生消极的影响，进而损害企业的市场份额。当经济增长缓慢、大宗商品价格下跌、通货膨胀调头向下、失业率开始上升时，那些管理混乱的企业往往会通过被迫提价的方式来提高自己的边际利润率，而消费者则特别善于在这个阶段找到那些价格与价值相差很大的产品。这个时候之所以不适宜提价，是因为消费者通常会很快地转向那些知道当前发生了什么并维持低价的竞争者去购买商品和服务。对于那些提价的企业来说，企业的市场份额和盈利能力就会下降。

当消费者能够为产品的涨价找到更合适的理由时，说明提价的时机已经成熟。这种情况通常发生在通货膨胀和市场中大多数产品的价格上涨期间。在此期间，经济增长位于其长期平均增长率之上，大宗商品价格上涨，利率屡创新高，失业率下降。为了将增加的成本转嫁到消费者身上，企业通常会接受高企的价格以保证市场份额不会下降。

企业提高价格的另外一种方式是改变产品结构或者推出新的产品。企业的这种做法也被称为"缩短糖果棒策略"。当企业在整体疲软的经济环境下面临盈利压力的时候，与其为了提高边际利润率而提高价格，倒不如推出以更低的整体成本和更少的原材料制成的新产品。在经济繁荣发展时期替代提高价格的方法是生产具有独特属性的奢侈品，进而获得更高的边际利润率。

生产与存货控制

企业要在关注经济周期的发展和销售目标的基础上实施生产与存货控制，从而及时有效地对产品进行库存水平的控制。此外，企业的市场和销售部门，以及首席经济学家之间必须在生产和存货控制方面紧密合作，并且密切关注经济周期的发展对销售、库存以及整体生产成本产生的影响。企业的工程部门还要在生产成本面临上行压力的时候，根据这些信息设计出新的生产力改进流程。

首席经济学家的职责

首席经济学家在企业进行决策时的主要职责是收集经济和金融周期运行的相关信息。此外，首席经济学家还要关注从各种渠道获得的有关经济增长预测方面的信息。在每个月进行的政策委员会——即由董事会主席、财务总监、财务主管、负责采购的副总裁、主管市场的副总裁、负责生产计划和控制的副总裁以及主管工程技术的副总裁参加的会议中，首席经济学家还要在会上就经济的运行趋势发表意见。

我们知道，首席经济学家的主要工作不是就某一方面做出精准的预测，因为这是任何人都无法做到的。首席经济学家的主要任务在于做出经济正在发生什么的假设，并且向政策委员会提供目前经济周期所处阶段的信息。接下来，政策委员会将对首席经济学家提出的假设和提供的信息进行讨论。

最后，董事会主席和总裁会向与会的每一位成员就之前已经达成共识的对经济周期提出的假设征询意见。因此，各个部门负责人的决策必须与成本、大宗商品、劳动力市场、利率、销售和通货膨胀的发展趋势相一致。只有通过与经济周期运行趋势一致的协调决策过程，企业才能够更好地提高股东的持股价值。

结语

经济和金融周期在进入各自不同的阶段时往往会释放出强大的力量。这些力量是之前各种事件作用的最终结果，而经济和金融体系也将在这些力量的驱动下重新恢复平衡。例如，伴随着货币供给的强势增长而来的是强劲的经济，而强劲的经济又将导致通货膨胀和利率的上涨。

通过负反馈过程，通货膨胀和利率的上涨会导致市场对货币需求的减少，进而导致货币供给增长的下降，并最终导致经济增速的放缓。因此，经济和金融体系需要保持良好的自我调节机制。从长远来看，要想让经济增长重新回到 2.5% ~ 3.5% 的水平，则完全取决于一个国家的监管水平和非通货膨胀压力。

当经济和金融周期蕴含的力量得到释放之后，我们就会发现投资者面临着机会与风险并存的局面。同样的趋势对于投资者制定成功的投资策略和企业的管理层做出决策的过程来说都会产生重要的影响。企业所有重要的职能部门都不会对经济和金融周期的影响产生免疫力。管理层更要充分利用这个机会提高股东的持股价值。

然而，我们做出的所有决策并不是孤立的存在。因为企业高管对经济和金融周期的假设所达成的共识对于企业制订战略计划是至关重要的。当然，对经济和金融周期进行假设主要是企业首席经济学家的工作，而所有的假设又必须得到董事会主席和政策委员会的一致认可。

一旦企业的管理层在经济和金融周期当前所处的阶段及其对企业的影响等问题上达成共识，总裁的职责就是确保所有短期的计划或战略顺利地实施。

提高股东持股价值的关键在于，企业所有的职能部门都要在相同的假设和预期的基础上做出最终的决策，而不是孤立地从自身的角度出发，或者彼此间冲突不断（见图13-1）。然而，由首席经济学家提出并由董事会主席和政策委员会认可的企业发展前景与现实很有可能是不一样的。因为这就是预测所要面临的风险。不过，最重要的是在下个月与董事会主席和政策委员会的碰面中，首席经济学家还要提出新的假设，而任何与之前提出的假设存在分歧的地方都要在会上详细地讨论，从而让企业更加清楚经济和金融周期的现阶段到底发生了什么，以及如何及时有效地修正之前的决策。这个过程同样也是投资者在制定修正策略以提高投资组合绩效时所必须面对的。

第 14 章

结语：指标排列组合的综合运用

我们在第 1 章提到的等式 +15% + 15% + 15% − 15% = +6% 说明了这样一个事实，即投资者的主要目标是**获得收益**。显然，我们发现亏损最有可能出现在获得多年稳定的盈利之后。针对这个问题，本书旨在试图回答两个主要问题：投资的风险有多高？投资风险正在增加还是减小？关于第 1 个问题，投资者在投资股票的时候需要通过对一系列经济指标的跟踪来判断市场的风险水平。

至于第 2 个问题，我们建议投资者关注每一个经济变量的未来走势。通过这种方法，投资者能够在股票处于高风险区域时找到可替代的投资标的。

例如，我们知道短期利率是投资者评估股票市场投资风险时需要参考的经济变量之一。利率的上涨意味着风险的提升。如果利率的涨势持续了 2～3 个月，说明市场已经面临着高度的风险，这种市场环境对于交易者来说要比长期投资者更加重要。

我们下面再来考察利率的未来走向问题。如果短期利率在不久的将来下跌，那么风险就有可能达到其最高点，并且在接下来的几个月中开始降低。另一方面，如果短期利率持续走高，风险就会进一步降低。在这种情况下，更加谨慎的投资策略将是我们的最佳选择。

我们现在已经掌握了解决这些问题的方法。如果货币供给增长的下降时间超过 1 年，那么其现在的水平应该是在 0%～3%。当经济增长低于其潜在增长水平（过去 5～10 年的平均增长率）、大宗商品价格疲软以及采购经理人指数低于 50 时，短期利率在近期见顶的可能性就会加大。

本书在开篇的时候之所以提出评估股票投资风险的话题将在最后讨论，是因为这本书就像一幅马赛克拼图，只有将这幅图的其他部分都阐述完成后，你才会发现这些碎片是如何构成一幅完整的图画的。

投资的思维

你可以通过多种途径挣钱。你可以只是通过工作赚钱。然而，还有一种投资方法是以获得资本收益为目的。有些投资者把债券的利息和股票的股息作为收入的重要组成部分。这些投资者尝试着运用利息＋股息＋资本收益的方式管理其投资组合的收益率。我们在书中已经讨论过，这种方法是在风险调整的基础上管理整体收益率的。也就是说，通过对市场波动及其风险的控制来管理自己投资组合中的整体收益率。

风险管理可以让你避免巨额的损失。上涨趋势中对机会的把握和在市场下跌的过程中控制风险更是一门学问。

我们下面要考虑的是制定管理资金的方法，而不是让这些钱成为赌注的筹码。你的目标是控制整个投资组合收益率的波动幅度。因此，制定合理的目标是非常重要的。对于市场和某些类型的投资而言，在短短几个月的时间里获得10%、20%、30%，甚至100%的收益率是完全有可能的。显然，我们不会以此作为投资的目标，而是把9%～10%的收益率定为合理的目标。按照这个逻辑进行推理，你的投资组合的风险也将随之降低。

债券有时候也会因为其带给投资者的资本收益和利息而成为比较受欢迎的投资品种。这是因为债券在经历了一段高通货膨胀时期后往往会更具投资价值，因此投资者除了股票之外还要把债券考虑进来。长期利率的下跌会为投资者带来巨大的资本收益。显然，长期利率的下跌加大了股票市场走强的概率，但是债券走强的概率是要大于股票的。

管理投资组合最重要的一点在于至少每周衡量其绩效水平。你需要每周对自己的投资组合进行评估，并将其与上一周的数据进行对比。将你的投资组合的收益走势图与标准普尔500指数或者道琼斯指数的平均收益走势图进行比较，有助于你对自己的投资组合与市场之间的相对收益率进行评估。

此外，你每周还要分析投资组合中的股票和共同基金的走势图。通过这种方法，你可以很容易地发现哪只股票的走势能够为你的投资组合增加收益，以及哪只股票的表现差强人意。每周对你的投资组合进行分析的目的是在评估投资组合的同时确定整体的风险是否下降。投资者可以从互联网上获取包括图表走势图在内的多种分析工具。

和大多数的策略游戏一样，投资是一种智力竞赛。你要不断学习有关投资工具、技术分析和投资策略方面的知识，并且定期跟踪经济指标的走势来管理投资组合。我们通过这些步骤就可以构建起自己的投资框架、衡量标准以及适合自己的投资逻辑，因为所有的这一切已经经过了实践的检验，并且融入了你的个性当中。

在你开始进行投资之前，请先评估这样做成功的概率。你已经证明了这些投资逻辑是能够实现自己的投资目标的，并且之前也没有出现过巨额的亏损。然而，当你不能够最终下定决心时，最好先投入少量的资本并耐心等待最终的结果。当你的投资组合的表现符合预期并且增加了你的信心时，就可以增加投资的资本了。严格按照自己的投资逻辑行事是非常重要的。你只有这样才能够降低投资组合的风险。因此，风险降低时就是你加大投资规模的时机。反之亦然。正如扑克牌玩家那样，你做出的每一个决策和改变都是要循序渐进的，而不是反复无常。

制定稳健的投资策略

将金融市场视为经济和金融周期的重要组成部分的原因在于，我们可以把它和领先、同步和落后指标放在一起通盘考虑。投资者可以利用这种分析工具对经济正在发生什么以及经济将要发生什么做出判断，并且制定与领先、同步和落后指标走势相一致的投资策略。

投资者需要跟踪的所有指标都要以下面提到的模型为基础，这也是本书的主旨内容之一（可同时参考图5-1）。

- 领先指标率先见顶。
- 同步指标随后见顶。

- 落后指标最后见顶。
- 领先指标见底。
- 同步指标见底。
- 落后指标见底。
- 领先指标见顶。

经济和金融周期按照标准的规律无限循环。上面提到的这些经济指标之间的关系对于投资者来说有着另一层重要的含义。投资者在经济和金融周期的每一个阶段只能对未来产生一种预期。换句话说，领先、同步和落后指标之间的每一种组合形式只能产生唯一的结果，因为投资者只能运用一种逻辑来制定自己的投资策略。

我们通过领先、同步和落后指标的若干种组合形式来说明如何实现这个目标（见图14-1）。为了方便起见，我们只使用领先、同步和落后指标的表述形式。当然，读者也可以用货币供给增长或者股票价格代替领先指标；用经济增长代替同步指标；用大宗商品价格、通货膨胀、短期利率和长期利率来代替落后指标。

指标排列组合 A

根据图表所示，投资者认为：

- 领先指标上涨；
- 同步指标上涨；
- 落后指标上涨。

根据图中指标的排列组合，投资者可能会产生如下预期：

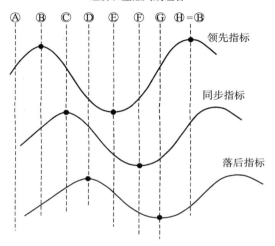

图 14-1 本书的写作逻辑旨在帮助投资者识别领先、同步和落后指标之间的组合形式和模型。不论出现哪种组合形态和模型,我们在考虑经济和金融周期的基础上对未来的判断只能得出唯一的结果

- 由于没有任何迹象表明领先指标将会见顶,因此领先指标将继续上涨;
- 由于领先指标处于上涨趋势中,因此同步指标也将继续上涨;
- 由于同步指标处于上涨趋势中,因此落后指标也将继续上涨;
- 因为落后指标的上涨将导致领先指标即将见顶(指标排列组合 B)。

指标排列组合 B

根据图表所示,投资者认为会出现下面的排列组合:

- 领先指标在很长时间里停滞不前;
- 同步指标继续上涨;
- 落后指标继续上涨。

投资者可能会产生如下预期:

- 领先指标已经非常接近或者已经处于本轮经济周期的顶部,这种情况是由落后指标的上涨导致的;
- 由于领先指标并没有出现持续的下跌,因此同步指标将继续上涨;
- 由于同步指标还在上涨,因此落后指标也将继续上涨;
- 随着领先指标的见顶,同步指标也将见顶(指标排列组合 C)。

指标排列组合 C

根据图表所示,投资者认为:

- 领先指标下跌;
- 同步指标在很长时间里停滞不前;
- 落后指标上涨。

投资者可能会产生如下预期:

- 由于落后指标的继续上涨,领先指标将持续下跌;
- 同步指标已经非常接近或者已经处于本轮经济周期的顶部,这种情况是由领先指标的下跌导致的;

- 由于同步指标没有表现出持续下跌的迹象，因此落后指标将继续上涨；
- 随着同步指标的见顶，落后指标也将见顶（指标排列组合 D）。

指标排列组合 D

根据图表所示，投资者认为：

- 领先指标持续下跌；
- 同步指标持续下跌；
- 落后指标在很长时间里停滞不前。

投资者可能会产生如下预期：

- 由于落后指标没有出现明显的下跌趋势，因此领先指标还将继续下跌；
- 由于领先指标的下跌，同步指标将持续下跌；
- 落后指标已经非常接近或者已经处于本轮经济周期的顶部；这种情况是由同步指标的下跌导致的；
- 随着落后指标的见顶，领先指标见底将成为经济周期重要的转折点（指标排列组合 E）。

指标排列组合 E

根据图表所示，投资者认为：

- 领先指标停止下跌；
- 同步指标持续下跌；
- 落后指标下跌。

投资者可能会产生如下预期：

- 领先指标已经非常接近或者已经处于本轮经济周期的底部，这种情况是由落后指标的下跌导致的；
- 由于领先指标没有出现明显的上涨趋势，因此同步指标还将继续下跌；
- 同步指标的下跌将导致落后指标的持续下跌；
- 随着领先指标的见底，同步指标见底将成为经济周期重要的转折点（指标排列组合 F）。

指标排列组合 F

根据图表所示，投资者认为会出现下面的排列组合：

- 领先指标上涨；
- 同步指标停止下跌；
- 落后指标下跌。

投资者可能会产生如下预期：

- 落后指标的下跌将导致领先指标的持续上涨；
- 同步指标已经非常接近或者已经处于本轮经济周期的底部，这种情况是由领先指标的上升导致的；
- 由于同步指标没有出现明显的上涨趋势，因此落后指标将持续下跌；
- 随着同步指标的见底，落后指标见底将成为经济周期重要的转折点（指标排列组合 G）。

指标排列组合 G

根据图表所示,投资者认为会出现下面的排列组合:

- 领先指标上涨;
- 同步指标上涨;
- 落后指标停止下跌。

投资者可能会产生如下预期:

- 由于落后指标没有出现明显的上涨趋势,因此领先指标将继续上涨;
- 领先指标的上涨将导致同步指标的持续上涨;
- 落后指标已经非常接近或者已经处于本轮经济周期的底部,这种情况是由同步指标的上升导致的;
- 随着落后指标的见底,领先指标见顶将成为经济周期重要的转折点。

至此,新一轮经济周期再次开始,投资者的预期应当转向指标排列组合 B。

金融周期中不同周期点之间的持续时间是不一样的,因为不是所有的金融周期都具有相同的特征。我们将通过下面的模型简单阐述这个观点。需要牢记的是,在没有对金融周期正在发生什么以及和之前的数据进行对比之前,我们绝对不要机械地照搬这套分析方法。

从历史的金融和经济周期的角度出发,经济指标间重要的先后顺序可以表述为:

- 领先指标见顶 1～2 年后，同步指标见顶；
- 同步指标见顶大约 6 个月后，落后指标见顶；
- 落后指标见顶大约 6 个月左右，领先指标见底；
- 领先指标见底 1～2 年后，同步指标见底；
- 同步指标见底大约 1～2 年后，落后指标见底；
- 落后指标见底 1～6 个月后，领先指标见顶。

当我们将货币供给增长和股票价格视为领先指标、工业产品指数视为同步指标，将通货膨胀、利率和大宗商品价格的增长视为落后指标时，领先－落后指标之间的时间差就一目了然了。请再次牢记，以上的数据只是粗略的投资指导，投资者应当根据对经济和金融周期的分析做出必要的选择。

股票投资

投资者每时每刻都要关注风险的变化及其未来走势。当风险发生变化时，不论你当时处于经济周期的哪个阶段，你都需要调整自己的投资总额。正如经验丰富的扑克牌玩家那样，你应当将你的投资与赚钱的概率或可能性相匹配。

当有利的条件出现时，投资者应当毫不犹豫地进入股票市场。绝佳的买入点通常出现在以下几个时刻。

- 经济疲软且持续下行。具体体现为：货币供给增长持续下降时间超过 1 年并接近 0%～3% 的水平，经济活动的年平均增长率低于 2.5%～3.0%。此时，很多领先指标继续下跌或者增长缓慢。消费者信心非常低，全美采购经理人协会指数低于 50。

- 金融周期所处阶段具有货币供给增长增加的特征，这反映了美联储向其经济体系释放流动性以刺激经济的决心。
- 短期利率下跌或者保持稳定。这种情况进一步验证了货币供给增加将继续加大以及美联储向经济体系释放更多流动性的立场。
- 大宗商品价格下跌或者保持稳定。大宗商品的走势证明经济仍将继续疲软，通货膨胀压力暂时在可控范围之内。
- 通货膨胀继续下降或者保持在稳定的水平。这种趋势证明经济仍然处于经济周期中比较有利的阶段。即使在"低通货膨胀"时期，如果我们近距离观察经济增长的模式，就可以获得经济周期所处位置的重要信息。
- 债券收益率下跌或者保持稳定。较低的或者稳定的债券收益率能够确认通货膨胀仍然处于下行通道，而经济周期也处于对股票非常有利的阶段。此外，我们应当利用短期利率水平评估债券收益率的非通货膨胀压力程度。
- 当我们比较 10 年期政府债券收益率和股票市场市盈率的时候，所得的估值应该是比较合理的。当估值水平接近 10 年期国库券收益率区间的下限时，股票市场极具投资价值。
- 收益率曲线的走势平坦或者相对平坦时，经济增长放缓的概率加大。
- 美元走势强劲，说明国际市场对美国经济充满信心。
- 成交量缓慢放大并创新高。这个技术指标之所以重要，是因为股票市场在没有持续增加的买方力量的带动下是不可能继续上涨的。

投资者可以通过跟踪重要的经济变量来评估市场的风险。当这些经济变量改变其原有趋势时，风险就会显现。当经济变量呈反向走势时，投资者获得低收益率的风险开始增加。

投资者在对趋势的变化做出快速反应的同时，还要确定风险的进一步走势。而我们接下来的任务就是通过预测这些经济变量的走势来评估风险。到目前为止，我们已经拥有了实现这个目标的基本工具。

如果你的分析结果显示风险正在下降或者处于很低的水平时，那么，你就应该积极大胆地增加对股票的投资力度。然而，如果你得出风险在过去的 2～3 个月中逐渐上升的结论，那么你就要采取保守的投资策略来管理你的投资组合了。

请务必牢记股票市场所经历的三个阶段：牛市的初始阶段、牛市的延续阶段以及牛市的最后阶段。我们在第 10～11 章曾经讨论过如何利用经济和金融环境判断各自所处的阶段。在我们提出的分析框架里，关键是要客观地面对经济正在发生什么以及经济数据正在讲述什么。有些时候，由于缺少时间或者情绪的因素，我们很难真正理解经济数据所要表达的思想，并在此基础之上做出下一步的判断。鉴于此，做到精神上的安宁、冷静，特别是在要做出重要的战略决策时忍受不同寻常的孤独是非常重要的。

投资股票以外的资产

我们是否可以找到能够替代股票的其他投资品种呢？当股票的投资环境良好且风险很低时，这种操作的可能性是零。究其原因，有关这方面的文献资料不止一次证明股票在经济和金融条件非常有利的条件下，其业绩表现要强于其他的资产。

然而，股票以外的其他资产可以以多样化投资的形式存在。当经济环境由于较低的经济增长、疲软的大宗商品价格、高企的短期利率和下降的通货膨胀而出现改变时，长期债券的投资价值就十分明显了。

当经济表现非常强劲、货币总量快速增长、实际短期利率接近或者低于其长期平均水平时，投资房地产、大宗商品、贵金属、硬币以及艺术品等硬资产则是不错的选择。美国20世纪70年代通货膨胀以及硬资产价格的飙升就是低水平的实际短期利率作用的结果。

管理风险

现在，你已经掌握了一套长期以来被证明是合理的投资纲要。它会为你提供衡量投资股票市场风险水平所需的信息。你需要关注不同指标之间的内在联系以及这些指标和股票市场之间的关系。至此，你已经掌握了获取自己所需信息的方法。

评估风险是非常重要的一个环节。你需要把有关经济、金融周期走势、短期利率、美元走势、通货膨胀、大宗商品价格、长期利率、收益率曲线以及10年期国库券收益率与标准普尔500指数市盈率比较后得出的评估结果综合起来评估风险的水平。这些衡量结果将告诉你目前的风险水平。

我们现在利用分析框架和获得的资料对风险未来的发展方向做一个简单的评估。你不需要把它想得有多么的复杂，你只需要跟踪这些经济指标就能够相对容易地判断出当前的形势是否有利于股票市场。

我们将管理风险分成4步：获取信息、通过掌握的知识加工这些信息、评估风险以及在预测风险走向的基础上制定策略。制定策略有助于你决定增加还是减少对每一种资产的投资规模。或者，你将全部投资的10%变现，然后在抛售手中表现疲软的股票的同时重新挑选股票。需要注意的是，这个过程要定期完成。例如，按照每天、每周或者每个月的标准进行规划。比较理想的做法是利用一天的时间衡量投资组合的绩效，然后再利用一天的时间评估市场的风险和制定的策略。

对投资组合进行动态管理有四个重要的步骤：运用书中的知识加工信息、评估市场风险、判断风险的走向以及在此之上制定投资策略。对投资组合进行绩效评估，可以最终得出你做得是否出色的结论。这项工作需要每周不间断地重复。这样做的目的旨在减少你的投资组合的波动幅度，以及通过投资那些表现最好的资产来强化你的投资组合结构。我们建议投资者遵循严格的选股程序并投资那些表现最好的共同基金。

专业的投资者需要花费大量的时间和精力才能够获得成功，因此，投资并不是一件简单的事情。如果你想做得更加出色，就必须付出艰苦的努力。实际上，投资就是一场你输我赢的零和博弈。要知道，你的交易对手方是那些精明的、准备充分且拥有先进交易工具的专业投资者。另外，投资还是一场智力竞赛，因此，你要想在游戏中立于不败之地，就一定要学习各种知识。综上所述，投资是严谨的。你现在已经掌握了所需的信息，也知道该如何解读这些信息并据此控制风险。你最终制定的投资策略将会让你时刻关注着市场风险的一举一动。严谨自律是你运用这些知识获得成功的唯一途径。

第 15 章

如何运用周期理论

在本书行将结束之际,我们仍然要问一个问题——接下来应该如何着手?对于初级或者中级投资者而言,如何运用本书中有关经济和金融周期的理论、关系和信息呢?本章的主要内容就是带领读者寻找解决这个问题的方法。

本章以问答的形式分为六部分内容。从收集数据开始,到衡量绩效为止,所有的一切旨在管理你的权益。第一部分主要涉及收集相关数据方面的问题。我们先从最简单的数据入手,然后再逐步深入讨论其他所需的数据。此外,我们还会考察这些数据的出处和计算方法。第二部分主要以如何分析数据为主。

在第三部分中,我们的任务是如何进行预测。这部分更像是一个框架的构建阶段,它将帮助投资者识别可以替代的投资标的,以及评估每个替代品自身所涉及的风险。

如何收集数据

问：我需要收集哪些类型的数据？

答：重要的数据有很多种。首先是关于经济方面的数据。我们需要收集有关经济周期、经济增长速度以及经济周期加速或者减速程度的信息。

其次是货币数据。货币数据不仅提供金融周期的相关信息，而且还显示了美联储正在以及将要采取的措施，以及这些措施对金融市场和未来投资的影响。

第三类数据和利率有关。你需要运用这些信息来评估经济和金融周期对利率产生的影响。由于利率对金融市场有着非常重要的影响，因此我们在收集的基础上还要对其进行解读。

此外，由于通货膨胀对经济和金融周期有着直接的影响，因此有关通货膨胀的数据同样是非常重要的。在收集与通货膨胀有关的数据时，特别是要收集那些重要的大宗商品的信息，因为我们可以从中获得非常实用的关于通货膨胀压力方面的信息。与其他你需要持续跟踪的数据相比，这些市场数据不需要政府进行修正。因此，我们能够获得经济周期正在发生着什么的及时反馈。

最后，股票市场的数据将会提供整个市场的内在力量以及投机程度的信息。

问：这些数据以什么形式显示？

答：首先，你必须将这些数据复制到电子表格中。电子表格将提供你所需要的工具，它不仅可以对输入的数据进行图形化，而且还可以对你最终需要处理的数据进行图表处理。在实际操作上，我建议你将几组数据放在同一个图形中显示，从而有助于你运用所学的知识发现它们之间的联系。通过图形的重叠覆盖，你可以看到这些图形正在以惊人的规律不断重复着。一旦熟练运用了这些技术，你最终将形成自己的分析逻辑。

问：在最初进行经济周期分析的时候，我应当使用哪些相关的数据？

答：为了清楚地了解经济周期及其发展过程，请参考以下重要数据。

- **工业生产指数**。每月发布的关于制造业部门的数据为我们提供了整体经济活动及其增长的大致信息。该数据还可以用来判断大宗商品价格的走势。
- **全美采购经理人协会指数**。该指数以数值50作为荣枯分界线，并且根据指数距离荣枯分界线的远近，显示有关经济走势及其增长速度的信息。
- **国内生产总值（GDP）**。该数据公布的时间稍晚且战术意义不大。然而，该数据在让你知道经济正在发生着什么以及其增长形态方面发挥着重要的作用。
- **零售额**。该数据显示了消费部门的活跃程度。
- **新屋开工率**。该数据显示了利率水平对建筑部门和整体经济的影响程度。
- **汽车销售**。汽车销售的走势反映了经济周期整体上的强弱。
- **企业库存**。销售额决定了企业的库存水平。如果销售强劲，库存增加的概率就会加大，同时也意味着经济将会走强。
- **耐用品订单**。它是反映制造业部门和整体经济的重要领先趋势指标。

- **美国经济咨商局每个月发布的三大指数数据**。该数据显示了领先、同步和落后指标指数的运行趋势。
- **申请失业救济人数**。该指标反映了经济走势是否强劲以及劳动力市场是否供不应求。
- **就业**。每个月月初发布的就业数据反映了就业市场对劳动力的需求情况以及经济是否依然强劲。
- **国外数据**。获取此类信息的途径主要有三个。首先是位于巴黎的经济合作与发展组织（OECD）。其次，通过圣路易斯联邦储备银行也可以获取外部信息。国际货币基金组织提供全球所有国家的综合数据。
- **从经纪商和大银行获得的数据**。

问：我需要跟踪哪些信息？

答：全美采购经理人协会综合指数可以为我们提供很多关于经济是否保持强劲的信息。另外一个重要的信息来源是全美采购经理人协会交货指数，该指数显示了采购经理人正在经历延缓交货的百分比。此外，工业生产指数也是必须要跟踪的数据。

由于经济中有超过 60% 的部分是依靠消费者需求驱动的，因此，零售额的相关数据也是我们必须关注的重要信息。同理，就业报告为我们提供了关于劳动力市场是否紧张以及有可能出现的通货膨胀压力方面的信息。

问：获取这些信息的途径有哪些？

答：工业生产指数旨在衡量制造业部门的产出、零售额和就业的水平，投资者可以从圣路易斯联邦储备银行的官方网站中的 FRED 数据库获取相关数据。全美采购经理人协会综合指数和交货指数每个月由全美采购经理人协会发布，投资者可以在其官方网站上获取。

问：还有哪些需要关注的数据？

答：与货币相关的数据告诉我们美国中央银行正在做些什么，及其会对经济产生哪些影响。货币供给增长和全国的债务总额是美联储发布的最重要的数据。M1、M2和M3是最重要的货币供给数据。此外，由圣路易斯联邦储备银行经过调整后发布的零期限货币（MZM）和基础货币的信息可以在其官方网站的数据库中获取。

美联储或者圣路易斯联邦储备银行的官方网站每周都会发布M1、M2和M3的最新数据。此外，我强烈建议广大投资者跟踪美国联邦公开市场委员会（FOMC）每8周发布的会议纪要。投资者可以在其官方网站上查询相关的日期。

问：在进行资金管理的过程中，还有没有其他可以参考的关于货币数据的信息？

答：美联储每周发布全国的债务总额报告，并且提供非金融部门的债务增长率情况。债务增长率可以从另外一个侧面说明美国的经济是否健康。从理论上讲，该数值每年以5%的速度递增。任何高于这个数字的情况都说明当前的经济存在着极大的不平衡因素，从而对经济和金融市场的发展产生消极的影响。

问：在众多的关于货币的数据当中，哪个数据最重要？

答：这些数据都很重要，因为它可以帮助你识别金融周期。其中，零期限货币（MZM）的可信赖度和实用价值最大。该数据与经济和金融周期的发展紧密相连。

此外，由圣路易斯联邦储备银行经过调整后发布的货币基础以及其他相关的货币供给数字也同样重要。

问：还有哪些数据是你觉得非常重要的？

答：利率包含着非常重要的信息。我们要重点跟踪 13 周美国国库券的利率走势。该指标对市场环境的细微变化非常敏感，因此它的走势直接影响着美联储将要采取的行动。虽然 13 周美国国库券的利率在列表中显示为 90 天优等商业票据，但是其旨在衡量由市场给出的短期利率。优等商业票据和国库券之间的利差对于评估金融市场的风险尤为重要。利差扩大说明风险正在加大。我们通常会看到股票市场在利差缩小时的走势非常强劲。

此外，5 年期、10 年期和 30 年期的国债收益率也是非常重要的数据。

最后，BAA 级债券收益率也是我们需要关注的。它之所以重要，是因为 BAA 级债券收益率和国债收益率之间的利差与货币供给增长、股票价格上涨以及金融周期的发展密切相关。

问：如何获取这些数据？

答：任何一份经济报刊都会刊登这些信息。此外，圣路易斯联邦储备银行官方网站上的 FRED 数据库和位于华盛顿的美联储的官方网站也都可以获取这些数据。

问：哪个利率指标最重要？

答：13 周美国国库券的利率走势能够告诉我们短期市场发生了什么，因为该指标对货币政策的变化十分敏感，并且通常在其他利率指标之前启动。

10 年期国债收益率的重要性在于它提供了有关债券投资收益率方面的信息。通过 10 年期国债收益率的表现，我们可以确认非通货膨胀预期的趋势。

问：通货膨胀是什么？它在什么情况下才会出现？

答：通货膨胀发展趋势的重要性在于它对金融市场和经济的直接影响。我们通过消费者价格指数（CPI）、生产者价格指数

（PPI）、全美采购经理人协会价格指数、就业成本指数以及诸如铜、铝、木材、黄金和原油等大宗商品的走势数据来衡量通货膨胀的水平。由于与工业生产指数增长关系密切的缘故，CRB原材料现货指数不仅提供了有关通货膨胀的数据，而且还体现了经济是否表现强劲的信息。

虽然这些数据并不能直接衡量通货膨胀的水平，但是它们与通货膨胀是密切相关的。因为它体现了美元相对于其他货币的价值，例如美元兑欧元或者日元的汇率，以及生产率增长和单位劳动力成本等信息。

问：为了跟踪整个股票市场的走势，我需要关注哪些重要的信息？

答：这完全取决于你自身的关注点，因此，我们必须在这上面花费大力气。对于股票市场而言，你需要跟踪以下信息：

- 标准普尔500指数；
- 纳斯达克指数；
- 威尔希尔5000指数；
- 标准普尔500指数市盈率；
- 标准普尔500指数每股收益；
- 标准普尔500指数收益率。

股票市场的其他内在数字包括：上涨家数、下跌家数、创新高家数、创新低家数以及每周发行上市的公司家数，对于大多数投资者来说，应当以每个交易日的数据作为基础。

此外，情绪指标、上涨家数的成交量、下跌家数的成交量和总成交量也是非常重要的数据来源。《华尔街日报》会刊登每个交易日交易最为活跃的股票的信息。这一点正好运用到我们之前提到的股市趋势技术分析这一章的内容，即关注在15个交易日中最活跃的股票的涨跌比。投资者应该密切关注这个指标。

最后，国外市场和国外债券收益率的走势也是很重要的信息来源。

问：你认为最重要的指标有哪些？

答：发行上涨和下跌家数、成交量、上涨和下跌的股票数量、总成交量和全部发行成交的家数，标准普尔500指数和纳斯达克指数是最重要的指标。

问：哪个情绪指标比较实用？

答：《巴伦周刊》每周发布美国个人投资者协会（AAII）的会员中看多股市的人数。《投资人情报》也会刊登看多和看空的投资者数量。

如何分析数据

问：我已经收集了所有数据，接下来该怎么办？

答：你需要在理解这些数据的内在含义的基础上进行分析工作。为了预测工作的顺利进行，你要构建一个虚构的场景（我们将在下面讨论这部分内容）。

问：我该如何准备这些数据？

答：以图表的形式准备这些数据。

问：你之前提到的信息类型包括：各种指数、就业和零售额等信息。你是如何将这些数据放在同一张图表中的呢？

答：为了比较这些彼此间几乎没有任何联系的数据，唯一的方法就是利用变动率。这不仅使得比较工作成为可能，而且还有助于我们理解经济环境的动态。这些指标变动率的细微变化会最终对金融市场产生广泛的影响。

问：变动率是什么？

答：变动率是指过去 12 个月的变动百分比。也就是说，计算从当前月份到去年同期的变动百分比。每个月都要重复这个步骤。

例如，如果现在是今年的 1 月份，我们计算的就是从今年 1 月到去年 1 月的变动百分比。依此类推。

问：我们需要分析哪些数据？这些数据又如何通过图表表示清楚呢？

答：第一步是要准备用于分析经济趋势的数据。第一幅图包括全美采购经理人协会指数和全美采购经理人协会交货指数。这些数据围绕着数值 50 上下振荡，且运行范围也大致相同。这组数据具有很高的匹配程度，两条序列的综合使用有助于我们更好地理解当下正在发生什么。

接下来的这幅图是零售额在过去 12 个月中的表现。我们可以在通货膨胀之前或者之后计算这个值，而该数值等振荡范围通常在 0%～12%。

我们接下来绘制就业率增长的图表，此处我们使用的是就业总人数以及制造业就业总人数的数据。这些数据可以用过去 12 个月的就业总人数变动百分比来显示。需要注意的是，制造业就业总人数不仅比就业总人数的波动幅度大，而且投资者还可以从中洞察就业和经济的发展趋势。

最后一幅图表要显示的是过去 12 个月中工业生产指数的变动百分比。投资者除了从该图表获取工业部门的增长情况，还可以进一步了解制造业就业人数增长的情况。从中不难发现，这些数据对大宗商品、利率、通货膨胀等经济指标有着重要的影响。当然，这些因素也是我们接下来要分析的重点。

问：要想理解货币政策，我需要跟踪多少个指标？

答：为了跟踪货币政策，你需要关注美联储公布的几乎所有数据，以及每周和每个月公布的货币供给数据。其中，最重要的数据有两个。第一个数据是零期限货币（MZM）在过去12个月中的变动百分比。该变动百分比显示了美联储向其经济体系注入流动性的总量。

与零期限货币（MZM）配合使用的第二个重要的数据是实际利率。我们用13周美国国库券的利率减去消费者价格指数（CPI）在过去12个月中的变动百分比就可以得出实际利率的值。例如，假设13周美国国库券的利率是6%，而消费者价格指数在过去12个月中的变动百分比是2.7%，那么，用6%减去2.7%就可以得出实际短期利率3.3%。实际利率的走势在很大程度上表明了美联储倾向于实施紧缩还是宽松的货币政策。此外，我们还可以根据实际利率的水平找到实际利率是否具有通货膨胀倾向的蛛丝马迹。

问：为了更好地理解利率的走势，我需要关注哪些重要的指标？

答：你只需要将13周美国国库券的水平与10年期国债收益率的走势重叠在一张图表上即可。

问：如何跟踪通货膨胀数据？

答：通货膨胀与利率都属于落后指标，其数据对于投资者非常重要。其中，表示通货膨胀水平高低的最重要的指标是过去12个月的消费者价格指数（CPI）的变动情况。

此外，黄金、原油和铜的价格也是投资者需要重点关注的指标。黄金与原油的价格走势在一定程度上预示着通货膨胀的未来走势，而铜的价格走势则为经济的强弱提供了线索。铜价的走强意味着经济的繁荣，而下跌的铜价则表明制造业部门的疲软。

除此之外，大宗商品中木材的价格走势也是非常重要的指标。由于木材的价格与房屋建造的关系十分紧密，因此，木材价格的疲软意味着房地产行业的萧条。一方面，房地产部门的数据属于领先指标，其决定着利率的上涨是否会对房地产行业产生消极的影响。另一方面，木材价格的上涨是房地产行业走强的结果，而该行业的繁荣又得益于利率的稳定或者下跌。

美元对国际主要货币的走势是另外一个重要的经济指标。纽约期货交易所是美元指数的交易场所。美元的价值之所以重要，是因为如果通货膨胀上涨到某一特定水平之上（只有经济衰退能够降低通货膨胀的上涨），美元的走势就会对此提前做出反应，并且快速下跌。当美元走势疲软的时候，投资者可以考虑投资海外市场。

CRB工业原料指数（现货）也是需要重点跟踪的大宗商品指标之一。通过这些数据，投资者可以对通货膨胀压力做出全面且基础的判断。当该指数上涨时，通货膨胀压力上升。当其下跌时，通货膨胀压力下降。此外，原材料的价格走势还为我们提供了有关经济走势强弱的信息。从经济分析部门的分析中获得的任何结论都可以通过上面提到的指标数据得到证实。

问：经济受股票市场趋势的影响。另外，经济和金融周期也影响着股票市场。因此，我们还需要跟踪其他与股票市场有关的指标。我们可以通过哪些简单的指标判断股票市场的趋势？

答：投资者可以关注两大类指标。第一类是关于股票市场及其趋势的指标。当然，你获得的数据越多，你需要跟踪的指标就越多，你做的也就越出色。第二类是能够体现消费者情绪的指标。

问：最重要的指标都有哪些？

答：第一组指标是标准普尔500指数和纳斯达克指数。这两大指数涵盖了美国超过5 000家最大的上市公司的股票。因此，标准普尔500指数和纳斯达克指数的重要性是不言而喻的。

第三个重要的指标是纽约证券交易所每周的总成交量。我们可以通过15周移动平均获取周成交量的平滑移动走势图。纽约证券交易所每周的总成交量是衡量股票市场趋势重要的领先指标。一方面，任何没有伴随着成交量的放大而上涨的市场都应该抱着怀疑的态度来分析。另一方面，成交量的增加对于任何再创新高的市场来说都是一种警示。请注意，通过15周移动平均获取周成交量的平滑移动走势图是关键之所在。

问：确定股票市场处于超买或者超卖状态的指标还有哪些？

答：我们首先要知道每周上涨、下跌和新发行上市的公司数量。获取上涨和下跌的家数占全部上市公司总数的百分比是分析过程中需要用到的数据。然后，用上涨家数除以下跌家数获得股票的涨跌比情况。我们仍然使用15周移动平均获得该比率的平滑移动走势图。结果，我们发现该比率围绕着运行区间的上下两端进行振荡。当振荡指标接近运行区间的上端时，市场处于超买状态。当该比率下跌到运行区间的下端时，市场处于超卖状态。关于对超买和超卖状态的阐述请读者参见第11章技术分析的内容。此外，通过上涨和下跌股票的成交量得出每周全部成交量的百分比。具体方法是，用上涨股票的成交量占全部成交量的百分比除以下跌股票的成交量占全部成交量的百分比得出的比率同样也是非常实用的超买－超卖指标。我们这里仍然使用15周移动平均获得该比率的平滑移动走势图，其走势围绕着运行区间的上下两端振荡。作为涨跌振荡指标，我们同样可以从中获得市场超买－超卖程度的有用信息。

问：什么是情绪指标？哪种情绪指标适合投资者使用？

答：《巴伦周刊》每周都会刊登各种类型的情绪指标。这些指标显示了投资者中看多、看空和保持中性的百分比。投资者可以从中获得有关投资界如何看待市场的重要信息。

准备预测

问：为什么要在所有分析的基础上进行预测？

答：正如比赛那样，你需要展望未来，并且对可能出现的情况制定适合自己的策略。你所做的分析能够为你提供一些其他的观点，而其中的某一个观点也许是最有可能出现的。在接下来的一周或者一个月里，你需要再次评估这些数据，并且重新调整适合自己的策略。

问：我应该从哪些方面开始着手呢？

答：我们运用领先、同步和落后指标之间的关系展望未来，并制定一系列策略。

如果你试图预测领先指标，你只需要参考落后指标就可以了。如果你正在分析同步指标，那么预测其走势的唯一方法就是使用领先指标。而对落后指标趋势的预测则只需要使用同步指标。

问：请允许我再问一次——我应该从哪些方面开始着手呢？

答：正如对标准普尔 500 指数和纳斯达克市场进行预测那样，对股票市场的预测是非常重要的。在预测之前我们需要考虑两方面的事情。其一是股票市场的可能走势。其二是股票市场的上涨速度——即快速上涨还是慢速上涨？这两点是预测市场的过程中必须要考虑的。

问：股票市场是领先指标吗？

答：股票市场和货币供给增长相同，都是经济中重要的领先指标。你可以利用落后指标预测股票市场何时见顶。

问：您曾经说过可以运用落后指标预测领先指标，如果落后指标下跌的话，那么一切都将顺理成章。我需要关注的是落后指标是否见底的问题。如果落后指标上涨，是否说明市场的风险正在上升呢？我该如何判断落后指标是否见底呢？

答：在落后指标中，通货膨胀和利率的转折点几乎是相同的。但问题是，构成你预测它们未来走势的条件又是什么呢？日益加剧的通货膨胀和不断上涨的利率通常会先于货币供给增长从接近0%上涨到15%的水平。

此外，通货膨胀和利率也会领先于零售额、工业生产和就业等同步指标的强势上涨。在此期间，全美采购经理人协会指数和全美采购经理人协会交货指数通常会高于50的荣枯分界线。

问：如果货币供给增长快速增加（接近0%～15%），那么经济和所有的同步指标同样会强势上涨（高于其长期平均水平），我是否可以说通货膨胀和利率存在上涨的风险呢？

答：你的想法完全正确。如果你看到经济环境好转且通货膨胀和利率水平停止下跌，那么，你预期通货膨胀、短期利率和长期利率将会出现重要底部的概率就会增加。

问：通货膨胀和利率的见底往往预示着股票价格的风险正在上升，我应该更加小心谨慎才对。这个观点对吗？

答：完全正确。

问：如果通货膨胀和利率开始上涨，什么时候才是我预测它们下跌的时机呢？

答：只有在货币供给增长从10%～15%的水平持续下跌到0%～3%的水平时，通货膨胀和短期利率才会出现下跌的趋势。

此后，随着就业、零售额和工业产品以低于其长期平均增长率的速度缓慢增长，经济走势尽显疲态。在这种情况下，全美采购经理人协会指数和交货指数通常会低于 50 的荣枯分界线。因此，投资者应当可以判断通货膨胀、短期利率和长期利率即将见顶。

问：货币供给增长的放缓导致了经济走势的疲软。但是就股票市场而言，当通货膨胀和利率见顶的时候，我应该如何分析经济的未来走势？

答：伴随着货币供给增长放缓而来的是经济走势的疲软，以及短期利率和长期利率的下跌，此时的通货膨胀水平发出了强烈的股票市场见底的信号，这也预示着新一轮的大牛市即将到来。这个阶段的股票市场几乎没有任何风险，投资者应当放心大胆地进场。

问：为了预测某个指标的走势，首先要清楚该指标在经济周期中所扮演的角色。为了预测股票市场的走势，我将股票市场视为领先指标。您之前说过，预测领先指标转折点的唯一方法是使用落后指标。因此，我会使用通货膨胀和利率的走势来预测它们是上涨还是下跌，进而判断出股票市场的涨跌。这个观点正确吗？

答：这种方法完全正确。当你无法确定落后指标（通货膨胀和利率）目前的情况时，请通过观察同步指标的走势来预测落后指标的发展趋势。

问：提到落后指标，债券在金融周期的特定阶段能够成为最具吸引力的投资标的。我应当如何判断债券的买卖时机呢？我是否可以利用您提到的图表分析法进行预测呢？

答：债券收益率与短期利率和通货膨胀一样，都属于落后指标。因此，为了预测债券的收益率和短期利率，请关注同步指标的走势。当经济表现疲软时，债券收益率和短期利率就会大幅下跌。其特点是，工业生产增长低于其平均增长率，就业和零售额增长放缓，GDP 增长低于 2.5%～3% 的水平，全美采购经理人协会指数跌破 50。

在经济表现疲软的情况下，债券收益率、短期利率和通货膨胀呈下跌趋势。此外，当经济走强且工业生产快速上涨、就业增长和零售额增长接近其长期平均水平，以及全美采购经理人协会指数接近 50 时，则预示着债券收益率和短期利率已经降至最低点，并且开始形成底部。

随着经济持续的走强以及所有指标的快速上涨，再加上全美采购经理人协会指数向上突破 50 荣枯分界线，债券收益率、短期利率和通货膨胀将会持续上涨。

问：大宗商品是否可以作为投资的品种？

答：投资者可以在期货交易所买入商品期货合约，该合约目前广泛地用于对冲企业的采购活动。

问：如何评估大宗商品的未来走势？

答：关于这个问题，最重要的一点是时刻关注实际短期利率的走势情况。如果实际短期利率位于其或者高于其 1.4 的长期平均水平，则通货膨胀、债券收益率和大宗商品价格就不会出现大幅的上涨。20 世纪 70 年代就是最典型的例子。然而，如果美联储需要在经济周期中实施宽松的货币政策，那么鉴于美联储货币宽松政策的滞后效应，大宗商品价格、通货膨胀和利率就会飙升。

问：能否提供一个预测大宗商品价格走势的分析框架？

答：我们知道，预测某个指标的第一步是要确定该指标在经济周期中所扮演的角色。大宗商品属于落后指标。因此，落后指标会随着同步指标的变动率而变化，比如说工业生产指数、零售额、就业和全美采购经理人协会指数。由于大宗商品价格属于落后指标，则预测其未来走势的唯一方法就是分析同步和领先指标的走势，特别是诸如货币供给、零期限货币和收益率曲线等最重要的领先指标。

一方面，如果货币供给增长在2～3年的时间里从0%～3%的水平持续上涨到超过10%的水平，且收益率曲线的走势非常陡峭的话，那么在一年或者一年半之后，大宗商品价格会随着强劲的经济环境而大幅上升。另一方面，当货币供给增长经历了1年或者2年的下跌，以及收益率曲线由于短期利率相对于长期债券收益率的大幅上涨而持续走势平坦之后，大宗商品价格下跌的概率就会加大。

制定投资策略

问：如何利用这些专业知识制定贯穿于整个经济周期的投资策略？

答：投资者首先要确定的是股票市场处于其发展周期的哪个阶段。当一切向好、股票市场看涨以及市场的广度非常巨大时，你就处于股票市场周期的第一个阶段。当股票上涨但是现在更加具有选择性时，股票市场就处于第二个阶段，即成熟阶段。当股票市场的环境变得越来越消极时，我们就处于股票市场的第三个阶段。

问：我在股票市场周期的第一个阶段应该做些什么？

答：当市场一切向好的时候，说明我们处于股票市场的第一阶段。投资者可以在此期间大举进场。需要注意的是，不要一次性投入全部资金，而要循序渐进地加大投资力度。此期间大概是

2～3个月。此外，你要逐渐将重点转向表现强势的品种——股票和共同基金。投资多样化是这个阶段的重点。

问：股票市场的第二个阶段有哪些特征？

答：这个阶段表明股票市场已经进入了成熟期。这种情况通常出现在通货膨胀和利率即将见底且大宗商品价格开始上涨的时候。此外，所有的迹象表明现在的你具有更大的选择性。此时，已经投入全部资金的你意识到接下来要更加小心谨慎了。技术指标也会显示市场的广度正在缩小。

问：接下来我该如何着手？

答：现在的你发现整个股票市场仍然在上涨，但并不是所有的股票都在上涨。你要观察哪个行业板块的表现最强势，哪个行业板块的表现最弱。你现在需要做的是卖出手中表现不佳的股票，转而买入新兴板块中的龙头股。

问：当市场处于成熟期时，我需要卖出表现差劲的股票而不是卖出表现良好的股票。如果市场进入调整期，我是否应当关注那些实力雄厚且抗跌的大企业的股票呢？

答：是这样的。你要在这个阶段为股票市场周期的第三个阶段做准备。

问：我在股票市场周期的第三个阶段应该如何操作？

答：股票市场周期的第三个阶段出现在通货膨胀已经上涨、大宗商品价格即将上涨以及短期和长期利率处于明显上涨势头的时候。你应当在这个时候采取防守的投资策略。你现在不需要买入新的股票，而是要逐渐降低股票的仓位，做到利润落袋为安。这一点需要你通过逐步卖出手中表现不佳的股票而非正在盈利的股票来实现。如果你持有的100股股票下跌了5%～10%，那么你可以先卖出20股，然后在其继续下跌的时候加大卖出的股份。

问：如何制定债券的投资策略？

答：债券的价格取决于多种因素，但是最重要的一个因素是债券的到期日。债券的到期日越长，其波动的幅度就越大。如果长期利率下跌，那么长期债券就会显现非常大的盈利潜力；如果债券收益率下降，那么短期债券的盈利预期就会减少。

债券的走势可以分为三个阶段：债券收益率下跌是第一阶段，债券收益率降到最低点后开始在固定的交易区间振荡是第二阶段，债券收益率随着通货膨胀的上升而上涨是第三阶段。

在第一阶段，由于债券收益率的下跌，你会选择持有长期债券。你的债券投资组合中之所以包括大量的长期债券，是因为它们具有非常大的盈利潜力。

问：在强劲的经济环境和通货膨胀压力下，债券收益率似乎已经见底，我接下来应该怎么做呢？

答：在债券运行周期的第二阶段，你在开始卖出长期债券以锁定利润的同时，要将资金转向短期债券，从而保护你的投资组合不会受到冲击。之所以这样做，是因为你知道债券的收益率最终还是要重拾升势的。如果你现在继续持有长期债券，那么等待你的就只有亏损。

问：如果通货膨胀已经见底且债券的收益率有上涨的趋势，那么我应该如何处理债券投资组合？

答：你现在的首要任务是将投资组合中的所有债券换成到期日少于2年的短期债券。如果利率上涨，这些债券的价格变动会非常小。实际上，13周美国国库券的价格在一般情况下是很少发生变化的。在债券运行周期的第三阶段，你应该采取更加保守的操作策略并以持有现金为主。由于我们现在正处于利率上涨的阶段，因此投资国库券将会获得持续的高收益。

当债券的收益率见顶时，只要你能够意识到债券收益率开始下跌并再次进入第一阶段时，你就应当持有长期债券。此时，你需要逐步将短期债券换成长期债券。

问：投资大宗商品有哪些优势？

答：关注大宗商品投资的好处在于，当大宗商品价格上涨时，股票市场和债券的表现通常都不会太好。因此，大宗商品在股票和债券处于熊市时会显现极大的盈利潜能。此外，大宗商品的走强通常伴随着大宗商品类股票的走强，例如，能源股和矿业企业的股票往往会有很好的表现。

采取行动

问：假设我刚刚完成了对每周或者每个月预测工作的检验，并且更新了投资策略。我现在已经做好了投资准备。对于共同基金和股票来说，现在投资哪个更好呢？

答：大多数共同基金的投资标的都以股票为主。由于我们的风险来自于打理共同基金的基金经理，因此你的投资风险并没有消除。实际上，当股票市场下跌或者走势惨淡时，大部分共同基金的表现都很糟糕。

问：如果股票市场和共同基金的表现都不尽如人意，我应该怎么办？

答：如果遇到这种情况，你应当逐步卖出共同基金，然后将资金转向货币市场工具或者其他你认为将会走强的资产。

问：我应当在共同基金上面投入大量资金吗？

答：你的做法是没有问题的。然而你的风险在于，如果市场在很长一段时间的表现都很糟糕，那么，共同基金是很难获得很大的收益的。因此，对于投资者来说，管理好自己的资本，并且清楚自己的投资组合运行好坏的原因是非常重要的。

衡量投资组合的绩效

问：您曾经提出制定投资策略最重要的一点是衡量投资的绩效以及从中获得的反馈。请您具体解释一下它的含义？

答：衡量投资组合的绩效是投资过程中最重要的环节。如果投资者没有时间评估其投资组合，以及将其相对于股票市场的趋势一并考虑的话，那么他是不可能管理好自己的投资的。投资组合的绩效衡量是以周为单位的，投资者通过分析应该明白自己的投资组合表现好与坏的原因。

问：我应该如何着手？

答：找到导致你亏损的原因。如果你持有的股票在一个月内没有突出的表现，那么它现在的价格应该在你当初买入价格的基础上下跌了10%以上。因此，你的任务就是将它从投资组合中剔除。当然，修正错误是你在这个阶段最重要的事情。

问：当股票表现糟糕且导致亏损时，我应该怎么办？

答：你应该采取正确的方式。切记，不要总是想着把所有的筹码都卖掉——只卖出一小部分即可，然后观察一段时间再做决定。如果股票的走势仍然不见起色，你就应该继续卖出。如果共同基金的经理在选择股票方面出现重大失误的话，请马上将其清仓。

问：如何处置利润？

答：这完全取决于你的投资策略。如果你认为风险加大，就选择持币观望。此外，如果你认为市场刚刚企稳且盈利的机会增加，你也可以再次投资那些强势股或者共同基金。

推荐阅读

  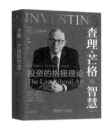

序号	中文书名	定价
1	股市趋势技术分析（原书第11版）	198
2	沃伦·巴菲特：终极金钱心智	79
3	超越巴菲特的伯克希尔：股神企业帝国的过去与未来	119
4	不为人知的金融怪杰	108
5	比尔·米勒投资之道	80
6	巴菲特的嘉年华：伯克希尔股东大会的故事	79
7	巴菲特之道（原书第3版）（典藏版）	79
8	短线交易秘诀（典藏版）	80
9	巴菲特的伯克希尔崛起：从1亿到10亿美金的历程	79
10	巴菲特的投资组合（典藏版）	59
11	短线狙击手：高胜率短线交易秘诀	79
12	格雷厄姆成长股投资策略	69
13	行为投资原则	69
14	趋势跟踪（原书第5版）	159
15	格雷厄姆精选集：演说、文章及纽约金融学院讲义实录	69
16	与天为敌：一部人类风险探索史（典藏版）	89
17	漫步华尔街（原书第13版）	99
18	大钱细思：优秀投资者如何思考和决断	89
19	投资策略实战分析（原书第4版·典藏版）	159
20	巴菲特的第一桶金	79
21	成长股获利之道	89
22	交易心理分析2.0：从交易训练到流程设计	99
23	金融交易圣经II：交易心智修炼	49
24	经典技术分析（原书第3版）（下）	89
25	经典技术分析（原书第3版）（上）	89
26	大熊市启示录：百年金融史中的超级恐慌与机会（原书第4版）	80
27	敢于梦想：Tiger21创始人写给创业者的40堂必修课	79
28	行为金融与投资心理学（原书第7版）	79
29	蜡烛图方法：从入门到精通（原书第2版）	60
30	期货狙击手：交易赢家的21周操盘手记	80
31	投资交易心理分析（典藏版）	69
32	有效资产管理（典藏版）	59
33	客户的游艇在哪里：华尔街奇谈（典藏版）	39
34	跨市场交易策略（典藏版）	69
35	对冲基金怪杰（典藏版）	80
36	专业投机原理（典藏版）	99
37	价值投资的秘密：小投资者战胜基金经理的长线方法	49
38	投资思想史（典藏版）	99
39	金融交易圣经：发现你的赚钱天才	69
40	证券混沌操作法：股票、期货及外汇交易的低风险获利指南（典藏版）	59
41	通向成功的交易心理学	79

推荐阅读

序号	中文书名	定价
42	击败庄家：21点的有利策略	59
43	查理·芒格的智慧：投资的格栅理论（原书第2版·纪念版）	79
44	彼得·林奇的成功投资（典藏版）	80
45	彼得·林奇教你理财（典藏版）	79
46	战胜华尔街(典藏版)	80
47	投资的原则	69
48	股票投资的24堂必修课（典藏版）	45
49	蜡烛图精解：股票和期货交易的永恒技术（典藏版）	88
50	在股市大崩溃前抛出的人：巴鲁克自传（典藏版）	69
51	约翰·聂夫的成功投资（典藏版）	69
52	投资者的未来（典藏版）	80
53	沃伦·巴菲特如是说	59
54	笑傲股市（原书第4版.典藏版）	99
55	金钱传奇：科斯托拉尼的投资哲学	69
56	证券投资课	59
57	巴菲特致股东的信：投资者和公司高管教程（原书第4版）	128
58	金融怪杰：华尔街的顶级交易员（典藏版）	80
59	日本蜡烛图技术新解（典藏版）	60
60	市场真相：看不见的手与脱缰的马	69
61	积极型资产配置指南：经济周期分析与六阶段投资时钟	69
62	麦克米伦谈期权（原书第2版）	120
63	短线大师：斯坦哈特回忆录	79
64	日本蜡烛图交易技术分析	129
65	赌神数学家：战胜拉斯维加斯和金融市场的财富公式	59
66	华尔街之舞：图解金融市场的周期与趋势	69
67	哈利·布朗的永久投资组合：无惧市场波动的不败投资法	69
68	憨夺型投资者	59
69	高胜算操盘：成功交易员完全教程	69
70	以交易为生（原书第2版）	99
71	证券投资心理学	59
72	技术分析与股市盈利预测：技术分析科学之父沙巴克经典教程	80
73	机械式交易系统：原理、构建与实战	80
74	交易择时技术分析：RSI、波浪理论、斐波纳契预测及复合指标的综合运用（原书第2版）	59
75	交易圣经	89
76	证券投机的艺术	59
77	择时与选股	45
78	技术分析（原书第5版）	100
79	缺口技术分析：让缺口变为股票的盈利	59
80	预期投资：未来投资机会分析与估值方法	79
81	超级强势股：如何投资小盘价值成长股（重译典藏版）	79
82	实证技术分析	75
83	期权投资策略（原书第5版）	169
84	赢得输家的游戏：精英投资者如何击败市场（原书第6版）	45
85	走进我的交易室	55
86	黄金屋：宏观对冲基金顶尖交易者的掘金之道（增订版）	69
87	马丁·惠特曼的价值投资方法：回归基本面	49
88	期权入门与精通：投机获利与风险管理（原书第3版）	89
89	以交易为生II：卖出的艺术（珍藏版）	129
90	逆向投资策略	59
91	向格雷厄姆学思考，向巴菲特学投资	38
92	向最伟大的股票作手学习	36
93	超级金钱（珍藏版）	79
94	股市心理博弈（珍藏版）	78
95	通向财务自由之路（珍藏版）	89